BAZAR DA DÍVIDA
EXTERNA BRASILEIRA

RABAH BENAKOUCHE

BAZAR DA DÍVIDA EXTERNA BRASILEIRA

Copyright © Boitempo Editorial, 2013

Coordenação editorial
Ivana Jinkings

Editora-adjunta
Bibiana Leme

Assistência editorial
Livia Campos

Preparação
Mariana Tavares

Revisão
Alícia Toffani

Diagramação
Crayon Editorial

Capa
Sergio Romagnolo
sobre detalhe de "Samantha com roupa de bruxa", 2008,
acrílica sobre tela, 170 × 200 cm. Arte-final de Antonio Kehl

Produção
Livia Campos

CIP-BRASIL. CATALOGAÇÃO-NA-FONTE
SINDICATO NACIONAL DOS EDITORES DE LIVROS, RJ

B393b

Benakouche, Rabah, 1951-
    Bazar da dívida externa brasileira / Rabah Benakouche. - São Paulo: Boitempo, 2013.

    Inclui bibliografia
    ISBN 978-85-7559-313-4

    1. Dívida externa. 2. Relações econômicas internacionais. 4. Relações internacionais. 5. Política econômica. 6. Ciência política. I. Título.

12-9228.   CDD: 337
                                                                CDU: 338.22
14.12.12   20.12.12   041581

É vedada, nos termos da lei, a reprodução de qualquer parte deste livro sem a expressa autorização da editora.

Este livro atende às normas do acordo ortográfico em vigor desde janeiro de 2009.

1ª edição: Janeiro de 2013

BOITEMPO EDITORIAL
Jinkings Editores Associados Ltda.
Rua Pereira Leite, 373
05442-000 São Paulo SP
Tel./fax: (11) 3875-7250 / 3872-6869
editor@boitempoeditorial.com.br
www.boitempoeditorial.com.br | www.boitempoeditorial.wordpress.com |
www.facebook.com/boitempo | www.twitter.com/editoraboitempo |
www.youtube.com/user/imprensaboitempo

SUMÁRIO

Introdução 9

PRIMEIRA PARTE: Formas e políticas de endividamento externo – 1947-2007 17

I Formas e políticas implícitas de endividamento – 1947-1967 19
   1. Políticas institucionais 19
   2. Resultados da política implícita 25
   2.1. Crescimento acelerado 25
   2.2. Fluxos setoriais de capitais 26
   2.3. Fluxos globais 29
II Formas e políticas explícitas de endividamento – 1968-1980 30
   1. Políticas institucionais 31
   1.1. Câmbio flexível 33
   1.2. Fundamentos econômicos do endividamento 35
   2. Preferência pelo capital de empréstimo 37
   2.1. Capital de empréstimo ou capital de risco? 37
   2.2. Tipos de empréstimos 40
III Formas e políticas informais de endividamento – 1981-2007 43
   1. Abertura da conta capital 44
   2. Primazia do capital de empréstimo 45
Conclusão: endividamento como opção econômica e política 50

SEGUNDA PARTE: Socioanálise da dívida externa, ou como os fatos tomam suas decisões 53

  I **Do lado de lá, os credores** 54
    1. Mercado de eurodólares e bancos 57
    2. Mercado de eurodólares e petrodólares 62
    3. Bancos: atores e interesses 70
  II **Do lado de cá, os devedores** 77
    1. Dívida externa: problemas preliminares 77
  1.1. Precariedade da informação sobre o endividamento 77
  1.2. Dívida externa, informação estratégica e poder 82
  1.3. Renegociação da dívida, informação e poder 86
    2. Perfil da dívida externa 93
    3. Dívida externa: atores externos e interesses 95
    4. Dívida externa: atores internos e interesses 104
Conclusão: o endividamento como negócio e processo político 112
    1. Endividamento como negócio 113
    2. Endividamento como processo político 115

TERCEIRA PARTE: O endividamento visto pela teoria 119

  I **Da economia da dívida** 120
    1. Endividamento e a economia clássica 121
  1.1. Aversão à dívida pública 122
  1.2. Colônias vistas como ônus 125
  1.3. Imobilidade dos fatores de produção 131
    2. Endividamentos dos atuais países desenvolvidos 132
  2.1. Dívida pública como fato histórico e estrutural nos países centrais 132
  2.2. Dívida externa como realidade histórica antiga de países centrais 137
    3. Desequilíbrios de contas – problemas ou soluções? 144
    4. Endividamento do Terceiro Mundo como problema macroeconômico 147
  4.1. Endividamento como carência de financiamento 147
  4.2. Endividamento como determinação externa 149
    5. Conclusão: endividamento é mais do que um problema econômico 151
  II **...À política da dívida** 153
    1. Política internacional enquanto relações entre Estados 154
  1.1. Relações estadocêntricas 154

1.2. Relações internacionais com pluralidade de atores-organizações 158
1.3. Política internacional enquanto política pública 160
 2. Relações internacionais enquanto relações entre organizações 165
2.1. Organizações, *staff* e interesses 165
2.2 Organização como coalizão política 167
2.3 Modelo estratégico 170
 3. Organização, Estado e relações internacionais: ação política 176
 4. Conclusão: política internacional como arena 178

Referências bibliográficas 183

INTRODUÇÃO

Lembra da dívida externa brasileira? Deixou de existir em 21 de fevereiro de 2008, data em que o Brasil se tornou credor internacional[1].

Significa dizer que, não mais existindo dívida externa, não se precisa mais do Fundo Monetário Internacional (FMI), nem do Banco Mundial, nem de mais ninguém. É o que entende o então presidente Luiz Inácio Lula da Silva, que na ocasião afirmou que o Brasil "não precisa mais do FMI". Ele lembrou que, ao assumir a presidência, em 2003, o FMI tinha US$ 15,9 bilhões depositados em garantias. Isso "era como uma espada na cabeça. Diziam o que devíamos ou não fazer. Davam palpite. Dissemos 'toma [seus recursos] que nós vamos cuidar do nosso próprio nariz'". Hoje, sendo credor internacional, o Brasil torna-se independente: "Depois da morte de Tiradentes e da Independência, não éramos independentes de fato. Não precisamos desta vez gritar 'independência ou morte'"[2]. Por outro lado, como não há mais dívida, então – e subentende-se aí que a dívida foi benéfica para o país – podem ser contratadas novas dívidas: "Precisamos aproveitar uma situação, se não privilegiada, melhor, para começar a nos endividar. Não para gastar dinheiro à toa, para gastar em infraestrutura, para facilitar o desenvolvimento da América do Sul"[3].

Vale lembrar que a dívida externa fez parte constitutiva da história do país. Estendeu-se por um longo período de quase dois séculos. Atormentou suas relações externas e foi uma das principais fontes internas de instabilidade política. Seu

---

[1] Banco Central, *Indicadores econômicos de sustentabilidade da dívida externa*, 21 fev. 2008 (mimeo).
[2] Cirilo Junior, "Lula compara Brasil ser credor externo a segundo grito de independência", *Folha de S.Paulo*, 26 fev. 2008.
[3] Adriana Küchler, "País precisa voltar a se endividar, diz Lula", *Folha de S.Paulo*, 23 fev. 2008.

fim, portanto, foi um fato histórico inédito e, enquanto tal, amplamente noticiado na imprensa nacional e internacional[4].

Fim da dívida significa que o Brasil tornou-se credor internacional. Credor de US$ 7 bilhões em fevereiro de 2008, pois sua dívida externa total, incluindo a de curto prazo, é de US$ 196,2 bilhões, enquanto seus haveres no exterior somam US$ 203,2 bilhões[5]. Além disso, 70% dessa dívida são de médio e longo prazos e 30% de curto prazo, com vencimento inferior a 360 dias. Do total da dívida, US$ 70,1 bilhões correspondem à dívida pública e US$ 126,1 bilhões são de responsabilidade da iniciativa privada.

E o passivo externo? No total bruto da dívida externa não está incluído o passivo de US$ 90,6 bilhões, que é constituído por US$ 48,6 bilhões dos empréstimos intercompanhias e US$ 42 bilhões de títulos públicos emitidos no Brasil e adquiridos pelos não residentes, geralmente estrangeiros. As primeiras operações podem, no limite, ser consideradas uma forma de investimento direto, uma vez que se trata de relações financeiras de matrizes de multinacionais com suas filiais. Já os títulos públicos são emitidos em reais, que são transformáveis em dólares, de acordo com a legislação cambial vigente, a qualquer momento e quando os investidores assim o desejarem.

Significa dizer, segundo Paulo Nogueira Batista Jr., representante do Brasil no FMI, que

> *a dívida externa "stricto sensu" é apenas parte do passivo externo total*, pois este inclui, além da dívida, o estoque de investimentos diretos e de portfólio e [...] outras aplicações brasileiras no exterior. Por esses *conceitos mais amplos de passivo e ativo, o Brasil registrava um passivo líquido de US$ 463 bilhões, em junho de 2007*.[6]

---

[4] Para o jornal francês *Le Monde*, no artigo de Jean Pierre Langelier (citado em Paulo Nogueira Batista Jr., "Brasil, credor internacional", *Folha de S.Paulo*, 26 fev. 2008): "a *performance* é histórica: pela primeira vez, o Brasil tornou-se credor [internacional]. [...] É um fim feliz de uma longa época – de cerca de dois séculos – durante a qual o Brasil carregou o pesadelo da dívida. [...] Ao se tornar credor, o Brasil melhora ainda sua imagem de país emergente, sério e respeitado". Já na Argentina, considera-se que "Brasil *é credor* pela primeira vez na história *graças à China*. [...] Nos últimos anos, o país vizinho incrementou de maneira notável suas exportações, entre outras, para obter divisas e reduzir de maneira progressiva sua dívida pública. [...] Brasil produz o que a China precisa como minério de ferro e soja" ("Deuda brasileña", *InfoCampo*, 22 jan. 2008; grifos nossos).

[5] Os haveres brasileiros, no exterior, englobam as reservas internacionais de US$ 187,5 bilhões, os haveres dos bancos comerciais de US$ 12,9 bilhões e os créditos brasileiros no exterior de US$ 2,8 bilhões. Vale salientar que manter reservas internacionais altas tem um custo elevado: se consideramos os juros recebidos por essas reservas investidas em títulos do governo americano (cerca de 2% ao ano) e a taxa Selic paga pelo Governo Federal para captar recursos no mercado doméstico, conclui-se que o acúmulo de reservas custa R$ 25 bilhões, em 2009 (Fernando Dantas, "Acúmulo de reservas custa", *Estado de S. Paulo*, 13 dez. 2009).

[6] Paulo Nogueira Batista Jr., "Brasil, credor internacional", cit. Grifos nossos.

Introdução

Como se chegou ao desendividamento? A política econômica que o permitiu começou com o Plano Real, em 1994, que garantiu a estabilidade macroeconômica. Aprofundou-se com a desregulamentação financeira, que atraiu investidores externos para negócios, bolsa de valores e títulos de renda fixa do governo. Estimularam-se as exportações, que renderam saldos comerciais apreciáveis. Tirou-se proveito da liquidez internacional disponível para países emergentes, o que garantiu a regularidade do fluxo de capitais para o país.

Desse modo, o Brasil conseguiu acumular reservas e comprar títulos de sua dívida externa. Pagou US$ 20,7 bilhões antecipadamente ao FMI, em 2005; resgatou os bônus C-Bonds ao custo de US$ 5,8 bilhões e os títulos *bradies* no valor de US$ 5,2 bilhões. Recomprou, ainda, do mercado secundário títulos de sua dívida no montante de US$ 6 bilhões, em 2006, e de US$ 7 bilhões, em 2007[7]. Em uma frase, o governo adaptou e inseriu a economia brasileira na globalização.

Como entender tudo isso?

A dívida externa tem uma longa história. Para alguns, o Brasil foi sempre capturado pelo capital internacional, que o endividou, espoliou etc. Para outros, é exatamente o contrário: nunca houve disponibilidade suficiente de capital internacional, sob a forma de empréstimos e/ou de investimentos diretos, para países como o Brasil. Por isso, a questão (foi e) é pragmática, no sentido de saber o que o cenário internacional oferece e o que pode ser aproveitado da melhor maneira em matéria de desenvolvimento. Está intimamente atrelada, portanto, à inserção do país na divisão internacional.

Esses enfoques, como tantos outros, limitam a análise da dívida externa à contabilidade dos fluxos financeiros (entrada menos saída de recursos) no país. Levar em consideração, no processo de endividamento, apenas tais fluxos consiste, no entanto, em colocar-se na visão e no lugar do Príncipe, isto é, do ministro da Fazenda, para quem tudo se resume às ações que garantem o equilíbrio do balanço de pagamentos.

É esse equilíbrio – ou seja, a manutenção do *status quo* – a premissa central que sustenta esse tipo de enfoque, que constitui-se em um "paradigma" dominante. Por inúmeras razões, vem sendo sustentado mais pelo Banco Central[8] do que pelo Ministério da Fazenda. A manutenção da "ordem e da normalidade" do sistema financeiro permite, contudo, preservar os interesses daqueles que têm parte na demanda, quer seja dos entes oficiais que guardam seus papéis e lugares centrais nos processos de contratação e de supervisão de empréstimos; quer seja dos bancos credores, que querem que o carrossel não pare de girar para evitar o co-

---

[7] Banco Central, *Indicadores econômicos de sustentabilidade da dívida externa*, cit.
[8] As formas de atuação do Banco Central serão discutidas na segunda parte deste livro.

lapso do sistema em sua totalidade; quer seja dos inúmeros intermediários (lobistas defendendo interesses, advogados formalizando contratos etc.) que só têm a ganhar com a efetivação de empréstimos externos.

Tal "paradigma" da finança internacional é contestado, teórica e economicamente, por autores e atores que apontam outras opções e ações preferenciais de política econômica e, consequentemente, outras soluções ao problema da dívida externa. Esses questionamentos situam-se, no entanto, dentro do paradigma criticado. A contestação "radical" veio da "praça pública", de um público[9], que representou uma "irrupção" no espaço da "técnica", das "finanças". Essa contestação é prática e pública. É feita por razões morais[10] e jurídicas[11] e organizada por inúmeras entidades da sociedade civil, como a Conferência Nacional dos Bispos do Brasil (CNBB), partidos políticos, organizações não governamentais (ONGs) e personalidades públicas. Foi ouvida pelo Congresso Nacional, quando instaurou procedimentos de avaliação da dívida externa, para apurar as causas do endividamento e de suas irregularidades[12]. Essas investigações parlamentares mudaram as rotinas administrativas dos empréstimos externos, mas, no essencial, foram mantidos os procedimentos operacionais corriqueiros.

Isso dito, e sem entrar no debate da contestação da dívida[13], basta insistir no fato de que o enfoque financeiro do Príncipe é necessário, mas não suficiente. Existe, pois, outra perspectiva analítica que considera os fluxos financeiros, outras dimensões, notadamente a organizacional, e os atores[14]. Essa orientação analítica pode ser aventada levantando-se questões do tipo: os fluxos financeiros que jorram para o país atendem a quais interesses (financeiros e outros) e de quais atores? Quem são esses atores? São apenas externos, como FMI, Banco Internacional para Recons-

---

[9] Público é entendido como "aqueles que são indireta e seriamente afetados, em bem ou em mal, formando um grupo suficientemente distinto para requerer um reconhecimento e um nome" (John Dewey, *Le public et ses problèmes*, Paris, LGDJ, 1999, p. 76).
[10] *Dívida externa e Igreja: uma visão ecumênica* (São Paulo, CDI, 1989).
[11] Maria Lúcia Fatorelli (org.), *Auditoria da dívida externa* (São Paulo, Contraponto, 2003).
[12] O Congresso Nacional fez diversas apurações sobre a dívida externa: a) Comissão Parlamentar Mista de Inquérito (CPMI) sobre a dívida externa, que funcionou de 16 de agosto de 1983 a 10 de setembro de 1984, tendo como presidente o senador Alencar Furtado e, na relatoria, o deputado Sebastião Nery; b) Comissão Especial sobre a dívida externa, em Brasília, em 1988, cujo relator foi o senador Fernando Henrique Cardoso; e c) comissão mista destinada ao exame analítico e pericial dos atos e fatos geradores do endividamento externo brasileiro, em Brasília, em 1989, cujo relator foi o deputado Luiz Salomão.
[13] Alguns defendem a moratória; outros consideram a dívida externa odiosa ou ilegítima e illegal. Debate importante, mas que não pode ser apreciado por ultrapassar os limites impostos pelo objeto de estudo.
[14] Entende-se por ator toda unidade discursiva investida de papéis que podem ser múltiplos (Algirdas Julien Greimas e Joseph Courtes, *Dictionnaire raisonné de la théorie du langage*, Paris, Hachette, 1979). O ator é individual (dirigente, representante etc.) ou coletivo (organização). Considera-se ator como sinônimo de decisor.

trução e Desenvolvimento (Bird), Banco Interamericano de Desenvolvimento (BID), bancos privados, entre outros? Ou participam também atores locais, como grupos empresariais, bancos privados e públicos, empresas estatais, executivos do governo federal e de entes diversos? Quais benefícios diretos – juros, *spread*, dividendos, comissões, taxas, câmbio subsidiado etc. – e indiretos – financiamentos baratos, subsídios, etc. – são obtidos individualmente por esses atores? Quais órgãos governamentais, como Banco Central, Conselho Monetário Nacional, Ministério da Fazenda, Congresso Nacional, Presidência da República, tomam decisões de contratar e de supervisionar os empréstimos? Dentro do órgão decisor, quem efetivamente, em âmbito operacional, determina sobre os empréstimos? Quem (e por que) tomou a decisão de definir e implementar a política de endividamento do país? Qual forma de capital – o de risco ou de empréstimo – foi privilegiada? Esse tipo de capital privilegiado atendeu a interesses de quais atores locais (militares, nacionalistas, banqueiros, altos executivos do governo etc.) e internacionais (bancos privados e intermediários diversos)? Essas decisões de empréstimos foram tomadas a "céu aberto", com participação, ou não, dos principais órgãos do Estado e do Congresso Nacional, ou foram "decisões técnicas" de um único ente? Em suma, quais interesses de quais atores foram beneficiados por esse processo de endividamento?

Essas questões permitem perceber, evidentemente, que *a dívida externa é um negócio*, pois os empréstimos geraram endividamento do qual participam diversos atores externos – organismos multilaterais, agências governamentais, milhares de bancos privados internacionais, inúmeros executivos de todos os níveis, lobistas, advogados etc. – e internos – empresas privadas, bancos públicos e privados, órgãos de governo, Banco Central com suas várias diretorias, Secretaria de Estado de Planejamento e Desenvolvimento Econômico (Seplan), Secretaria do Tesouro Nacional, Procuradoria da Fazenda Nacional. Se todos eles se mobilizam e se prontificam, gastando tempo e dinheiro, para participar do negócio de endividamento é porque dele tiram lucros, juros, *spreads*, benefícios financeiros, políticos, geoestratégicos, *network* etc. Assim, ampliam sua área de atuação e de influência, comercial ou outra, o que permite realizar, por exemplo, projetos de desenvolvimento ou de transferência de tecnologia.

Em suma, o endividamento como negócio atrai um número considerável de pessoas e organizações. Cada um desses atores exerce sua função: executivos vendem empréstimos; advogados formalizam contratos; executivos do governo viajam e ganham diárias e prestígio; industriais vendem seus "pacotes tecnológicos"; bancos lucram; lobistas influenciam. Todos esses atores agem e se movimentam, normal e legalmente, dentro dos preceitos e princípios do mercado, para concretizar ou otimizar seus benefícios e interesses. Como o endividamento envolve somas financeiras colossais, está se falando, portanto, de grandes negócios.

Por ser a dívida externa um grande negócio – como em todos os casos semelhantes –, a variável econômico-mercantil é *apenas* uma das suas dimensões[15]. Inúmeras outras, visíveis e invisíveis, ditas e não ditas, pessoais ou organizacionais, entram no jogo, quer seja sob a forma de técnicas financeiras e jurídicas, quer seja na divisão ou proteção de mercado, ou ainda na esfera de influência geoestratégica ou política – dimensões que são sempre interconectadas.

Diante do exposto, pretende-se explicar em que e por que a dívida externa brasileira acabou sendo, entre outras coisas, um grande negócio. Isso é mostrado em dois tempos: inicialmente, centra-se a atenção sobre os "comos" e os "porquês" da definição e da implementação da política de endividamento no período entre 1947 e 2007; no segundo momento, colocam-se em relevo os atores, internos e externos, seus interesses e suas estratégias de ação no processo de endividamento.

Esses dois pontos são interligados de diversas maneiras, em especial pelo fato de a política econômica adotada – e, mais especificamente, seu componente relacionado ao papel da poupança externa – ter gerado uma volumosa dívida externa; esta se concretizou com o envolvimento de inúmeros atores, que têm interesses e políticas conflitantes. Esses dois pontos, em termos de modo de investigação, podem ser estudados à luz de perguntas, tais como: por que a política de endivida-

---

[15] Os grandes negócios nunca são apenas econômicos. Outras dimensões fazem-se presentes, e chama-se a atenção sobre a forte conexão existente no mundo real entre os "grandes negócios" e a "política". Isso é explicado, no caso americano, pelo presidente do Federal Reserve (FED), Alan Greenspan (*A era da turbulência*, Rio de Janeiro, Campus, 2007, p. 264-5, grifos nossos): "[...] em 2005, a China National Offshore Oil Corporation (Cnooc), subsidiária da terceira maior empresa petrolífera do país, fez uma oferta para a aquisição da Unocal, empresa petrolífera americana, por US$ 18,5 bilhões em dinheiro *cash*. Tal oferta superou outra, de US$ 16,5 bilhões, em dinheiro e ações da Chevron. A proponente americana gritou 'falta', afirmando que a proposta representava concorrência desleal por parte de uma empresa controlada pelo governo. Os legisladores dos Estados Unidos se queixam de que a 'busca do governo da China por recursos energéticos mundiais' representava uma ameaça estratégica [aos EUA]. Em agosto, a oposição política atingiu tal intensidade que a Cnooc retirou sua oferta, dizendo que a controvérsia gerara 'nível insuportável de incerteza que configurava risco inaceitável'. A Chevron ficou com o negócio, à custa de valioso ativo dos Estados Unidos, a *nossa reputação de realizar transações internacionais limpas e não discriminatórias* [...]. Apenas três meses depois, uma empresa árabe, Dubai Ports World, comprou uma empresa que gerenciava terminais de contêineres na costa leste dos Estados Unidos e do golfo do México. O negócio desencadeou mais protestos no Congresso, quando legisladores de *ambos os partidos* alegaram que a gestão árabe de portos americanos solaparia as iniciativas antiterroristas e comprometeria a segurança nacional. Finalmente, em março de 2006, sob pressão, a Dubai Ports World anunciou que transferiria a gestão dos portos a uma empresa americana não identificada. *Nunca ficou demonstrado que realmente havia qualquer ameaça significativa à segurança dos Estados Unidos*". Vale observar que, "embora a Unocal represente apenas 1% do consumo americano, o governo americano teve ganho de causa, por estimar que a tal venda representaria uma ameaça à segurança nacional" (Eric Laurent, *La face cachée du pétrole*, Paris, Plon, 2006, p. 289). Outras fontes confirmam o impedimento dessa transação comercial (*Asian Wall Street Journal*, 29-31 jul. 2005).

mento conhece um sucesso ou um fracasso? As explicações – de ordem financeira, econômica, institucional, conjuntural, política ou outra – geralmente são apresentadas *após* o fato consumado. Assim, para entender o que se passa *antes* – espaço próprio da decisão –, é necessário adotar *outro* método de análise: considerar, de um lado, a política de endividamento como objeto de uma série de barganhas e de compromissos entre atores envolvidos, internos e externos; e, de outro, a sua tradução em dívida externa como sendo também objeto de uma negociação conflituosa entre atores que têm *lógicas locais distintas*, isto é, financeiras, econômicas, comerciais, industriais etc., quer seja no seio do país devedor, quer seja no do credor.

A partir do método analítico proposto, nosso objetivo principal consiste em *detectar as lógicas que presidem a tradução da política de endividamento externo em negócio*[16].

Sob a forma de questões, os nós do problema podem ser formulados nestes termos: por quais itinerários passa uma política de endividamento até assumir a forma de dívida externa? Que ações seus autores, ou decisores locais, tomaram para concretizar o objetivo do endividamento? Quais os meios e as estratégias que eles mobilizaram para realizar seus projetos? Sobre quais critérios-indicadores de gestão ou outro tipo de argumento baseiam suas decisões? Quais benefícios, financeiros ou outros, os atores locais (decisores governamentais, de um lado, e empresários, banqueiros nacionais, lobistas, de outro) e os atores externos (entes governamentais e bancos privados de países centrais) obtiveram? Quais objetivos foram almejados com o endividamento e por meio dele? Quais interesses foram visados e atendidos? Acerca dessas questões, respostas provisórias, incompletas e parciais serão apresentadas aqui.

Em termos de exposição, a primeira parte desta obra mostra em que e por que há uma política de endividamento no Brasil, no período de 1947 a 2007, no qual se tem a fase de endividamento implícito (1947-1967), a da política explícita (1968-1979/80) e a da política "informal" (de 1981 em diante). Ou seja: toda a questão consiste em saber por que houve a formulação e implementação de políticas de endividamento.

A segunda parte é dedicada à movimentação dos atores participantes do processo de endividamento entendido como negócio. Pois, conforme já foi dito, a dívida externa, como negócio, envolve inúmeros atores, que compram, vendem, cobram, estocam, fiscalizam, apostam, especulam, trapaceiam, blefam; e, no fim,

---

[16] Negócio é entendido como transação comercial, a qual envolve interesses, como os materiais e financeiros, e outros benefícios, entre os quais a *network*; benefícios que assumem formas diversas (i.e., monetária, social, simbólica etc.). Esses pontos serão objeto de análise da segunda parte deste trabalho.

todos, em geral, saem ganhando alguma coisa. Em determinadas situações, porém, uns ganham e outros perdem. Esse mercado é regido não pela lei do valor, enunciada pelo velho Marx, mas pela lei da força, dos interesses, dos conflitos, das estratégias, dos cálculos e da comunicação.

Em suma, *dívida é negócio. É um meio de ganhar dinheiro*, ou de tirar vantagens (materiais, políticas, simbólicas, de *network* etc.). Para mostrar como se movimentam, se interconectam e se constroem esses atores, dá-se atenção, na segunda parte, inicialmente, à atuação dos atores do lado de lá, ou seja, o lado dos credores; e, em seguida, aos atores do lado de cá, o dos devedores. O objetivo é tentar desvendar, na conclusão, os sentidos e os significados das redes de conexão entre juros, *spread*, prazos, interesses, estratégias, decisões... e decisores.

Na terceira parte, questiona-se: se o endividamento externo é esse mosaico complexo e emaranhado de "fatores e atores", por que os enfoques teóricos de todas as escolas de pensamento em economia internacional limitam suas análises *apenas* às dimensões de *fluxos* e de *estoques* de capitais? Note-se bem que uns e outros analisam os *fluxos* sem se referir aos *atores* que lhes dão suporte e que são sua razão de ser, fluxos esses que estão situados em um determinado *contexto* sócio-histórico quando de sua concretização efetiva no mundo real dos negócios. Em uma frase, esse procedimento analítico é o cerne das teorias, modelizadas ou não, dos enfoques econômicos de todas as escolas de pensamento, procedimento cuja matriz foi desenvolvida pelos economistas clássicos.

É importante frisar que estes focavam, *exclusivamente,* a questão do *equilíbrio* do balanço de pagamentos e *ignoravam completamente todas as demais dimensões do endividamento,* como as políticas e organizacionais; ou seja, das diversas formas de endividamento e de suas razões de ser, que são de natureza financeira, comercial, política, geoestratégica etc. Por isso, tornou-se imprescindível e incontornável voltar a atenção aos escritos clássicos, em um primeiro momento; e, em um segundo tempo, mostrar em que e por que *todo endividamento externo é de natureza política* – política entendida como rede de associação dos atores humanos e não humanos, conceito novo a ser definido com mais precisão adiante – ou, mais especificamente, trata-se sempre de opção de política internacional.

PRIMEIRA PARTE

FORMAS E POLÍTICAS DE ENDIVIDAMENTO EXTERNO – 1947-2007

O Brasil tornou-se, nas três últimas décadas, personagem frequente da imprensa econômica internacional e passou a ser considerado uma potência mundial emergente. O país conheceu, com efeito, um crescimento exemplar, traduzido pelo chamado "milagre econômico brasileiro". Deu-se início a projetos monumentais, como a usina hidrelétrica de Itaipu, a exploração mineral em Carajás, entre outros, todos qualificados de "maiores negócios do século", levando o parque industrial brasileiro a alcançar o oitavo lugar na classificação mundial. No entanto, o país tinha então uma das maiores dívidas externas do Terceiro Mundo, problema que equacionou recentemente, já tendo inclusive alcançado o "grau de investimento".

Tais imagens contraditórias refletem, em certa medida, a situação do país; porém, para entender suas razões de ser, é preciso analisar a realidade em seus pormenores. Esta primeira parte limita-se a tratar somente da dimensão externa da economia ou, mais precisamente, a procurar desvendar os "comos" e os "porquês" da geração do endividamento externo[1] no período 1947-2007[2].

Enfocar os "comos" permitirá entender as *formas* que o endividamento assumiu e descobrir os mecanismos institucionais (atos administrativos, decisões informais

---

[1] A presente pesquisa aprofunda e retifica o trabalho publicado há décadas: Rabah Benakouche, *Crise e dívida externa brasileira* (São Paulo, Diniz, 1985, cap. IV), p. 115-49.
[2] Sobre a escolha do período, duas observações fazem-se necessárias: parte-se de 1947 porque foi o ano em que o balanço de pagamentos começou a ser apurado no país; e optou-se por um estudo que abrangesse um longo período para se tentar identificar a constância e a persistência das políticas em questão, durante todos os governos.

etc.) utilizados pelos decisores econômicos do governo[3]. Desvendar os "porquês" irá clarear as *políticas* de endividamento (tipo de capital preferido, ou seja, capital de empréstimo *versus* capital de risco, autonomia doméstica no manejo desse capital etc.) perseguidas em cada momento histórico pelos referidos decisores.

O estudo das formas e das políticas de endividamento abrange, no período abordado, três fases históricas: a do endividamento *implícito*, entre 1947 e 1967, quando foi perseguida uma industrialização acelerada com o apoio da poupança estrangeira; a da política *explícita*, adotada entre 1968 e 1979-1980, por meio da qual se almejava um desenvolvimento crescente, que garantisse uma efetiva inserção do país na divisão internacional do trabalho; e a da política "informal", que foi implementada de 1981 em diante por meio de atos administrativos, mas sem, todavia, ser explicitada oficial e institucionalmente (razão pela qual é utilizado o qualificativo "informal") para assumir o cunho – normal e corriqueiro – de política pública.

A estrutura de argumentação aqui apresentada baseia-se nos resultados das ações de decisores econômicos, mas também nas suas formulações. Assim, pode-se questionar: por que se interessar pelos discursos, além das práticas? Porque se considera que as formulações, inclusive teorias ou teorizações, são *per se* ações. Mais precisamente: admite-se – de maneira implícita, mas é melhor que isso seja explicitado – que "dizer é fazer"[4], ou seja, "dizer" é transmitir a outrem informações sobre o que se está falando, mas é também "fazer", isto é, age-se sobre o interlocutor ou o meio ambiente – neste caso, o endividamento. Portanto, não se opõe "fala" e "ação"; ao contrário: a fala é ação.

Diante disso, passou-se a levar a sério os decisores, suas falas, teorias, objetivos, instrumentos, cálculos econômicos, estratégias políticas, estratagemas e, evidentemente, os resultados alcançados. Ou seja, metodologicamente, seguem-se os decisores a partir de suas diferentes falas, mapeando-as, reconstruindo-as e sistematizando-as, de um lado, e, de outro, verificando-se quais foram suas operações de tradução em termos de endividamento. Nesse processo de exposição e de investigação, não se considera necessário discutir a coerência, teórica ou política, de suas formulações[5], nem detectar eventuais contradições, nem desvendar limitações analíticas, nem debater implicações

---

[3] Especialmente os dirigentes do Banco Central e muito subsidiariamente os ministros da Fazenda e do Planejamento, como se verá adiante. Os líderes de setores empresariais, em especial os dos setores bancário e industrial, têm também um peso importante na questão em discussão.

[4] Ver John Langshaw Austin, *Quand dire, c'est faire* (Paris, Le Seuil, 1979), cuja teoria foi aprimorada em "atos de linguagem" por Catherine Kerbat-Orecchioni, *Les actes de langage dans le discours* (Paris, Nathan, 2001).

[5] A questão de saber se a poupança externa pode ou não contribuir para o desenvolvimento do país, ou se ela é útil ou não ao crescimento sustentado, ultrapassa o quadro limitado deste livro. Não será, portanto, considerada aqui.

políticas das estratégias econômicas adotadas. Pretende-se mostrar tão somente como e por que discursos de decisores podem parecer dispersos e dados oficiais que se oferecem destituídos de significados podem, ao serem estruturados, se encaixar e se interconectar para dar sentido às formas e políticas de endividamento. Estas serão expostas e investigadas em quatro itens: I) endividamento implícito; II) política explícita; III) política informal; e, finalmente, a título de conclusão, IV) o endividamento como opção econômica e política.

I Formas e políticas implícitas de endividamento – 1947-1967

No período considerado, envolvendo vários governos de tendências políticas distintas, sempre predominaram as intenções industrializantes, pois sua viabilização exigiu apoio da poupança externa. Queria-se participação do capital internacional, preferencialmente sob a forma de empréstimos e financiamentos públicos. Esses capitais, contudo, não estavam disponíveis em quantidades suficientes e no tempo desejado, ou exigiam compensações elevadas do país receptor, ou suas liberações seriam condicionadas à compra de determinadas tecnologias, produtos e/ou serviços, entre outros. O fato é que os governos brasileiros – fossem liberais ou populistas – não conseguiram captar o volume esperado de investimentos públicos dos países centrais e foram levados, por conseguinte, a recorrer ao capital privado internacional.

Para descrever esse processo histórico, faz-se, primeiro, uma apresentação dos princípios norteadores das políticas institucionais desenhadas e, em seguida, apresentam-se dados empíricos que mostram em que e por que a industrialização adotada foi feita com base em endividamento.

1. Políticas institucionais

Considera-se que, no período em questão, foi adotada uma política implícita de endividamento. O caráter implícito designa o endividamento externo como produto da opção industrializante[6]. Isso significa que as transações correntes, soma das balanças comerciais e de serviços com o exterior, registraram déficits crescen-

---

[5] A obsessão pela industrialização data do início do século XIX com as reivindicações do setor industrial, que exigia políticas nacionalistas e protecionistas. Essa obsessão era, na verdade, uma reação à política anti-industrializante da metrópole, mesmo no período posterior a 1808, quando a corte portuguesa transferiu-se para o Brasil. Isso levou o capital internacional, desde o fim do século XIX até o pós-guerra, a realizar investimentos, sobretudo na infraestrutura, para aprimorar as exportações dos produtos primários. Para mais informações, ver José Maria Vieira, *O capital estrangeiro no desenvolvimento do Brasil* (São Paulo, Difel, 1975), p. 22-4.

tes, cuja cobertura foi feita mais com capital de empréstimo do que com capital de risco. A consequência dessa forma de compensação do déficit em transações correntes traduziu-se em um aumento do endividamento externo.

Com efeito, após a Segunda Guerra Mundial, o mundo inteiro entrou na euforia da industrialização acelerada. O Brasil quis acompanhá-la, de forma pronunciada a partir do segundo governo de Getulio Vargas (1951-1954), contando com o apoio da poupança externa, especialmente a dos Estados Unidos. Essa industrialização, segundo Vargas, deveria ser realizada sob o comando do Estado, que se encarregaria de criar a infraestrutura – energia, transportes, comunicações etc. –, enquanto as matérias-primas seriam exploradas pelo capital privado local, em associação com os estrangeiros. Desejava-se, portanto, a participação do capital estrangeiro, como o explicita Vargas, quando escreve: "a fase de desenvolvimento por que atravessa o país reclama maiores ingressos líquidos de divisas e também de capitais sob a forma de máquinas e equipamentos, em aplicações em longo prazo, concorrendo, realmente, para fortalecer a estrutura econômica nacional"[7]. A questão da "essencialidade" ou do "interesse nacional" era considerada fundamental no direcionamento do capital estrangeiro, como ele também explica: "é intento do meu governo facilitar o investimento de capitais privados estrangeiros, sobretudo em associação com os nacionais, uma vez que não firam os interesses políticos fundamentais do nosso país"[8].

Em suma, Vargas queria apoio da poupança externa e a condicionava à "essencialidade" da economia, mas os Estados Unidos não lhe forneceram todo o amparo esperado[9]. Embora tivesse recebido financiamento para a indústria siderúrgica de Volta Redonda, foram-lhe negados os US$ 500 milhões de investimentos previstos pela Comissão Mista Brasil-Estados Unidos para outros inúmeros projetos de desenvolvimento.

Paralelamente, a Europa, entre 1948 e 1952, lançara-se na reconstrução com o Plano Marshall, baseado em uma injeção de US$ 13,5 bilhões no continente na forma de empréstimos, equipamentos e abastecimentos[10]. Diante disso, os países da

---

[7] Getulio Vargas, *O governo trabalhista do Brasil* (Rio de Janeiro, José Olympio, 1954, v. 2), p. 243.
[8] Ibidem, p. 252.
[9] As causas geralmente citadas referem-se às solicitações estadunidenses recusadas por Vargas: os Estados Unidos queriam que o Brasil: 1) mandasse tropas brasileiras para lutar na Coreia do Norte; 2) flexibilizasse sua política rígida de remessa de lucros, isto é, o Decreto n. 30.363; e 3) não criasse a Petrobras.
[10] Os recursos foram repartidos da seguinte forma: Inglaterra, 24%; França, 20%; Alemanha Ocidental, 11%; e Itália, 10%. Ver análise detalhada em Fred Block, *Los orígenes del desorden económico internacional* (México, Fundo de Cultura, 1987). Vale acrescentar que "o Plano Marshall tinha, no entanto, *como parte integrante os banqueiros*, podendo cada país europeu escolher o banco americano que preferisse. Em quatro anos, a partir de 1948, o Chase liderou com 977 milhões de dólares, seguido pelo Citibank. O Bank of America, especializando-se ainda na Itália, vinha em sexto lugar, com 389 milhões de dólares" (Anthony Sampson, *Credores do mundo*, Rio de Janeiro, Record, 1981, p. 83; grifos nossos).

América Latina queriam também um Plano Marshall mirim[11], desejo que foi inviabilizado. Isso levou o Brasil a recorrer ao capital privado internacional, que exigiu o equacionamento de barreiras internas e a inserção do país na nova divisão internacional do trabalho. As barreiras internas – como a falta de infraestrutura que pudesse viabilizar a substituição de importações, de um marco regulatório do capital estrangeiro e de uma política econômica estável – foram superadas por, entre outras medidas, uma intervenção maciça do Estado na economia, em especial com a criação de empresas estatais na área de infraestrutura, como a Companhia Siderúrgica Nacional (CSN), a Petrobras e o Banco Nacional de Desenvolvimento Econômico e Social (BNDES), este para o financiamento de projetos industriais de longo prazo. Criada a infraestrutura, o Brasil pretendia também atrair capitais europeus. Para isso, quis beneficiar-se da concorrência entre grandes empresas daquele continente, que estavam à procura de novos mercados, bem como da implantação de novos arranjos institucionais, como a criação do Fundo Monetário Internacional (FMI) e do Banco Mundial, entre outros, e da rivalidade Leste-Oeste[12].

Nesse contexto, os capitais públicos eram limitados. Tanto foi que o Banco Mundial não concedeu ao Brasil nenhum empréstimo entre 1953 e 1965. Acrescente-se a isso o fato de que Vargas tinha uma política ambígua em relação ao capital internacional. Assim, impôs restrições ao capital estrangeiro, resumidas em seu discurso sobre "perdas internacionais", em 1951[13]. Dois anos depois, suavizou sua posição ao conceder vantagens ao capital estrangeiro com a promulgação da Lei do Livre Mercado de Câmbio[14] e a das taxas múltiplas de câmbio para importações e exportações[15].

---

[11] Em 22 de julho de 1952, em reunião dos presidentes do Chile, México, Colômbia, Costa Rica e Argentina com o representante do governo Truman, Dean Acheson, foi formulado um Plano Marshall Latino, estimado em US$ 10 bilhões a serem desembolsados durante dez anos. Pleiteava-se também um "Fundo Interamericano para o Desenvolvimento Industrial, Agrícola e Mineral" (ver relato de Roberto Campos, *A lanterna na popa*, Rio de Janeiro, Topbooks, 1994, vol. 1, p. 227-8).

[2] Esclarecimentos detalhados em Fred Block, *Los orígenes del desorden económico internacional*, cit. Ver também a coletânea de textos organizada por Pedro Malan, Regis Bonelli e José Eduardo Carvalho Pereira, *Política econômica externa e industrialização no Brasil (1939-1952)* (Rio de Janeiro, Ipea, 1977).

[3] No discurso de 31 de dezembro de 1951, o presidente Vargas criticou a remessa de lucros para o exterior: "na história econômica deste país, talvez mesmo de qualquer país independente, não conheço exemplo de espoliação maior [...]. Foram remetidos para fora em três anos [...] 791 milhões de cruzeiros em 1948, 883 milhões em 1949, 1 bilhão e 28 milhões em 1950 [...]. Se tivesse cumprido a lei [...] as remessas para o exterior teriam sido apenas [...] ao todo, cerca de 1 bilhão e 750 milhões" (Getulio Vargas, *O governo trabalhista do Brasil*, cit., p. 277).

[14] Lei n. 1.807, de 7 de janeiro de 1953, que transferiu certas operações para o mercado livre de câmbio, como algumas exportações, pagamentos de serviços da dívida e remessa de lucros, e manteve o controle administrativo sob direção da Carteira de Exportação e Importação do Banco do Brasil (Cexim).

[15] Refere-se à Instrução 70 da Superintendência da Moeda e do Crédito (Sumoc) – órgão embrião do Banco Central –, de 9 de outubro de 1953, que introduziu taxas múltiplas de câmbio para exportações e importações, divididas em categorias, com o câmbio sendo vendido em leilões.

Tais mecanismos facilitaram as importações das empresas multinacionais e permitiram ao Estado apropriar-se do diferencial cambial entre exportações e importações[16]. Em termos práticos, o fato é que a política ambígua de Vargas não permitiu uma entrada maciça do capital estrangeiro no volume esperado e planejado[17]. Mesmo assim, cabe destacar que precondições para um desenvolvimento econômico acelerado foram criadas no segundo governo Vargas, para quem a industrialização seria o caminho mais curto para a expansão do capitalismo nacional.

Entretanto, foi indiscutivelmente com Juscelino Kubitschek (1956-1961) que a industrialização se tornou "a diretriz correta para o desenvolvimento de um país de população crescente, com um grande mercado e dotado de adequados recursos naturais"[18].

A dinamização da industrialização não poderia, no entanto, ser lograda no ritmo desejado sem o recurso indispensável ao capital estrangeiro, por essencialmente duas razões: a) os recursos internos eram limitadíssimos, devido, notadamente, à diminuição do poder de compra das exportações e à impossibilidade política de se adotar medidas fiscais agressivas e de arrocho salarial; b) faltava tecnologia moderna, bem como possibilidade de inová-la, na medida em que não existia infraestrutura científica e tecnológica nacional nem interesse do Estado em adquiri-la para repassá-la aos empresários locais. Kubitschek justificou, com efeito, que seria "indispensável [...] recebermos a cooperação, em larga escala, dos conhecimentos [Ciência e Tecnologia] e do capital estrangeiro"[19]. Como o governo encontrava-se diante de dificuldades financeiras internas e do fechamento das entidades públicas internacionais[20], considerou-se oportuno apelar para o crédito e para os interesses dos empresários privados estrangeiros. Kubitschek defende isso nos seguintes termos: "Esses capitais devem vir, por encontrar remuneração boa para seu emprego, garantia, segurança e respeito". Além do mais, "quem considera indispensável a ajuda do capital estrangeiro e quer sua colaboração deve criar, antes de mais nada, um clima de tranquili-

---

[16] Ver indicações apresentadas por Pedro Malan, Regis Bonelli e José Eduardo Carvalho Pereira, *Política econômica externa e industrialização no Brasil (1939-1952)*, cit., p. 159-60.

[17] Nunca é demais lembrar que Vargas fez de tudo para ter acesso ao capital estrangeiro. Instituiu inúmeras comissões (Mista Brasil-EUA, Cepal-BNDES etc.) para criar clima e condições para os investimentos estrangeiros. O governo estadunidense sempre desconfiou, todavia, de seu nacionalismo, como explica Luiz Alberto Moniz Bandeira, *A presença dos Estados Unidos no Brasil* (Rio de Janeiro, Civilização Brasileira, 1973).

[18] Juscelino Kubitschek, *Discursos* (Rio de Janeiro, Imprensa Nacional, 1960).

[19] Ibidem, p. 243.

[20] Em 1958, Juscelino Kubitschek negou-se a cumprir as condicionalidades impostas pelo FMI. Isso dificultou os empréstimos com as demais instituições, em especial o Banco Mundial, dado seu papel de avalista em relação a elas. O que estava em jogo, porém, era um empréstimo de US$ 100 milhões, que foi conseguido, mais tarde, por Jânio Quadros.

dade e garantia, para que os investimentos possam vir de fato". Essas vantagens eram asseguradas pelo governo. Prossegue Kubitschek:

> Dentro dos preceitos legais que regem a nossa política de capital estrangeiro, continua o Brasil a dar ampla liberdade à transferência de lucros e dividendos de inversões diretas, pelo mercado de câmbio, ou de juros e amortizações de empréstimos de particulares a particulares. Além disso, assegura-se estímulos fiscais, prioridade de cobertura e taxa mais favorável de câmbio aos financiamentos.[21]

Foi com esse espírito que o Programa de Metas (1956-1961) foi colocado em marcha. Seu lema, "50 anos em 5", mostra em que grau havia necessidade de "queimar" as etapas, bem como anuncia o novo padrão de acumulação a ser adotado no período. Do ponto de vista industrial, foram implantados os setores de automobilística, mecânica pesada, construção naval, papel e celulose e cimento, além do aumento da capacidade da siderurgia. Por sua vez, o Estado montou uma infraestrutura adequada ao novo modo de acumulação. Com efeito, o investimento estatal – dos governos federal, estadual e municipal, incluindo as empresas públicas – cresceu, em termos reais, 15% ao ano durante o período de 1956 a 1962.

Dentro de sua estratégia de atrair o capital privado internacional, as autoridades monetárias passaram a utilizar exaustivamente instrumentos econômicos de governos anteriores – notadamente as instruções 70, de 1953, e 113, de 1955[22], da Sumoc – e novos foram criados, destacando-se aqueles com base nas reformas tarifária e cambial, bem como os incentivos fiscais. As vantagens oferecidas ao capital estrangeiro, em uma conjuntura internacional tensa – fase de reconstrução do capitalismo europeu e de redefinição da divisão internacional do trabalho –, não atraíram os capitais públicos dos países centrais no volume esperado. Foi isso que levou o governo a apelar para os capitais privados de curto prazo; engendrou, assim, desequilíbrios no balanço de pagamentos, que foram agravados principalmente pela deterioração dos termos de troca e pelos serviços do capital estrangeiro, como pagamento de juros e amortizações, remessas de lucros e dividendos.

Os obstáculos às importações de máquinas e equipamentos haviam sido eliminados pela Instrução 113, que contornava as dificuldades ligadas ao balanço de paga-

---

[21] Ibidem, p. 244.
[22] Em 17 de janeiro de 1955, Octavio Bulhões, como diretor-executivo da Sumoc, lançou a Instrução 113, que autorizava a importação de equipamentos industriais de multinacionais sem cobertura cambial. Essa instrução foi amplamente debatida e contestada por setores nacionalistas e pelo setor empresarial – em especial, a Federação das Indústrias do Estado de São Paulo (Fiesp) –, que consideravam que ela dava vantagens excessivas às empresas estrangeiras em comparação com as nacionais.

mentos. Com base nessa instrução, as empresas privadas locais passaram a importar os equipamentos de que necessitavam, sob a forma de financiamento em moeda estrangeira, ao custo de câmbio, enquanto as multinacionais faziam o mesmo, mas sem cobertura cambial. Acrescente-se a isso as facilidades locais de crédito e de garantias ofertadas ao capital estrangeiro[23]. Foram essas vantagens[24] que permitiram a total implantação da indústria automobilística e de autopeças[25]. Vale dizer que a Instrução 113 representou o primeiro *grande salto da internacionalização* da economia brasileira.

Criadas as condições de infraestrutura, a indústria automobilística, de construção naval e outros setores do programa desenvolveram-se em curtíssimo prazo. Assim, o programa obteve uma boa medida de êxito: o Produto Interno Bruto (PIB) cresceu 8,2% ao ano no período de 1957 a 1961, contra 6,2% ao ano no quinquênio precedente[26]. Isso, em termos qualitativos, significa que o Brasil entrou na década de 1960 com um parque industrial sólido e diversificado. Ao mesmo tempo, com o Programa de Metas – particularmente, a partir de 1958 – foram lançadas as bases do processo crescente e persistente de endividamento externo com os capitais de empréstimo, os quais superaram, em larga escala, os capitais de risco – ponto que será abordado adiante.

No período militar pós-1964, sem que fossem abandonadas as tendências centrais do modo de acumulação industrial dos anos 1960, implantou-se um novo estilo de crescimento, caracterizado por uma participação maior do capital internacional. Circunstâncias favoráveis contribuíram para tal[27]. No plano interno, a lei

---

[23] Observa-se que, "além dos estímulos permitidos pela legislação do capital estrangeiro, detinha o governo outra fonte de favores nesta matéria. Através do BNDES assegurava acesso a créditos do exterior aos empresários via corresponsabilidade com a liquidação do débito externo assumida pela instituição de crédito. Seu aval, em muitos casos decisivo para o êxito da operação de financiamento externo, outorgava a este banco poderes de orientação das inversões privadas e constitui-se por este aspecto na peça fundamental da fisiologia do Plano de Metas" (Carlos Lessa, *Quinze anos de política econômica*, São Paulo, Brasiliense, 1983, p. 59).
[24] Paulo Lira, "Setor externo e desenvolvimento da economia nacional", *Boletim do Banco Central do Brasil*, anexo especial II, fev. 1973, p. 401.
[25] Octavio Bulhões, autor e implementador da Instrução 113, afirma que "a indústria automobilística deveu-se à 113" (Octavio Bulhões, *Octavio Gouvêa de Bulhões (depoimento)*, Rio de Janeiro, CPDOC, Banco Central do Brasil, 1990).
[26] O. S. Lorenzo-Fernández, *A evolução da economia brasileira* (Rio de Janeiro, Zahar Editores, 1976).
[27] Conforme declaração de Mário Gibson Barbosa, então ministro das Relações Exteriores, "com a estabilidade política [ler prática política não demagógica e populista do governo anterior], o desenvolvimento econômico, o crescimento demográfico e o alto índice do PNB [Produto Nacional Bruto], o Brasil é um país altamente atraente para investimentos estrangeiros, sendo o menos nacionalista de todos os países latino-americanos [...]. O Brasil é um dos poucos países latino-americanos que têm uma atitude realmente aberta para com o capital estrangeiro, não medindo esforços para remover os obstáculos existentes (ao livre trânsito do capital estrangeiro)" (segundo Octávio Ianni, *Estado e planejamento econômico no Brasil (1930-1970)*, Rio de Janeiro, Civilização Brasileira, 1971, p. 274).

restritiva de remessa de lucros, de 1962, foi revogada em 1964, pelo governo de Castello Branco, por uma legislação liberalizante[28], cujo objetivo era criar um clima mais favorável ao capital internacional. Tal intenção, em resumo, reproduz aquela presente nos governos anteriores, desde 1955. Seus principais resultados serão mostrados a seguir.

2. Resultados da política implícita

No período em questão, como visto, a opção industrializante foi predominante na política econômica. Ela gerou, por conseguinte, um crescimento econômico acelerado com apoio da poupança externa, processo que engendrou um aumento do endividamento.

2.1. Crescimento acelerado

A fase de crescimento foi liderada pelo Estado, que investiu pesadamente na infraestrutura, como transportes, energia, siderurgia e construção naval, e nos mecanismos de financiamentos industriais, como a criação do BNDES, em 1952. Enfim, o Estado realizou a substituição de importações, ofereceu câmbio favorecido para importações de equipamentos, máquinas e combustíveis e criou reservas de mercado para empresas locais e multinacionais. A substituição não foi, no entanto, capaz de gerar divisas suficientes para sustentar as necessidades do balanço de pagamentos.

Do ponto de vista da *performance* da economia brasileira, vale verificar que esta tem sido historicamente elevada, com taxa média anual de crescimento de 6,3% – isso durante cerca de cinquenta anos, entre 1930 e 1980. Isto é, tanto no período desfavorável entre as duas grandes guerras (1929-1950) como no momento mais propício de crescimento (1950-1980). Os 6,3% de crescimento brasileiro são superiores à média mundial de 4,1%. Quanto à taxa de crescimento industrial, esta foi de 8,7% no período 1947-1967 (ver Gráfico 1). Ao considerar o peso da produção industrial na pauta das exportações, verifica-se que seu peso passou de 7,7%, em 1964-1966, para 28,1%, em 1974-1976, ultrapassando 55% entre 1984 e 2006[29].

---

[28] No governo Goulart, foi adotada e promulgada a Lei n. 4.131, de 17 de agosto de 1962, que foi revogada por ser considerada anticapital estrangeiro pela Lei n. 4.390, de 3 de setembro de 1964. Foram suprimidos da primeira lei especialmente os artigos 31, que limitava a remessa de lucros em 10% sobre o capital registrado; 32, que considerava retorno do capital o que excedia os 10%; e 33, que considerava que os lucros não remitidos seriam registrados com capital suplementar.

[29] Antônio Delfim Netto (coord.), Seminário "O Estado da Arte em Economia" (Universidade de São Paulo, Faculdade de Economia e Administração, 2007).

GRÁFICO 1. Taxas de crescimento do PIB e da indústria (1947-2006)

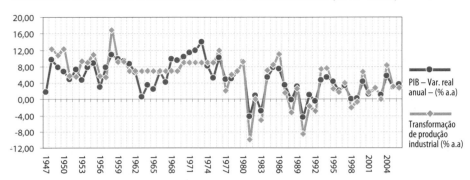

Fonte: Elaborado com dados do Instituto de Pesquisa Econômica Aplicada (Ipea).

A questão de fluxos de capitais pode ser apreciada sob as ópticas setorial e global. Na primeira perspectiva, centra-se a atenção no papel da Instrução 113 no processo de industrialização; na segunda, apresentam-se os resultados globais dos movimentos de capitais.

2.2. Fluxos setoriais de capitais

No período posterior à Segunda Guerra Mundial, a legislação cambial constituiu-se no principal meio de atração do capital estrangeiro. Foram utilizados os instrumentos de importação sem cobertura cambial e os da taxa de câmbio múltiplo.

a) Importação sem cobertura cambial

Vale lembrar que nunca houve obstrução ao capital estrangeiro no Brasil. Tanto é que, antes de 1930, não havia qualquer discriminação a esse tipo de capital na política cambial. Posteriormente, as únicas restrições existentes foram aquelas estipuladas pelas constituições de 1934 e de 1937, limitadas aos setores de Minas e de Águas.

Já no período que se seguiu à Segunda Guerra Mundial e, sobretudo, após a reunião de Bretton Woods, o Brasil, como aliado dos Estados Unidos, baixou suas restrições legais ao capital estrangeiro. O ingresso desse capital sem cobertura cambial passou a ser regulado pela Instrução 70, fundamentada sobre a atração seletiva de novos capitais estrangeiros. A verificação e a aplicação dos critérios de seletividade exigiam intervenções de vários órgãos governamentais. Esses procedimentos burocráticos foram considerados excessivos e desnecessários pelo então ministro da Fazenda, Eugenio Gudin, que justificou *ex post* a ab-rogação da Instrução 70 da seguinte forma:

Formas e políticas de endividamento externo – 1947-2007

Quando fui ministro, a via-crúcis por que havia de passar um pedido de autorização de investimento de capital estrangeiro era a seguinte: 1) ser aprovado pela Comissão de Desenvolvimento Industrial composta por representantes de Ministérios e da Federação das Indústrias; 2) ser aprovado por uma comissão Cifer, criada pelo aviso de 15 de janeiro de 1954, para estudar os ditos pedidos de autorização; e 3) ser sancionado pelo Conselho da Sumoc.[30]

Em outras palavras, a Instrução 70 dificultava ao máximo a entrada do capital estrangeiro sob sua forma de capital de risco, enquanto a Instrução 113 – ao contrário – desburocratizava sua entrada, tornando seu ingresso quase automático e sem grandes exigências administrativas.

Assim, US$ 10.663.000 de recursos externos ingressaram no país entre 1955 e 1963; desses, US$ 8.202.000 o fizeram com cobertura cambial, contra US$ 2.461.000 sem cobertura cambial (ver Tabela 1) – ou seja, 70% ingressaram com e 30% sem cobertura cambial. Destes últimos, US$ 1.930.000 (70% do total) entraram como financiamentos e US$ 531 mil (30%) em investimentos diretos. Desses investimentos, 98% foram destinados à indústria automobilística, ou seja, a Instrução 113 praticamente criou essa indústria do zero (como declarado por Bulhões[31]).

TABELA 1. Importações (FOB – em milhões de dólares correntes)

Anos	Com cobertura cambial	% total anual	Sem cobertura cambial (a)	% total anual	Investimento (b)	% total anual	Relação (b)/(a)
1955	1008	92	60	5	31	3	0,52
1956	833	80	158	15	55	5	0,35
1957	927	74	223	18	107	9	0,48
1958	798	69	268	23	83	7	0,31
1959	796	68	290	25	93	8	0,32
1960	963	77	224	18	63	5	0,28
1961	871	73	274	23	47	4	0,17
1962	967	78	247	20	33	3	0,13
1963	1039	84	186	15	19	2	0,10
Total	8202		1930		531		0,28

Fonte: Sumoc (1963) e Ana Claudia Caputo, *Desenvolvimento econômico brasileiro e investimento direto estrangeiro: análise da Instrução 113 da Sumoc*[32].

[30] Eugênio Gudin, *Inflação, importação e exportação* (Rio de Janeiro, Agir, 1959).
[31] Ver nota 25, na p. 24 deste livro.
[32] Ana Claudia Caputo, *Desenvolvimento econômico brasileiro e investimento direto estrangeiro: análise da Instrução 113 da Sumoc* (dissertação de mestrado em Economia, Rio de Janeiro, UFF, 2007).

Isso posto, destaca-se que os dados disponíveis relativizam a importância quantitativa da Instrução 113 do ponto de vista macroeconômico: entre 1955 e 1963, os investimentos sem cobertura cambial, em média anual, representaram 5% do montante das importações globais. A relação entre investimentos Instrução 113 e PIB industrial, no período enfocado, foi, em média anual, de 1,6%[33]. Mesmo no ingresso do capital estrangeiro na forma 113, constata-se, mais uma vez, a predominância do capital de empréstimo sobre o capital de risco, como será mostrado detalhadamente mais adiante.

b) Peso do câmbio flexível na atratividade do capital estrangeiro

As organizações de importações e de câmbio eram classificadas de modo a atrair o capital estrangeiro, fornecendo-lhe um subsídio substancial. As importações, por sua vez, eram classificadas pela Sumoc em cinco categorias. As categorias 3 e 4 – que constituem o objeto do presente estudo – dizem respeito a bens de produção. Posteriormente, essas categorias foram reduzidas para duas, sendo que a dos equipamentos era classificada como "especial".

O câmbio era dividido em dois mercados: o dos leilões e o livre, sendo que o preço do dólar nos leilões era sempre maior do que no mercado livre. O investidor estrangeiro que ingressasse com seu capital no Brasil o convertia no mercado livre em cruzeiros pela taxa livre. Para realizar importações, ele comprava suas divisas nos leilões. Com uma licença de importação, o custo do seu investimento reduzia-se, proporcionalmente, à diferença entre a taxa de câmbio livre e a dos leilões. A diferença entre as duas taxas de câmbio podia ser considerada como incentivo e era de cerca de 50%, em função do ano escolhido, como mostra a Tabela 2. Dessa forma, o capital estrangeiro ingressante, premiado e privilegiado, era o capital de empréstimo.

TABELA 2. Taxas de câmbio praticadas nos mercados livres e de leilões (1953-1956)

Categorias/ Taxa oficial	Out. 1953	Set. 1954	Set. 1955	Set. 1956	Ago. 1956
1ª	36,09	43,4	70,46	72,35	80,31
2ª	47,09	59,42	110,56	100,08	109,74
3ª	60,82	101,82	175,51	165,08	136,35
4ª	61,92	113,41	225,51	209,98	192,9
5ª	119,02	182,71	301,41	289,39	300,82
Taxa livre	46,32	63,42	67,77	69,65	78,98

---

[33] Idem.

Formas e políticas de endividamento externo – 1947-2007

Categorias/ Taxa oficial	Set. 1957	Set. 1958	Set. 1959	Ago. 1960
Geral	36,09	43,4	70,46	228,9
Especial	47,09	59,42	110,56	495,9
Taxa livre	46,32	63,42	67,77	187,2

Fonte: Sumoc (1961) e dados reagrupados e retomados de Eduardo Graeff, *Política de investimentos estrangeiros no pós-guerra: a Instrução 113 e as origens do "modelo associado"*[34].

2.3. Fluxos globais

A importância quantitativa da poupança externa na economia brasileira variou muito em diferentes épocas históricas. No período entre 1947 e 1967, ela representou menos de dois pontos percentuais da taxa de investimento total do país. Quanto à taxa anual média de crescimento da dívida externa, esta foi de 15%; mas, entre 1953 e 1955-1956, ela era de 85% (ver Gráfico 2).

GRÁFICO 2. Dívida externa e taxas de crescimento da dívida e do PIB (1947-2006)

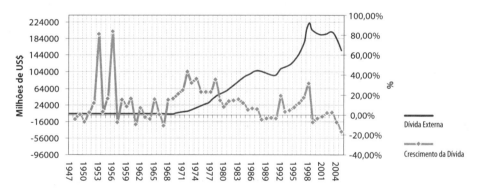

Fonte: Gráfico elaborado com dados do Banco Central do Brasil (Bacen).

Com efeito, a partir de 1953, o movimento de capitais foi positivamente afetado por duas mudanças na legislação cambial: I) a Lei n. 1.807, de 7 de janeiro de 1953, introduziu o mercado livre de câmbio, suprimiu a limitação quantitativa de remessa de lucros e de retorno de capitais e descongelou o preço fixo da moeda estrangeira – desvalorizando a moeda local e, com isso, estimulando as remessas de divisas para o exterior; e II) a promulgação da Instrução 113, que abriu mais a

---

[34] *Política de investimentos estrangeiros no pós-guerra: a Instrução 113 e as origens do "modelo associado"* (dissertação de mestrado em Ciência Política, São Paulo, FFLCH/USP, 1981), p. 76, nota 15.

economia ao permitir importações de equipamentos por multinacionais, sem cobertura cambial. Essas mudanças permitiram um grande salto ao ingresso do capital internacional, o que se explica pelo fato de que as multinacionais importavam, conjuntamente, equipamentos e financiamentos.

O ingresso de capitais estrangeiros internacionalizou mais a economia e, por conseguinte, aumentou significativamente o endividamento do país. No período pós-1964, o que retém a atenção não é apenas a participação crescente do capital internacional, mas o fato de que foi formulada e implementada uma política explícita de endividamento externo do país.

II Formas e políticas explícitas de endividamento – 1968-1980

Contratar empréstimo não gera, em si, endividamento, porque recursos captados podem ser guardados como reservas internacionais. O processo real de endividamento inicia-se com o gasto dos dólares captados, usados pelo Banco Central para financiar o déficit da conta-corrente do balanço de pagamentos. Isso implica endividamento externo, que significa transferência efetiva de recursos de um país para outro. O país superavitário – aquele que tem excesso de poupança – investe em outro que tem carência de capitais.

Nesse processo, o investidor e o investido têm seus interesses atendidos. Os atores, por meio dos quais é realizada a transferência de recursos, são principalmente as multinacionais, que criam suas subsidiárias ou *joint-ventures*; os organismos multilaterais, como Banco Mundial e Banco Interamericano de Desenvolvimento (BID); as agências governamentais, como Eximbank, Hermes e Coface, que financiam projetos de desenvolvimento; e os bancos comerciais internacionais, que captam recursos de investidores privados e institucionais para fazer seus empréstimos, notadamente por meio do mercado de bônus. Desses atores, entretanto, devem ser excluídas as multinacionais, pelo fato de que seus investimentos são de capital de risco, que não implicam, portanto, endividamento externo. Para se captar recursos dos demais atores, pressupõe-se, todavia, a definição e a implementação de uma política de desenvolvimento com poupança externa, que crie clima e condições institucionais, legais, cambiais, tributárias, entre outras, para atrair o capital estrangeiro.

Essa política foi implementada no Brasil após 1968, fundamentada no seguinte raciocínio: dizia-se "vamos pagar altas taxas de juros em empréstimos de curto prazo, quando os de longo prazo não estiverem disponíveis, porque isso viabiliza o futuro ao garantir o crescimento acelerado". Tal decisão asseguraria uma melhor inserção do país na divisão internacional do trabalho. Esse pensamento baseava-se na tese segundo a qual o Brasil era uma economia atrasada que, para poder ter uma taxa de crescimento acelerado, necessitava, obrigatoriamente, de um complemento de poupança externa, diante da sua limitada poupança interna. Em termos de ação de política econômica, isso foi traduzido por uma política que entendia que o endividamento não somente era bom, mas, sobretudo, desejável; uma política que pressupunha uma administração da dívida, que exigia uma agenda racional de pagamentos.

Assim, pela primeira vez na história das contas externas do Brasil, foi formulada e implantada uma política explícita de endividamento. Têm-se documentos, dados e depoimentos de decisores que preconizaram, justificaram e aplicaram essa política no período de 1968 a 1979-1980. Posteriormente, a partir de 1981, essa política de endividamento tomaria outra forma: a da política informal, focada na desregulamentação financeira, ou abertura da conta capital.

Para analisar as decisões tomadas a fim de concretizar as políticas formal e informal e suas fundamentações, serão apresentadas, a seguir, as políticas institucionais e as razões da preferência pelo capital de empréstimo.

1. Políticas institucionais

Após o golpe militar de 1964, a dívida externa brasileira conheceu seu primeiro grande salto. Desde então, seu crescimento foi constante e deliberado, em especial a partir do governo Médici (1969-1974), quando a política de endividamento externo começou a ser esboçada. Ela foi formulada por Paulo Lira, o então presidente do Banco Central, nestes termos: a "política de administração da dívida existe desde 1968 e adquiriu contornos mais precisos em fins de 1971, quando estendemos o controle do endividamento externo a todos os tipos de dívida"[35]. Seu desenho tornou-se mais claro e forte, contudo, no governo Geisel (1974-1979).

A política de endividamento estava baseada nos princípios da administração da dívida externa, que eram, essencialmente, três: I) prazo mínimo de amortização dos empréstimos em moeda estrangeira; II) minimização da dívida de curto prazo; e III) manutenção de reservas em nível adequado diante das importações e do

---

[35] Entrevista de Paulo Lira, "Absorver poupança externa que ajuda o desenvolvimento", *Revista Tendência*, out. 1974, p. 37. Tese que o autor reafirma com força, inclusive em seu depoimento na Comissão Parlamentar de Inquérito (CPI) da Dívida Externa, em 25 de abril de 1984 (p. 422-87), especialmente quando diz: "a tese que defendo é a seguinte: o Brasil se engajou no processo de aceleração do seu crescimento com recursos externos – e isso, no meu ponto de vista, foi bem administrado até o momento, basicamente, 1979". O autor desenvolve essa tese com mais detalhes nos seguintes textos: *Endividamento externo: problema e política* (Rio de Janeiro, Escola Superior de Guerra, 1970, mimeo.); "Endividamento externo e desenvolvimento", *Revista Econômica do Jornal do Brasil*, 1972; e "Setor externo e desenvolvimento da economia nacional", cit.

serviço da dívida. Tais princípios consistiam em viabilizar e incentivar a absorção da poupança externa, de modo a complementar a poupança interna e elevar, por conseguinte, o nível de investimentos em comparação ao que se poderia obter apenas com os esforços próprios. Para atrair a poupança externa, era imprescindível ter um *excedente* de importações de mercadorias e serviços sobre as exportações. Gerava-se, assim, um déficit na conta-corrente, denominado hiato de recursos, o qual expressava o nível da absorção da poupança externa.

Como havia necessidade de um equilíbrio relativo do balanço de pagamentos, esse déficit era suprido com o ingresso do capital externo, na medida em que a conta de capital cobria o déficit em conta-corrente, observado em determinado período. O presidente do Banco Central insistiu, com muita ênfase, neste ponto:

> Temos um déficit em conta-corrente – começa que toda essa terminologia foi desenvolvida nos centros tradicionais –, então, *ter um déficit é um negócio ruim, é vergonhoso*, é feio ter dívidas, porque *dívidas devem ser pagas e os déficits acabados* [...]. [No entanto], *o Brasil tem que ter um déficit em conta-corrente*. Enquanto quiser ser um país absorvedor de capital do exterior, tem que ter um déficit em conta-corrente. Isto compreende duas coisas: uma parte, que é o pagamento de serviços sobre o capital que foi absorvido no período anterior, são juros e dividendos. Esta parte tem que ser paga no exterior. O que sobra disso é o que representa realmente a entrada de capitais, mercadorias e serviços que vão ser aplicados para aumentar os investimentos.[36]

E mais: "*a dívida tem que aumentar* [...] *não se tem que pagar dívida*. Tem que administrar essa dívida [...]. Isso existe no *Brasil, que é um dos poucos países que chegou a tentar formular de uma forma bastante específica uma política de endividamento externo*"[37].

Essa política exigia a manutenção de altas reservas cambiais e o fomento das exportações. Questiona-se, contudo: por que manter um nível alto de reservas, que fazia aumentar o volume da dívida? Ou, ainda, por que tomar empréstimos para acumular reservas? Dentro da política de administração da dívida, as reservas permitiriam não só certa flexibilidade na condução da política do endivida-

---

[36] Idem, *Seminário sobre o capital estrangeiro no país*, Associação Comercial de São Paulo, 7-9 ago. 1980, p. 51, mimeo. Grifos nossos.
[37] Ibidem, p. 52. Grifos nossos. Ponto reafirmado em seu já citado depoimento na CPI da Dívida Externa, quando diz: "Quando o Brasil montou essa política de endividamento externo, isso era novidade... Nenhum país tinha executado uma política consciente e descrita como tal. É preciso considerar que esses outros países que tomaram emprestado o fizeram *sem* uma política de endividamento" (grifos nossos).

mento, mas, sobretudo, ajudariam a assegurar a viabilidade do aumento da dívida externa em médio e longo prazos. Nesse sentido, por exemplo,

> em dezembro de 1971, a dívida total do Brasil era de 6 bilhões e 600 mil dólares. Em dezembro de 1973, passou para 12 bilhões e 600 mil dólares, praticamente o dobro, porque o Brasil tomou emprestado para cobrir o déficit e acumular suas reservas [...]. Neste último caso, é como se tivéssemos tomado empréstimos para financiar o déficit por antecipação.[38]

Fazer empréstimos para acumular reservas tinha sentido? Sim, sustenta outro ex-presidente do Banco Central, Casimiro Ribeiro, para quem

> naquela época em que o Brasil estava com muito crédito no exterior, a administração Delfim [1967-1974], acertadamente, aproveitou nosso bom crédito no exterior para tomar emprestado – estavam nos oferecendo a um preço barato – e depositar pagando apenas uma diferença de *spread* aos bancos; nós consumimos até 13 bilhões de dólares [em caixa, em 1973].

Pagava-se sobre esse valor "*spread* de 1% aos bancos para tomar emprestado, e, ao redepositar, [recebia-se] 0,5% de *spread*. [...] Porque [quando] você tem 13 bilhões de dólares, naquela época, que era mais do que a dívida do Brasil [...], você acaba obtendo dinheiro mais barato"[39]. Vale dizer que era possível instaurar um clima tão favorável ao capital estrangeiro porque se captava recursos com taxas menores, ou seja, economizava-se pela outra ponta.

Foi pela adoção do câmbio flexível que essa política de endividamento viabilizou-se do ponto de vista operacional, tema que será tratado a seguir.

1.1. Câmbio flexível

A ideia de política de endividamento externo está presente nas formulações e nas ações dos principais decisores do setor econômico[40]. Seu conceito – teórico e

---

[38] Idem, "Absorver poupança externa que ajuda o desenvolvimento", cit., p. 39.
[39] Casimiro Ribeiro, *Casimiro Ribeiro II (depoimento, 1989)* (Rio de Janeiro, CPDOC, Banco Central do Brasil, 1990), p. 96. Observa-se que o diferencial de juros entre empréstimos e depósitos custou ao Brasil entre US$ 60 a 100 milhões por ano no período entre 1970 e 1980. Ver estimativas de John Wells, "Eurodólares, dívida externa e milagre brasileiro", *Estudos Cebrap*, n. 6, 1973.
[40] Principalmente ministros da Fazenda e do Planejamento (Antônio Delfim Netto, Mário Henrique Simonsen, João Paulo dos Reis Velloso) e dirigentes do Banco Central (Paulo Lira, Casimiro Ribeiro, Dênio Nogueira, entre outros).

empírico – foi, contudo, Paulo Lira quem formulou. Foi ele também quem implementou essa política (econômica) no e por meio do Banco Central. Com efeito, após ter exercido um conjunto de funções[41], especialmente no exterior, entre 1965 e 1968, Lira voltou para o Brasil a convite do então ministro do Planejamento, Delfim Netto[42], para ocupar a diretoria da Área Externa, de 1968 a 1974, e, posteriormente, a convite do ministro da Fazenda, Mário Henrique Simonsen, para ocupar a presidência do Banco Central, de 1974 a 1979. Lira era do círculo de amizade de ambos os ministros, bem como do então presidente Geisel[43].

Do ponto de vista da condução da política econômica, sua missão consistia em implantar o câmbio flexível. Disse ele: "vim [ao Brasil] com esta missão específica do Delfim: *montar esse esquema de taxa flexível de câmbio*. Assumi em março de [19]68 e, em agosto, [o] implantamos". Esclarece ainda: "Uma das funções foi esta. E a outra, nessa época também, a gente começa a *montar a política do endividamento externo. Porque [ambas] coincidem. As coisas começam aí a se encaixar.* Porque se passou a ter uma taxa de câmbio estável, no sentido de previsível"[44].

No entanto, tal mexida no câmbio contrariou interesses políticos e econômicos, bem como desagradou alguns militares de alta patente e o FMI[45].

O câmbio flexível permitia aos agentes econômicos tomarem suas decisões cientes do custo efetivo do seu empréstimo bancário, mesmo em período de inflação alta. De fato, era possível fazer cálculos para saber se era

> mais interessante tomar emprestado em cruzeiros ou em moeda estrangeira. Porque [se] podia fazer os cálculos de quanto que vão custar os juros, efetivamente [...]. Isso daí vai permitir, então, que o setor privado no Brasil comece a entrar no mercado de eurodólares, que estava se desenvolvendo, no final da década de [19]60. [...] Então, aí, é o começo. *Montamos toda uma política de endividamento externo.* Acabou dando essa

---

[41] Paulo Lira, "Absorver poupança externa que ajuda o desenvolvimento", cit. Neste, informa sua trajetória profissional: foi assessor do Banco Mundial, diretor-adjunto do FMI, assessor da Confederação Nacional da Indústria (CNI) e teve cargos técnicos na Sumoc.
[42] Idem. Disse Lira que "não era amigo do grupo de Delfim. E o presidente da República, general Geisel, era conhecido meu quando exercia função de assessoria na CNI; época durante a qual o então presidente era membro e representante do CNP. Foi lá que eu conheci o presidente Geisel" – que era, na época, coronel.
[43] Idem. Disse Lira: "Mário também me conhecia". E o presidente, além de o conhecer a partir da CNI, havia sido apresentado ao seu pai ("Foi secretário de Finanças do governo revolucionário, o Gratuliano Brito era interventor"). Conhecia também Geisel.
[44] Idem. Grifos nossos.
[45] A reação geral, no meio militar, era de que não se podia mexer com o câmbio sem a anuência dos militares. Foi-lhe dito: "Poxa, os militares vão deixar você ficar mexendo na taxa de câmbio? Mas o Delfim acertou lá as coisas com Costa e Silva. E nós fizemos" (idem). Já "O Fundo não aceitava esse sistema de taxa de câmbio, que era inteiramente heterodoxo. Não era reconhecido" (idem).

confusão que está aí. Mas foi toda uma política. *O Brasil era o único país, realmente, daqueles grandes tomadores, particularmente na América Latina, que tinha uma política de endividamento externo.* O México não tinha, nem queria saber disso. E eu sei disso, inclusive, conversando com mexicanos. A Argentina, também, nunca se preocupou com essa história. Mas o Brasil fez a montagem. Quando vim em 1968 [ao Brasil], foram as duas coisas que realmente toquei lá.[46]

Ou seja, Lira refere-se às suas funções na diretoria da Área Externa, inicialmente, e, depois, na presidência do Banco Central. Cabe analisar, agora, quais foram os fundamentos econômicos que sustentaram a adoção dessa política.

1.2. Fundamentos econômicos do endividamento

Adotar uma política de endividamento consiste, notadamente, em prever impactos dos recursos externos sobre o balanço de pagamentos. Uma previsão bem programada torna viável

> uma política de endividamento externo no conjunto das medidas governamentais [...]. Relaciona-se ela, intimamente, à política de manutenção das reservas internacionais em âmbito adequado e de incremento vigoroso nas exportações, minimizando-se, com isto, os riscos de variações no ritmo de progresso de desenvolvimento associado ao endividamento externo.[47]

Política de endividamento implica importação de capital. Para que isso seja viável, duas condições são necessárias: "a) deverá normalmente existir, a cada ano, um *excesso* de importações de mercadorias e serviços sobre as importações de mercadorias e serviços; e b) o balanço de pagamentos, em sua totalidade, deverá apresentar relativo equilíbrio". Mais especificamente: o "excesso de importações de mercadorias e serviços sobre exportações de mercadorias e serviços representa *absorção* de recursos reais do exterior que financiam parte dos investimentos realizados dentro do país"[48]. Desse modo, consegue-se absorver poupança do resto do mundo, gerando um déficit na conta-corrente. Esse deve ser persistente de modo a canalizar um fluxo contínuo de recursos externos. Para isso, exige-se um equilíbrio relativo do balanço de pagamentos para criar um clima de confiança favorável para o investidor estrangeiro.

---

[46] Idem. Grifos nossos.
[47] Ibidem, p. 98.
[48] Ibidem. Grifos nossos.

Eleger o déficit em conta-corrente como objetivo de política econômica pode parecer fora de propósito ou irracional. Concorda-se, todavia, com a ideia de que a poupança externa representa um acréscimo adicional de recursos à poupança interna, ou seja, "permite-se que a economia nacional acelere seu ritmo de progresso, além da limitação imposta pelo esforço interno de poupança"[49]. Nesse caso, admite-se que o fluxo da poupança externa seja positivo. Essa poupança pode, contudo, ser nula, negativa ou positiva. Quando ela é nula ou positiva, tem-se aumento da dívida externa. Quando é negativa, importa-se menos e exporta-se mais para chegar ao equilíbrio da balança comercial, o que evita aumentar o passivo externo.

Ao considerar as situações de aumento da dívida externa, deve-se "permitir, por um lapso de tempo determinado, a ocorrência de um hiato de recursos indispensável [...] ao reforço interno de poupança; [e] assegurar que o endividamento externo seja viável a médio e longo prazo". Nesse processo, as reservas internacionais e o comércio exterior têm papel complementar, pois "a política de promoção intensa das exportações faz parte do arsenal das armas ofensivas e as políticas de endividamento e de reservas em nível adequado desempenham o papel das armas defensivas". Mais especificamente,

> acumular reservas é parte dessa política de endividamento externo. Porque é a tal história: você nunca sabe quando que você vai poder tomar emprestado, se o mercado está bem ou não. Reservas constituem uma tomada de empréstimos por antecipação e porque o mercado favorece [...].[50]

Em resumo, em uma política de endividamento considera-se a poupança externa como suplemento à poupança interna. Isso permite acelerar o desenvolvimento econômico devido ao aumento da taxa doméstica de investimento.

Mesmo que se admita a existência dessa cadeia de implicações lógicas, persiste ainda a questão de saber qual forma de capital foi privilegiada no Brasil. Optou-se pelo capital de empréstimo ou pelo capital de risco? Quais são os porquês da opção adotada? Para responder a essas questões, pretende-se aprofundar a análise do problema e mostrar em que e por que se optou por determinado tipo de capital, como será discutido a seguir.

---

[49] Idem.
[50] Idem.

2. Preferência pelo capital de empréstimo

Recorrer à poupança externa implica uma especificação de preferência, por um lado, entre capital de empréstimo e capital de risco, e, por outro, pelo empréstimo em moeda ou pelo financiamento comercial, como será visto a seguir.

2.1. Capital de empréstimo ou capital de risco?

A questão do capital de risco *versus* capital de empréstimo é, sem dúvida, contábil, mas tem importantes consequências econômicas e políticas. Do ponto de vista econômico, faz muita diferença que o capital externo entre no país como capital de empréstimo ou capital de risco[51].

Capital de empréstimo é o recurso externo que ingressa no país sob a forma de empréstimo em moeda, financiamento ou investimento financeiro, em bolsa ou em renda fixa, com prazo certo de pagamento e juros compensatórios. Capital de risco, dito também investimento direto, entra sob a forma de participação acionária na empresa fundada no Brasil, com base na legislação vigente. Se o capital se apresenta na forma de empréstimo, existe uma obrigação contratual de saldar os compromissos em moeda estrangeira, a uma dada periodicidade e a um dado custo, quaisquer que sejam os níveis de atividades domésticas e as condições de balanço de pagamentos do país. Se o capital externo entra sob a forma de capital de risco, os referidos compromissos deixam de existir. A remessa de lucros e de dividendos de uma filial de uma multinacional estará sujeita às condições reais de rentabilidade do mercado interno e às condições do balanço de pagamentos. Por outro lado, do ponto de vista político, os capitais de risco – afirmam certos autores – conduzem à dominação das altas esferas da economia nacional, enquanto os empréstimos provocam uma ingerência muito menor na política econômica do país.

---

[51] Essa questão foi objeto de um debate acirrado no Legislativo, nos anos 1960, especialmente na temática "remessa de lucros ao exterior", quer seja antes, quer seja depois da promulgação da Lei n. 4.131, de 1962. Foram apresentados diversos projetos de lei, entre os quais se podem citar os de número 3251-61, 1-59, 782-59, 1587-60 e 3251-61, localizados no setor de Arquivos, na Câmara dos Deputados, em Brasília. Esse tema foi analisado em uma perspectiva nacionalista por Aristóteles Moura, *Capitais estrangeiros no Brasil* (São Paulo, Brasiliense, 1960), e José E. C. Pereira, "Alterações recentes na regulamentação dos empréstimos em moeda estrangeira e financiamento de importações", *Pesquisa e Planejamento Econômico* (Ipea), v. 5, n. 2, jun. 1973; "Relacionamento financeiro do Brasil com o exterior", *Pesquisa e Planejamento Econômico* (Ipea), v. 4, n. 2, jun. 1974; e *Financiamento externo e crescimento econômico no Brasil: 1966-1973* (Brasília, Ipea, 1974). Para um ponto de vista centralizado no crescimento econômico, ver Eduardo A. Guimarães e Pedro Malan, *A opção entre capital de empréstimo e capital de risco* (Brasília, Ipea, 1982).

No Brasil, no período analisado, se a opção entre capital de empréstimo e capital de risco nunca mereceu uma definição clara e oficial do ponto de vista legal e preferencial para captação de recursos externos, não existe dúvida de que, na prática, houve uma nítida escolha. Isso pode ser verificado pelas restrições legais, cambiais, tributárias e administrativas do Estado à entrada do capital de risco, que levaram firmas e bancos multinacionais a optar pelos capitais de empréstimo. Com efeito, a regra legal beneficia quem traz financiamento, e não quem traz capital. Desse modo, se um empresário estrangeiro quiser realizar investimento, ele tem a alternativa de fazê-lo como capital de risco. Nesse caso, dentro das regras de remessa de lucros, ele precisa, primeiro, empreender e gerar lucros, depois de recolher os impostos, para poder remetê-los. Se ele o traz em financiamento, no dia seguinte, ele pode remeter juros.

Isso dito, não se trata aqui de apresentar uma análise detalhada das restrições legais e tributárias ao capital de risco, nem de aprofundar as razões que levaram as matrizes das multinacionais a preferirem transferir capital às suas filiais brasileiras sob a forma de empréstimos ou financiamentos, mas de destacar alguns aspectos gerais da questão (ver resumo na Tabela 3):

» a taxa de câmbio utilizada na conversão de reinvestimentos de lucros é a média do período entre o encerramento do balanço e a capitalização dos lucros, enquanto a taxa utilizada para a remessa de dividendos é a taxa do dia da remessa;
» se o investidor estrangeiro traz, além do capital, a tecnologia, ele pode remeter como lucros e dividendos apenas 12% do capital registrado. Ele está, portanto, remetendo 8% ou 7% como dividendo e 5% como tecnologia. A remessa de lucros é submetida a toda uma burocracia; passa, por exemplo, por contratos de câmbio, providências de aviso bancário de disposição dos fundos, formulários do Banco Central etc.;
» a subsidiária paga, na remessa de lucros e dividendos para o exterior, no mínimo, 25% do imposto sobre o total do capital remetido, quando esse é menor ou igual a 12% do capital registrado. A subsidiária paga, com remessa de juros sobre empréstimos, apenas 3,7% de imposto de renda sobre o total de capital remetido, se o empréstimo for de cinco anos. Por um prazo superior, a remessa é isenta de imposto de renda;
» o lucro do capital de risco é duplamente taxado: como lucro e como dividendo distribuído. Já o pagamento de juros é despesa. É, portanto, menos taxado pelo imposto de renda porque o Tesouro Nacional taxa mais os rendimentos e estimula as empresas a terem uma relação "empréstimo/capital próprio" elevada;

» a remessa dos lucros e dividendos do capital de risco depende do período de maturação do projeto industrial, enquanto a remessa de juros independe da situação do projeto, das condições de rentabilidade ou do saldo do balanço de pagamentos;

» além das altas taxas de juros internacionais, inibidoras para qualquer investimento direto, deve ser acrescentado o fato de que o governo não define critérios explícitos na desvalorização da moeda nacional[52];

» em caso de risco cambial, o pagamento dos juros e do principal cabe ao tomador de empréstimos, enquanto, no caso do capital de risco, a responsabilidade é do investidor.

O que explica as restrições legais, cambiais e tributárias impostas pelo Estado brasileiro ao ingresso do capital de risco é o fato de as políticas econômicas adotadas serem impregnadas de nacionalismo, especialmente depois do pós-guerra. Prova disso é que, de Getulio Vargas a João Goulart, passando por Juscelino Kubitschek e Jânio Quadros, prevaleceu o nacionalismo sob a forma populista, popular ou não. De 1964 para cá, predominou inicialmente o nacionalismo sob a forma militar, isto é, com base na ideologia da segurança nacional, e, desde a década de 1990, prevaleceu o desenvolvimentismo não nacionalista, notadamente com Fernando Henrique Cardoso e Luiz Inácio Lula da Silva. Constata-se, não obstante as diferenças formais existentes entre as diversas correntes de pensamento, que os argumentos econômicos fundamentais, utilizados por uns e outros, são praticamente idênticos. Desse modo, estipula-se que o país deveria optar pelos capitais de empréstimo porque isso implicaria menor ingerência na condução da política econômica interna do que aconteceria com a entrada dos capitais de risco. Estes são assimilados a um tipo de colonialismo, na medida em que sua presença nos setores hegemônicos se traduz por uma dominação das altas esferas da economia nacional, o que não acontece com os capitais de empréstimo. Tais são algumas das principais razões que explicam e justificam as políticas e modalidades de endividamentos adotadas nos períodos históricos em discussão.

---

[52] Esse ponto foi ressaltado, com ênfase, por diretores das subsidiárias de multinacionais. Assim escrevem eles, em um documento entregue à Fiesp: "É preferível enviar recursos na forma de empréstimos e não de capital de risco [porque] o empréstimo tem renda preestabelecida – independentemente dos resultados econômicos – e prazo de retorno, permitindo que os recursos possam ser aplicados sucessivamente em outras atividades" (*Gazeta Mercantil*, 13 abr. 1983).

TABELA 3. Resumo do controle ao capital estrangeiro no Brasil

Marcos Legais	CONDIÇÕES DE ENTRADA		CONDIÇÕES DE SAÍDA			
	IDE	Empréstimos e Financiamentos	Retorno de Capital	Amortizações e Juros	Lucros e Dividendos	*Royalties* e Assistência Técnica
Decreto-Lei n. 9.025 (27/2/1946)	Seleção (EIN)*	Seleção (EIN)	20%	8%	8% do Capital Inicial	–
Instrução 20 (27/8/1946)	Anula	Anula	Anula	Anula	8% do Capital Inicial + reinvestimentos	–
Decreto n. 30.363 (3/1/1952)	Seleção (EIN)	Seleção (EIN)	20%	8%	8% do Capital Inicial	–
Lei n. 1.807 (7/1/1953)	S/cobertura Cambial- -Mercado Livre (EIN)	Câmbio Oficial (EIN)	20% Câmbio Oficial	8% Câmbio Oficial	8% do Capital Inicial + reinvestimentos (Câmbio Oficial- EIN)	Mercado Livre
Instrução 113 (17/1/1955)	S/cobertura Cambial-Mercado Livre	Câmbio Oficial	–	8% Câmbio Oficial	8% do Capital Inicial + Reinvestimentos	–
Lei n. 4.131 (3/7/1962)	Câmbio Unificado (EIN)	Câmbio Unificado (EIN)	20%	–	10% do Capital Inicial	5% (valor máximo)
Lei n. 4.390 (29/8/1964)	–	–	–	–	12% do Capital Inicial + reinvestimentos	–
Resolução CNM n. 2.689/2000	–	–	–	–	15% sobre qualquer remessa	15%

(*) Economia de Interesse Nacional

Uma vez desvendada a *rationale* subjacente à política governamental de endividamento externo, é necessário aprofundar a análise para explicitar os tipos de empréstimos privilegiados, na prática, por essa política.

2.2. Tipos de empréstimos

Os tipos de empréstimos externos são avaliados do ponto de vista econômico ou político. Economicamente, comparam-se, entre si, os tipos de empréstimos em termos de prazos e juros, ou seja, em termos de custos. Já na análise política, centra-se a atenção sobre a variável "controle" por parte do país recebedor do empréstimo.

Os diversos tipos de empréstimos são resumidos na Tabela 4, na qual são considerados sua dimensão e controle e desconsideradas suas características financeiras. Em todos os tipos de empréstimos, a interferência do credor é enorme na decisão de alocação de recursos. Fica evidente que os empréstimos em moeda dão mais liberdade ao país recebedor para dar o destino que desejar aos recursos emprestados.

TABELA 4. Classificação dos tipos de empréstimos externos sob a óptica de controle

Tipos	Fundos Orçamentários		Entidades Financeiras		Agências Financeiras Internacionais		Suppliers Credits		Empréstimos em Moeda	
Características	Sim	Não	Sim	Não	Sim	Não	Sim	Não	Sim	Não
a) Controle sobre os montantes de fundos a utilizar no futuro		X		X		X	X			X
b) Exigência de "projetos" adequados	X		X		X			X		X
c) Vinculação à importação de equipamentos	X		X		X		X			X
d) Vinculação ao país de origem	X		X			X	X			X

Fonte: Paulo Lira, *Endividamento externo: problema e política*, cit.

À luz dessa informação, pode-se subdividir os empréstimos em dois grandes tipos:

» empréstimos em larga medida controláveis pelo país recebedor são, sobretudo, os empréstimos em moeda e os *suppliers credits*. Empréstimos em moeda são essencialmente oriundos de agentes privados e são, geralmente, de curto prazo. Têm interesse em bons retornos e preocupam-se com os fundamentos da economia. Seus custos são os mais altos, mas o país receptor tem mais liberdade em seu manejo. Já os *suppliers credits* são fornecidos ou implementados pelas empresas produtoras dos equipamentos, que têm interesse na sua venda. Os governos dos países de origem das firmas interferem nas transações porque fornecem as garantias oficiais ou financiam as vendas. Geralmente, o volume desses recursos é limitado, como é limitada também sua alocação, que é feita em função de critérios geográficos e outros – ou seja, os volumes de *suppliers credits* são parcos, cheios de condicionantes. São, portanto, de difícil obtenção;

» empréstimos controláveis pelo país de origem são, geralmente, os recursos dos tesouros nacionais de países centrais, os de bancos oficiais, como Eximbank e

Coface, e de instituições internacionais, como FMI, BID, Bird etc. A obtenção de recursos governamentais é condicionada a um conjunto de fatores, como bom relacionamento e/ou alinhamento político entre o país recebedor e o emissor; critérios geográficos de alocação de investimentos; disposição do país recebedor para abrir suas políticas internas à ingerência estrangeira; e "bons projetos". Por exemplo, os financiamentos do Eximbank – que é um dos braços oficiais do governo dos EUA –, são fornecidos apenas para compra de produtos norte-americanos[53]. Seus empréstimos podem ser feitos para atender às necessidades de suprimento de fontes estratégicas, como recursos naturais e petróleo, para o abastecimento da economia do país. Podem ser utilizados também para ajudar empresas locais a fazer frente à concorrência internacional – empresas do Japão, da Europa etc. – ou para pagamentos dos atrasados comerciais, entre outros.

Essas considerações permitem tão somente chamar atenção para os efeitos econômicos e políticos que variam conforme a dimensão estratégica do projeto, os prazos de pagamento, o valor do financiamento e as circunstâncias do período de realização do próprio financiamento. Esses empréstimos são concedidos sob determinadas condições, tais como: fiscalização da obra financiada; fornecimento de informações sobre o país recebedor de empréstimos, como valor de ativos detidos no exterior, nível de estoque de ouro e nível de reservas; implementação de certas políticas internas, como as de tarifas públicas a preço de mercado; redução do déficit público; adoção de programa de luta contra a inflação; alinhamento da política externa com a do país credor etc.

O governo recebedor desse tipo de financiamento não se obriga (evidente e formalmente) perante um ente estrangeiro do ponto de vista do Direito. No entanto, a realidade é outra. Verifica-se a dificuldade de avaliar a vantagem ou desvantagem do recurso externo pela forma de seu ingresso, ou pelo seu volume de entrada ou saída, tendo em vista as condições implícitas políticas e/ou comerciais que acompanham esses recursos. Do ponto de vista das receitas cambiais, o capital de risco poupa dispêndio de divisas e pode gerá-las quando passar a realizar exportações. Já o capital de empréstimo onera as despesas cambiais.

---

[53] Vale lembrar que nos financiamentos do Eximbank, nos anos 1950, para as obras da Companhia do Vale do Rio Doce, foi exigida a empreitada para a empresa estadunidense Morrison Knudsen; no caso de Furnas de Minas, para a Raymond Concrete Pile Co.; e em Volta Redonda, exigiu-se até a utilização de mão de obra qualificada dos EUA. As condicionalidades dos empréstimos persistem ainda hoje. Em 2006, por exemplo, os Estados Unidos proibiram a Embraer, que utiliza sua tecnologia, de vender seus aviões para a Venezuela. Em 2009, o empréstimo chinês veio acompanhado das condições tradicionais (compra de determinadas mercadorias da China, por exemplo).

Conclui-se que uma avaliação do tipo custo *versus* benefício da poupança externa é limitada. Todavia, se a tomada de decisão for baseada na dimensão política, alerta Paulo Lira, então a importação de bens e serviços é "o caso típico dos *suppliers credits*. Na outra posição extrema situam-se, por definição, os empréstimos em moeda"[54].

Isso implica dizer que a preferência tem sido pelo empréstimo em moeda, que é considerado o mais livre de condicionantes econômicos, comerciais ou políticos. Foi certamente por isso que os governos do período de 1947 a 1967[55] o privilegiaram de modo implícito e, de modo claro e explícito, entre 1968 e 1979-1980. A partir desta última data, uma política "informal", semelhante e com objetivos quase idênticos, foi perseguida de maneira diferente, com a abertura da conta capital, que resultou em mudanças significativas nas contas externas e nos movimentos de capitais.

III Formas e políticas informais de endividamento – 1981-2007

A política de endividamento dita "informal" tem as mesmas características econômicas que a política explícita; porém, ela foi praticada informalmente, ou seja, foi concretizada por meio de *simples* atos administrativos (especialmente de portarias e circulares do Banco Central). Enquanto tal, representou mais do que as limitadas funções administrativas por ter assumido o papel e a forma de uma política pública. Seus atos tiveram um grande peso econômico em todos os níveis da vida nacional: balanço de pagamentos, nível de inflação, taxa de câmbio – enfim, afetou direta e abertamente o bolso do cidadão. Por isso, assumiu um cunho político sem ter passado pelo crivo das regras e lutas da arena política (debates no Congresso Nacional, votação de projetos de leis, definição oficial de regras da política pública a ser implementada, diálogo com a sociedade civil, imprensa etc.).

O que vale ressaltar é que essa política "informal" foi iniciada em meados dos anos 1980, mas tornou-se duradoura ainda com a abertura da conta capital. Para entendê-la, é necessário mostrar as mudanças no arcabouço legal da conta capital, em um primeiro momento, e, em seguida, apontar as razões que levaram à primazia do capital de empréstimo no ingresso de capitais estrangeiros no país.

---

[54] Paulo Lira, "Absorver poupança externa que ajuda o desenvolvimento", cit.
[55] Essa questão dos benefícios e malefícios da forma de ingresso do capital estrangeiro no país fez correr muita tinta nos anos 1960. Refere-se notadamente aos debates do Iseb, para o Brasil, e da Cepal, para a América Latina, bem como aos debates calorosos no Congresso Nacional sobre a Lei de Remessa de Lucros.

1. Abertura da conta capital

A abertura desse tipo de conta significa que a moeda nacional é livremente conversível em outras moedas – principalmente para o dólar e, em posição secundária, para o euro –, de modo que recursos possam ser enviados e recebidos do exterior sem restrições por meio dessa conta. Tal processo é qualificado por certos analistas como sendo de liberação ou de desregulamentação da conta capital; para outros, trata-se de uma maior integração financeira do doméstico ao sistema financeiro global.

Essa integração realizou-se com a mudança do arcabouço legal cambial, que se caracterizava por um rígido controle sobre os movimentos de capitais e atribuiu monopólio cambial ao Banco Central[56]. De fato, a legislação dos anos 1920 foi alterada na década seguinte, sendo modificada, em 1962, pela Lei n. 4.131, que continuou vigente em seus pontos essenciais até o início da década de 1990.

As modificações legais a respeito dos movimentos de capitais foram introduzidas por meio de resoluções do Conselho Monetário Nacional (CMN) e de circulares do Banco Central, que geraram mudanças no mercado de capitais[57]. Este foi ampliado pela Circular n. 2.242/88, que criou a Transferência Internacional de Reais. Posteriormente, por meio da Circular n. 2.259, de 22 de fevereiro de 1992, passou-se a autorizar instituições financeiras não residentes a terem depósitos – denominados Depósitos de Domiciliados no Exterior – em bancos brasileiros, com livre movimentação. Com isso, a conta capital tornou-se aberta e sua convertibilidade em moeda estrangeira passou a ser livre, o que permitiu o envio e o recebimento de divisas sem restrições e sem justificativas de origem[58]. Assim, pessoas físicas e jurídicas, residentes ou não, passaram a investir livremente no país. Isso implicou, portanto, a revogação do controle cambial com suas limitações de uso da conta da Carta Circular 5 – apelidada CC5 (Circular n. 2.667) –, independentemente da quantidade de divisas ingressadas no país[59]. Os entes estrangeiros passaram a ter mais liberdade em suas movimentações financeiras, que são, agora,

---

[56] O resumo do quadro legal cambial de 1920 até os dias de hoje é fornecido por Valquíria Quixadá e Raquel Branquinho, *Ação civil pública de improbidade administrativa da CC5 do Banco Central* (Brasília, Ministério Público Federal, 2003, mimeo.).

[57] Ressalta-se que a Resolução n. 1.552 do CMN, de 22 de dezembro de 1988, criou o mercado de câmbio de taxas flutuantes – MCTF –, apelidado inicialmente de dólar turismo, que abrandou o controle cambial ao ampliar o limite de compra e venda de moeda estrangeira para turistas brasileiros: US$ 4 mil para compra e US$ 8 mil para cartão de crédito. Isso permitiu integrar o "mercado paralelo" ao mercado oficial de divisas.

[58] Conforme Circular n. 2.667.

[59] Originalmente, a Carta Circular 5, de 1969, permitia aos diplomatas estrangeiros remeterem para o exterior o valor restante dos seus recebimentos em moeda estrangeira, geralmente em dólares – ou seja, só se podia remeter para o exterior o restante do ingresso de divisas devidamente registrado no Banco Central.

essencialmente dirigidas para a compra de ações, aplicações financeiras em fundos de renda fixa, privatizações, fusões e aquisições e investimentos imobiliários.

Isso dito, vale insistir que a abertura da conta capital constituiu-se em uma questão complexa e polêmica[60]. O enfoque adotado aqui – após uma apresentação resumida – consiste apenas em apontar algumas das influências dessa abertura sobre os movimentos de capitais e as remessas de lucros, juros e dividendos no período de 1992 a 2007. Vale registrar, contudo, que a existência de uma conta capital implica déficit em conta-corrente, razão pela qual foi feita tal desregulamentação. Esta reforça a persistência da primazia do capital de empréstimo no ingresso de capitais estrangeiros no país, como será mostrado a seguir.

2. Primazia do capital de empréstimo

Verifica-se que a entrada bruta acumulada de capitais de empréstimo foi, em média, predominante sobre a de capitais de risco durante todo o período de 1947 a 2007 (ver Tabela 5 e as estatísticas descritivas dessas variáveis). Mais precisamente, no total bruto de entrada de recursos, os capitais de empréstimo representam 63% contra 37% dos capitais de risco.

TABELA 5. Ingressos de capitais de empréstimo e capitais de risco a valores correntes e participações percentuais (1947-1980)

Anos	Capital de risco	Capital de empréstimo	Total	Risco % (a)	Empréstimo % (b)	Relação (a)/(b)
1947	55	278	333	16,5	83,5	5,1
1948	67	9	76	88,2	11,8	0,1
1949	44	119	163	27,0	73,0	2,7
1950	39	52	91	42,9	57,1	1,3
1951	63	222	285	22,1	77,9	3,5
1952	94	110	204	46,1	53,9	1,2
1953	60	551	611	9,8	90,2	9,2
1954	51	369	420	12,1	87,9	7,2
1955	79	145	224	35,3	64,7	1,8
1956	139	248	387	35,9	64,1	1,8
1957	178	307	485	36,7	63,3	1,7

---

[60] A questão da eficácia econômica da abertura da conta capital foi amplamente debatida e não será aqui retomada por ultrapassar os limites do enfoque adotado. Vale mencionar apenas a fundamentação sobre a qual o Banco Central se baseou para tomar suas decisões, disponível no seguinte documento: *Regime cambial brasileiro: evolução recente e perspectivas*, Brasília, nov. 2003.

Bazar da dívida externa brasileira

Anos	INGRESSOS DE CAPITAIS - EM MILHÕES DE US$			PARTICIPAÇÕES PERCENTUAIS		
	Capital de risco	Capital de empréstimo	Total	Risco % (a)	Empréstimo % (b)	Relação (a)/(b)
1958	128	626	754	17,0	83,0	4,9
1959	158	589	747	21,2	78,8	3,7
1960	138	763	901	15,3	84,7	5,5
1961	147	874	1021	14,4	85,6	5,9
1962	132	442	574	23,0	77,0	3,3
1963	87	295	382	22,8	77,2	3,4
1964	86	351	437	19,7	80,3	4,1
1965	154	239	393	39,2	60,8	1,6
1966	159	481	640	24,8	75,2	3,0
1967	115	395	510	22,5	77,5	3,4
1968	137	1008	1145	12,0	88,0	7,4
1969	219	1187	1406	15,6	84,4	5,4
1970	392	1555	1947	20,1	79,9	4,0
1971	449	2528	2977	15,1	84,9	5,6
1972	460	4376	4836	9,5	90,5	9,5
1973	118	4244	4362	2,7	97,3	36,0
1974	1208	7287	8495	14,2	85,8	6,0
1975	1203	7172	8375	14,4	85,6	6,0
1976	1391	8681	10072	13,8	86,2	6,2
1977	1827	8075	9902	18,5	81,5	4,4
1978	2180	15168	17348	12,6	87,4	7,0
1979	2408	11830	14238	16,9	83,1	4,9
1980	1910	13267	15177	12,6	87,4	6,9
1981	2522	11828	14350	17,6	82,4	4,7
1982	3115	9812	12927	24,1	75,9	3,1
1983	1386	6302	7688	18,0	82,0	4,5
1984	1501	5072	6573	22,8	77,2	3,4
1985	1418	-1924	-506	-280,2	380,2	-1,4
1986	217	-30	187	116,0	-16,0	-0,1
1987	1169	2665	3834	30,5	69,5	2,3
1988	2805	-8083	-5278	-53,1	153,1	-2,9
1989	1180	791	1971	59,9	40,1	0,7
1990	989	6389	7378	13,4	86,6	6,5
1991	1102	3325	4427	24,9	75,1	3,0
1992	2061	7958	10019	20,6	79,4	3,9
1993	1291	15622	16913	7,6	92,4	12,1
1994	2150	23472	25622	8,4	91,6	10,9
1995	4405	28409	32814	13,4	86,6	6,4
1996	10792	32972	43764	24,7	75,3	3,1
1997	18993	7810	26803	70,9	29,1	0,4
1998	28856	15229	44085	65,5	34,5	0,5
1999	28578	-5669	22909	124,7	-24,7	-0,2

| | INGRESSOS DE CAPITAIS - EM MILHÕES DE US$ ||| PARTICIPAÇÕES PERCENTUAIS |||
Anos	Capital de risco	Capital de empréstimo	Total	Risco % (a)	Empréstimo % (b)	Relação (a)/(b)
2000	32779	9754	42533	77,1	22,9	0,3
2001	22457	-3004	19453	115,4	-15,4	-0,1
2002	16590	4292	20882	79,4	20,6	0,3
2003	10144	167986	178130	5,7	94,3	16,6
2004	18146	-13394	4752	381,9	-281,9	-0,7
2005	15066	-15871	-805	-1871,6	1971,6	-1,1
2006	18822	33220	52042	36,2	63,8	1,8
2007	34585	79077	113662	30,4	69,6	2,3

Fontes: Tabela elaborada a partir de dados da Sumoc e do Bacen.

(a) Capital de Risco/ Total
(b) Capital de Empréstimo/ Total
Obs.: No capital de risco está incluído o financiamento intercompanhia, enquanto no capital de empréstimo estão incluídos os investimentos em carteira, derivativos, financiamentos, empréstimos, depósitos e outros investimentos.

Por outro lado, constata-se que no período analisado existem três fases – 1947 a 1967, 1968 a 1980 e 1981 a 2007 – durante as quais houve variações de ingresso de recursos. Para explorar tais mudanças de comportamento, faz-se necessário estudar a série estatística, identificando a diferença entre o capital de empréstimo e o capital de risco para cada ano. No cálculo dessa diferença, têm-se duas situações: se o valor obtido for superior a zero, há primazia do capital de empréstimo; no caso contrário (valor inferior a zero), a primazia é do capital de risco.

Os gráficos dessa série para cada fase serão apresentados e analisados a seguir. Em primeiro lugar, o Gráfico 3 mostra a evolução das entradas brutas de capitais de empréstimo e de risco durante o período de 1947 a 2007 e indica a predominância dos primeiros, com exceção dos anos incluídos entre 1995 e 2001.

GRÁFICO 3. Evolução das entradas brutas de capitais de empréstimo e risco (1947-2007)

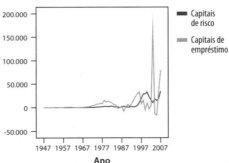

Já o Gráfico 4 indica que entre 1947 e 1967 a série oscila por cima de zero em todos os anos, com exceção de 1948, mostrando que o capital de empréstimo supera o de risco, mas em valores que variam muito ano a ano. Nessa fase, a entrada de capitais de empréstimo representa 77% contra 23% dos capitais de risco.

GRÁFICO 4. Evolução da diferença entre capital de empréstimo e capital de risco (1947-1967)

No Gráfico 5, constata-se que na fase seguinte o ano de 1968 aponta uma tendência crescente da primazia do capital de empréstimo sobre o de risco. No total bruto de entrada de recursos, os capitais de empréstimo representam 86% contra 14% dos capitais de risco.

GRÁFICO 5. Evolução da diferença entre capital de empréstimo e capital de risco (1968-1980)

No Gráfico 6, corresponde à fase que vai de 1981 a 2007, observa-se que a partir de 1981 a diferença líquida entre as entradas de capital de empréstimo e de risco começa oscilante, com posterior variação cíclica de primazia inicial do capital de empréstimo, seguido de primazia do capital de risco e de grandes oscilações nos últimos anos. No total de entrada de recursos, os capitais de empréstimo representam 60% contra 40% dos capitais de risco.

GRÁFICO 6. Evolução da diferença entre capital de empréstimo e capital de risco (1981-2007)

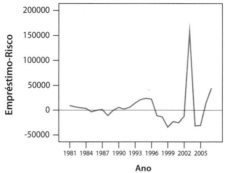

Em resumo, verifica-se que entre 1947 e 2007 ingressaram, em média, dois capitais de empréstimo para um capital de risco. Mas há grandes variações: na fase 1947-1967, essa relação foi de 4 por 1; em 1968-1980, de 9 por 1; e em 1981-2007, de 1,5 por 1. Vale dizer que a forma de financiamento externo mudou, paradoxalmente, no período da desregulamentação financeira (1981-2007), quando se tem um aumento substancial de ingresso de capitais de risco.

Por outro lado, a política informal de endividamento foi concretizada por atos administrativos, objetivando-se estimular o ingresso do capital de empréstimo. Entre eles, podemos citar os seguintes:

» a revogação, em fevereiro de 1974, do depósito compulsório sobre empréstimos externos em moeda, estabelecidos em 25%, em outubro de 1972, e elevados para 40%, em agosto de 1973;
» a redução, em setembro de 1974, do prazo mínimo para contração de empréstimo em moeda para cinco anos, então fixados em dez anos;
» a captação de recursos externos sob a forma de moeda por intermédio de empresas estatais, privadas nacionais e internacionais;
» a partir de 1987, o incentivo à entrada no país dos investimentos estrangeiros em portfólio (Resolução n. 1289 do Banco Central) com isenção fiscal[61].

---

[61] A cobrança de Imposto sobre Operações de Crédito, Câmbio e Seguros (IOF) mudou em função da necessidade de ingresso de capital estrangeiro: em 1993, cobrava-se 5% de IOF sobre fundo estrangeiro de renda fixa; 9%, em 1994; 5%, no primeiro semestre de 1995; 7%, em agosto do mesmo ano; e 2%, em março de 1999. Já em agosto do mesmo ano, foi extinta a cobrança desse imposto, revogando a Resolução n. 1.289. Desde então, está em vigor a Resolução n. 2.689, batizada de Anexo IV.

Em termos de processo decisório de endividamento, vale lembrar que, a partir de 1991 e especialmente depois de 1994, com a implantação do Plano Real, o Banco Central tomou um conjunto de medidas liberalizantes da conta-corrente e da conta capital que permitiu a volta do Brasil ao mercado financeiro internacional. Essas medidas foram voltadas basicamente aos segmentos de mercado de portfólio[62]. Objetivavam estimular a contração de empréstimos externos e amortizações, o mercado cambial, os mercados de títulos públicos e renda fixa. O mercado dos derivativos mereceu pouca atenção[63].

Em suma, no período do crescimento da dívida, apenas uma pequena parcela dos recursos externos foi efetivamente orientada para o financiamento de projetos de desenvolvimento, pois os empréstimos sempre foram superiores aos hiatos de recursos. Dessa forma, o endividamento se caracterizou muito mais como uma acumulação de reservas internacionais[64].

Conclusão: endividamento como opção econômica e política

Com base nos dados e informações apresentados nesta primeira parte, verifica-se que o endividamento do país foi o resultado de uma opção política, definida e implementada (sutilmente) no varejo e no dia a dia do funcionamento burocrático das organizações encarregadas oficialmente da gestão da política monetária: a Sumoc (embrião do Banco Central), de 1947 a 1964, e, desde então, o Banco Central do Brasil.

O tipo de decisão administrativa praticado pelos dirigentes do Banco Central foi, entretanto, mais do que uma simples execução de rotinas e/ou de procedimentos burocráticos, fatos corriqueiros em todas as organizações, públicas ou privadas, grandes ou pequenas, complexas ou não. Ao contrário, foi de natureza política, no sentido forte da palavra, na medida em que teve peso e consequências consideráveis sobre o conjunto das políticas governamentais – com destaque para as contas externas – e, consequentemente, sobre toda a economia. Apesar de sua importância

---

[62] Classificam-se os atos normativos do Banco Central voltados para os mercados monetários, de títulos públicos federais e de renda fixa, os derivativos, mercado acionário, cambial, empréstimos e amortizações em liberalizantes *versus* restritivas. As mais liberalizantes são aquelas voltadas aos empréstimos e amortizações que representam 65%. Em seguida, vêm as do mercado de renda fixa, mercados acionários e cambiais com 30%.

[63] Das 120 circulares editadas entre 1992 e 2005, 70% são liberalizantes e 30% restritivas.

[64] Se assim for, então deve-se relativizar o peso dos choques de petróleo e de juros. É bem verdade que essas duas crises tiveram impactos sobre o volume da dívida externa, mas não explicam o nível do endividamento do país; ao contrário, foram utilizadas para aumentar o endividamento.

política e econômica, essas decisões não foram objeto de debate no Congresso Nacional, nem de discussões em reuniões entre ministros e o presidente, tampouco foram debatidas ou criticadas pela sociedade civil. Não foram, também, formuladas e explicitadas como constitutivas de uma política oficial e institucional de governo, nem apresentadas publicamente como a mola-mestre da política econômica. Não é possível afirmar que não se podia apresentar tal política às claras por razões estratégicas ou de "segurança nacional". O fato é que ela foi gestada na tangente do Estado e praticada por seus representantes.

Nesse sentido, vale lembrar que o primeiro grande salto da internacionalização da economia brasileira foi decidido e implementado por uma portaria administrativa, a Instrução 113, da Sumoc. Ela criou um clima institucional favorável ao capital internacional, incentivou a entrada de investimentos diretos e obteve divisas sem onerar o balanço de pagamentos. A partir de 1992, 47 anos mais tarde, outra mudança radical na economia brasileira foi feita, também de forma administrativa, por um conjunto de circulares do Banco Central, ao criar a abertura da conta capital, o que permitiu uma total integração financeira entre as economias doméstica e global.

Do ponto de vista da tomada de decisão, se essas medidas administrativas foram definidas sem que fossem objeto de debate e conflitos de interesse inerentes à arena política, vale observar que os decisores têm, contudo, suas preferências e seus próprios interesses que precisam ser desvendados e que não são necessariamente os das organizações representadas. Isso vale para os dirigentes do Banco Central e os executivos dos bancos credores, bem como para os intermediários das negociações de empréstimos e investimentos diversos. Trata-se, no entanto, de outra história, que será contada mais adiante.

Isso dito, o que vale ressaltar aqui é que a decisão política de endividamento concretizou-se em uma opção de política econômica. Assim, a tese formulada no início desta primeira parte encontra-se confirmada, ou seja, pode-se afirmar – sintetizando os argumentos desenvolvidos até agora – que o endividamento externo foi resultante de uma política implícita, entre 1947 e 1967, e da escolha de uma política deliberada de endividamento que se iniciou em 1968 e que, a partir de 1992 – data da abertura da conta capital –, tomou uma nova forma, a da política informal.

A partir disso, pode-se perguntar por que foi privilegiado o capital de empréstimo no processo de ingresso da poupança externa. A análise desenvolvida aponta que as políticas econômicas perseguidas pelos diversos governos de 1947 a 2007 foram essencialmente similares no que diz respeito ao papel e à função do capital estrangeiro na economia nacional. Sempre sob a forma do desenvolvimentismo, elas eram embebidas de "nacionalismo" com Juscelino Kubitschek e no período militar, caráter que perderam com FHC e Lula. Tais políticas privilegiaram o capital de empréstimo devido notadamente às suas características particulares, especialmente as facilidades de manejo e a quase ausência de influência externa na sua alocação e utilização.

Por outro lado, cabe perguntar: havia na época outras formas de capitais, isto é, capitais do setor público e de agências multilaterais, capital de risco, financiamentos, entre outros, disponíveis e em quantidade suficiente para serem concedidas ao Brasil? Os dados disponíveis mostram que não[65]. Antes dos anos 1970, havia pouquíssimos recursos públicos e inexistentes ou parcos recursos privados para financiamentos para a compra de produtos e tecnologias dos países centrais. Já na década de 1970, passou a haver fundamentalmente recursos privados, sobretudo dos países da Organização dos Países Exportadores de Petróleo (Opep), que emprestavam seus recursos e raramente realizavam investimentos diretos[66]. Todavia, os US$ 400 bilhões desses países disponíveis no mercado eram, em grande parte, destinados aos empréstimos, especialmente para os países desenvolvidos – preferência dos países árabes, que privilegiavam a "estabilidade e a segurança" reinantes nos países centrais. Em suma, se não havia tanta disponibilidade de capital e se ele não era de fácil acesso, pode-se pensar que foi isso que fez com que a via do capital de empréstimo tenha sido privilegiada.

Diante das práticas de políticas de endividamento implícito e explícito, toda a questão, no que segue, consiste em saber: quais foram os atores e os beneficiários dessas políticas?

---

[65] Antes dos anos 1960, prevaleciam os investimentos e empréstimos dos setores públicos dos países desenvolvidos; desde então, implantou-se um sistema financeiro internacional privado. Este cresceu exponencialmente depois dos choques de petróleo, com a reciclagem dos petrodólares. Vale lembrar que o ingresso da poupança externa na América Latina era essencialmente público nos anos 1960 e, desde então, tornou-se privado. A parte do setor público era de 60,2% contra 39,8% do setor privado, com um montante de US$ 1,575 milhão, em 1960-1965, contra 88% do setor privado e 12% do setor público, com montante de US$ 15,637 milhões, em 1977-1978. Ver Osvaldo Sunkel, *A crise da América Latina* (Porto Alegre, L&PM, 1986), p. 35-6.

[66] Entre as exceções, temos a Líbia, que comprou 10% da Fiat Itália, os Emirados, que adquiriram 10% da Volkswagen do Brasil, e a Arábia Saudita, que comprou 15% da Krupp alemã e 40% da Pan American. Dados citados no relatório da CPI da Dívida Externa.

SEGUNDA PARTE

SOCIOANÁLISE DA DÍVIDA EXTERNA, OU COMO OS FATOS TOMAM SUAS DECISÕES

A dívida externa de um país é o montante de empréstimos devidos ao exterior. Esse aspecto financeiro é o mais conhecido e visível, mas há outras dimensões. Relaciona-se com poder, interesses, superfaturamento, *network*, luta para a conquista e a divisão de mercados, *mise en scène* dos participantes, luta ideológica ou política, câmbio, juros, *spread*, honorários, comissões. Participam dela bancos e seus representantes, organismos multilaterais, agências governamentais e seus dirigentes, países candidatos aos empréstimos e seus delegados, empresas públicas e privadas e seus presidentes, lobistas etc. Tantos atores participam do processo por ser ele interessante, lucrativo, proveitoso, benéfico. Podem ser obtidos dele juros, *spread*, comissões: interesses podem ser antendidos, como os políticos, materiais, simbólicos ou outros; vantagens geoestratégicas ou políticas e outras podem ser alcançadas.

A dívida externa concretiza-se com empréstimos. Empréstimo é negócio, pois com ele transaciona-se dinheiro. Dinheiro é mercadoria, que tem preço e oscilações e cujo valor final depende, entre outros, do volume de compra, do peso do fornecedor, do prazo do empréstimo, da qualidade, da força e das garantias do devedor, bem como da lei da oferta e da demanda no mercado do dinheiro. Em suma, *dívida é negócio. É um meio de ganhar dinheiro.*

O endividamento externo de um país estende-se no tempo; trata-se de um processo maior do que a relação binária devedor *versus* credor. O lado do devedor envolve uma variedade de organizações: no caso do Brasil, tem-se o Ministério da Fazenda, a Procuradoria da Fazenda Nacional, o Banco Central, o CMN, a Presidência da República, o Senado Federal, empresas públicas e privadas, além de inúmeros outros decisores, como representantes do Banco Central e do Ministério da Fazenda, advogados contratados no Brasil e no exterior, executivos empresariais, intermediários e lobistas. Seu equacionamento resulta sempre em negociações longas e conflituosas. Situação semelhante ocorre com cada credor, registrando-se divergências de interesses entre o *staff* do banco e seus investidores institucionais, seguradoras, intermediários, lobistas etc. Quando tudo isso é elevado à potência "n", percebe-se o nível de complexidade do processo do endividamento de um país. Essa complexidade sobe de grau quando são considerados os critérios e os métodos de avaliação e de *rating* dos empréstimos, que envolvem variáveis quantitativas – fundamentos da Economia – e qualitativas – "risco político".

Significa dizer que cada empréstimo é uma novela *per se*. Inúmeros atores, *décor*, *mise en scène*, cálculos e estratégias entram em movimento. Por meio de informações e dados, atores se constroem e "desconstroem", decisões estabilizam e desestabilizam o endividamento. Tem-se cifras de fluxos e de entradas e saídas de recursos, além de letras, como as do *rating*, que indicam a credibilidade do devedor. As cifras permitem calcular certas relações, e não outras, em função do que se pesquisa. Obriga-se que os dados apresentados digam o que se quer dizer.

O processo de endividamento tem, contudo, uma "espessura" que não pode ser ignorada, embora sempre o seja. Esta reside na articulação e na ação das cifras, letras, organizações participantes. Para mostrar como se movimentam, se interconectam e se constroem esses atores, dá-se atenção, nesta segunda parte, inicialmente, à atuação dos atores do lado de lá, ou seja, o lado dos credores; e, em seguida, dos atores do lado de cá, dos devedores. O objetivo é tentar desvendar, no item conclusivo, os sentidos e os significados das redes de conexão entre juros, *spread*, prazos, interesses, estratégias, decisões... e decisores.

I Do lado de lá, os credores

Os credores são, essencialmente, bancos, organismos multilaterais e agências governamentais de financiamento. São eles os detentores dos recursos emprestados aos entes públicos e privados dos Estados-nações da periferia. Costuma-se descrever esses relacionamentos por meio da macroeconomia da dívida externa. Isso mostra que, entre 1950 e 1980, havia exportação de capitais do centro para a periferia e, desde então, iniciou-se uma inversão do processo. De fato, como nota Arghiri Emmanuel,

> de 1970 a 1981, as transferências líquidas para o conjunto da periferia não produtora de petróleo foram, a título de investimentos diretos, de cerca de 11 bilhões de dólares e de cerca de 233 bilhões de dólares sob forma de empréstimos (diminuindo-se os juros e as amortizações).[1]

---

[1] Arghiri Emmanuel, "L'endettement, véhicule de transfert de ressources", *Revue du Tiers Monde*, v. XXV, n. 99, jul.-set. 1984, p. 569.

A inversão desse processo se deu no período de 1983 a 1985, quando houve uma transferência líquida de US$ 185 bilhões da América Latina para os países do centro. Essa transferência representou 11,5% do PIB do Brasil, 14% do México, 3,2% da Argentina e 6% da Venezuela, em 1984 (ver Tabela 1).

TABELA 1. Transferência líquida de capital realizada pela América Latina (1983-1985)

Países	Anos	Transferência real em bilhões US$	Transferência real em % PNB	Variações de reservas internacionais	Transferência financeira líquida em bilhões US$	Transferência financeira líquida em % PNB
América Latina	1983	26,7	3,7	-4,4	31,1	4,3
	1984	35,1	4,7	9,3	25,8	3,5
	1985	30,7	4,6	0,3	30,4	4,5
Argentina	1983	3,0	3,9	-2,5	5,5	7,1
	1984	3,2	4,1	0,1	3,1	4,0
	1985	3,9	5,1	1,1	2,8	3,7
Brasil	1983	4,2	1,9	-1,9	6,1	2,8
	1984	11,5	5,0	5,4	6,1	2,7
	1985	10,8	3,4	0,8	10,0	3,1
México	1983	14,5	7,6	2,0	12,5	6,6
	1984	14,0	7,1	2,1	11,9	6,0
	1985	8,5	4,1	-3,4	11,9	5,7
Venezuela	1983	6,6	12,0	0,3	6,3	11,5
	1984	6,1	11,2	1,6	4,5	8,3
	1985	6,0	11,0	1,9	4,1	7,5

Fonte: Helmut Reisen, "Le problème du transfert latino-americain dans une perspective historique"[2].

Ressalte-se que essa transferência latino-americana é a maior e mais conhecida que houve na história mundial. A maior indenização paga por um país europeu foi realizada pela França para a Prússia ao perder a guerra, que representou 5,6% do PNB francês, em 1872-1875 (ver Tabela 2). O segundo maior pagamento feito a título de indenização é da Alemanha aos países "aliados", por ter sido responsável pelo início da Primeira Guerra Mundial; tais valores atingiram 2,5% do PIB alemão,

---

[2] Em Angus Maddison (org.), *L'Amérique latine, la région des Caribes et l'OCDE* (Paris, OCDE, 1986).

com pagamentos realizados entre 1926 e 1931. Cabe destacar ainda o que se deixou de pagar, devido à moratória adotada no Plano Hoover, em 1932.

TABELA 2. Transferências de recursos por países e períodos selecionados

Países	Períodos	Pagamentos exteriores brutos em % do PNB
Grã-Bretanha[a]	1793-1805	1,0
França[b]	1872-1875	5,6
Alemanha[c]	1924-1932	2,5
Estados Unidos[d]	1949-1961	3,0

(a) Despesas militares realizadas pela Grã-Bretanha para seus exércitos operando na Europa e subvenções aos Estados e agentes estrangeiros durante a época do Império;
(b) Indenização paga pela França à Prússia durante quatro anos de transferência real no período de excedente no balanço de pagamentos;
(c) Pagamentos da Alemanha aos exércitos de ocupação sob a forma de produtos e serviços;
(d) Transferências do EUA para o exterior sob a forma de ajuda externa, despesas militares e investimentos de capitais privados no estrangeiro.
Fonte: Fritz Machlup, *International Payments: Debts and Gold*[3].

É difícil identificar quais atores se beneficiaram diretamente dos recursos que saíram da América Latina. No entanto, segundo Helmut Reisen, "daria de se ter uma ideia a partir da composição da dívida bancária deste continente, na qual se estima que os Estados Unidos detenham 36%, Japão 16%, Reino Unido 12%, Canadá e França detêm 8% cada e a Suécia 3,5%"[4].

Esses dados dão uma ordem de grandeza dos valores transferidos para tais macroatores. No entanto, é preciso ir mais adiante do que os dados macroeconômicos podem ilustrar; estes fornecem elementos explicativos importantes do processo em foco, mas há também – ou sobretudo – outros atores que a macroeconomia ignora (poder, interesses, conflitos, políticas, estratégias), que constroem e estabilizam ou desestabilizam os fluxos financeiros do endividamento externo de um país.

Diante disso, centra-se aqui a atenção sobre as dinâmicas desses fluxos e o contexto no qual se desenvolvem, seus atores, os interesses envolvidos, as estratégias adotadas e implementadas pelos participantes, as condições de demanda e oferta dos recursos. Essa rede de conexões entre atores e suas ações concretizou-se principalmente (e não exclusivamente, porque houve outras transações que envolveram mecanismos diferentes de empréstimos multilaterais ou públicos)

---

[3] Nova York, Charles Scribner's Sons, 1964.
[4] Helmut Reisen, *"Le problème du transfert latino-americain dans une perspective historique"*, cit.

no espaço denominado "mercado de eurodólares", que não se limita apenas à Europa nem comporta transações apenas em dólares, e que tem como clientes países industrializados (principalmente, como veremos adiante), países em desenvolvimento, bancos e empresas públicas e privadas desses países.

O espaço de eurodólares envolve dois mercados financeiros distintos: o mercado do dinheiro no curto prazo (ou mercado monetário) e um mercado de capitais a médio e longo prazos (ou mercado financeiro). Mercado aberto e sem controle. Serve de fonte e de ponte de endividamento dos países em via de desenvolvimento, notadamente do Brasil. A seguir, abordaremos tal mercado de eurodólares e, depois, seus atores e interesses.

1. Mercado de eurodólares e bancos

O que é um eurodólar? Simples: um dólar registrado fora dos EUA, em um banco não norte-americano, que pode ou não ser uma filial de um banco dos Estados Unidos. Eurodólares são guardados como reservas cambiais, principalmente por países emergentes. Podem ser emprestados para outros países ou investidos em títulos do tesouro norte-americano, em euro-obrigações ou em eurocréditos no mercado eurodólar.

Esse mercado iniciou suas atividades em 1949, quando o governo chinês colocou suas reservas em dólares em Paris, no Banque Commerciale pour l'Europe du Nord, controlado pela Rússia. Tal decisão foi acompanhada pelos russos por meio das operações do seu banco francês, Norodny Bank; os dólares em questão deram origem ao conhecido mercado eurodólar. Este é estimulado por ações de outros governos adversários dos EUA que querem ter acesso ao mercado de transações de dólares fora do controle político norte-americano.

Criado nessas condições, o eurodólar foi ainda mais estimulado pelas ações dos bancos privados dos Estados Unidos, que queriam também fugir do controle do Federal Reserve (FED, Banco Central dos Estados Unidos). Com efeito, já nos anos 1960, o governo norte-americano decidiu criar mecanismos de controle contra a exportação de capitais. Em 1963, o presidente Kennedy, preocupado com a saída crescente de capitais, criou o imposto de equalização de juros, o que tornou os empréstimos mais caros para estrangeiros. Em 1965, a administração Johnson endureceu sua supervisão sobre a saída de capitais por meio do Programa Voluntário de Restrição ao Crédito Exterior (PVRCE) e do Sistema de Controle de Investimento de empresas estrangeiras sancionadas pelo Departamento de Investimento Direto Estrangeiro (Dide).

Essas restrições amedrontaram bancos e empresas e serviram de estímulo aos bancos comerciais para expandirem suas agências no exterior. Tudo isso constituiu-se em outro importante incentivo à internacionalização, pois levou empresas industriais a captarem parte de seus empréstimos do exterior, o que estimulou os bancos a se instalarem fora do país. Com efeito, em 1964, apenas onze bancos norte-americanos possuíam agências no exterior. Em 1974, havia 129 bancos, com um total de 747 agências estrangeiras[5]. Em 2009, a quase totalidade desses bancos possuía representações comerciais em todos os países do mundo, especialmente em paraísos fiscais.

A internacionalização dos bancos estadunidenses foi também reforçada por instrumentos institucionais, sendo o primeiro o Banco de Consórcio Multinacional, novo mecanismo de crédito criado por um conjunto de bancos tradicionais. Bancos dos Estados Unidos se juntavam com bancos europeus em "sindicatos" para realizar grandes negócios, sem desembolsar significativos montantes de recursos para participar da expansão dos grandes empréstimos internacionais. O segundo instrumento foi a criação da figura da agência insular, que é um escritório de representação comercial. Agências insulares se constituíam em ligações diretas com o mercado eurodólar. Instaladas, sobretudo, em paraísos fiscais do Caribe, principalmente Bahamas, Ilhas Caiman e Panamá, elas conquistaram boa parte das operações bancárias internacionais realizadas por Londres. Nessa cidade, em 1969, realizavam-se negócios de 66% dos ativos dos bancos estadunidenses no exterior; em 1979, esse percentual caiu para 35%, enquanto a fatia dos paraísos fiscais subiu para um terço. Nessas ilhas, há mais bancos que padarias e, certamente, mais bancos *per capita* que em qualquer outra cidade do mundo.

Em 1974, os ativos dos bancos dos Estados Unidos no exterior foram avaliados em US$ 140 bilhões, o que representou mais de um quinto do seu valor doméstico. Nos anos 1980, os bancos reorientaram suas atividades para as operações de *private banking*. Na década seguinte, houve grandes fusões e aquisições, o que gerou uma concentração bancária nunca vista. De 1998 em diante, dois terços das filiais bancárias foram criadas em paraísos fiscais, e desde então todos os grandes bancos têm filiais no exterior[6].

Por que houve essa expatriação? As razões são inúmeras. A principal consiste, todavia, em uma alternativa para fugir da regulamentação de controle do governo dos EUA[7] na conquista por novos mercados. O FED, por exemplo, exigia depósito com-

---

[5] Michael Moffit, *O dinheiro do mundo: de Bretton Woods à beira da insolvência* (Rio de Janeiro, Paz e Terra, 1984), p. 47-8.
[6] Ibidem, p. 62s.
[7] Trata-se, especialmente, da Regulamentação Q, que define teto sobre os depósitos e as taxas de juros praticadas pelos bancos comerciais, que são de 6,25% para os depósitos de 30 a 59 dias e de 7,5% para os depósitos de mais de um ano. Tem-se também a Lei Glass-Steagall, de 1993, que separa os bancos de investimentos dos comerciais. Exemplo: o Chase dominava o mercado de empréstimos e depósitos, enquanto o Morgan Stanley controlava o mercado de títulos, subscrições, incorporações e aquisições.

pulsório de 20% sobre qualquer depósito, em dólares, em bancos estadunidenses no exterior, tipo de controle que vigorava na Europa. Na França, o depósito compulsório era de 33% – ou seja, havia rigidez por todos os lados, como explica Martin Mayer:

> Em 1973, novos investimentos estrangeiros estavam proibidos em todos os países do Mercado Comum – à exceção da Inglaterra e Itália – onde as moedas eram ainda mais fracas do que o dólar. Um estrangeiro que procurasse aumentar sua conta de francos suíços não apenas teria negado juros sobre seu dinheiro, *mas também seria forçado a pagar uma taxa de 2% por trimestre pelo privilégio de manter dinheiro na Suíça*.[8]

Foi para fugir desse tipo de entrave administrativo dos próprios bancos e de controles estatais dos países desenvolvidos por meio de seus bancos centrais (depósitos compulsórios elevados, impostos etc.) que nasceu o mercado de eurodólares. Quebrar esses mecanismos para os portadores de capitais (especialmente de petrodólares e de fundos de pensão) consiste em realizar transações em valores elevados e com taxas de juros maiores, mas sem maior controle estatal nem fiscalização de qualquer ente. Esse mercado é, por definição, *offshore* – sua capital é Londres – e é um mercado interbancário no qual intervêm centenas de bancos multinacionais.

Houve um crescimento exponencial: passou, em valor bruto, de US$ 200 bilhões, em 1972, para US$ 26,094 bilhões, em 2006 (ver Tabela 3). Nesse montante tem-se empréstimos importantes que foram feitos para países em desenvolvimento, em especial para os emergentes; 85% desses empréstimos são efetivados para períodos inferiores a seis meses e 15% inferiores a três meses; 45% são feitos em dólares e 30% em euros[9] (ver Tabela 4).

TABELA 3. Dimensão do mercado de eurodólares (em bilhões de US$)

Ano	1958	1960	1962	1964	1968	1970	1972	1974
Valor bruto							200	370
Valor líquido	1,5	3,5	5,3	9,0	14,5	57	57	215
Ano	1976	1977	1978	1979	1980	1981	1982	1983
Valor bruto	565	695	895	1.111	1.334	1.523	1.620	1.702
Valor líquido	310	380	535	665	810	940	1.020	1.085

---

[8] Martin Mayer, *Os banqueiros* (Rio de Janeiro, Artenova, 1974), p. 403. Grifos nossos.
[9] Patrice Fontaine e Joanne Hamet, *Les marchés financiers internationaux* (Paris, PUF, 2007), p. 17.

Ano	1984	1985	1986	1987	1988	1989	1990	1991
Valor bruto	2.118	2.476	3.179	4.201	4.620	6.060	7.149	7.358
Valor líquido	1.265	1.480	1.770	2.220	2.390	2.640	3.350	3.609
Ano	1992	1993	1994	1995	1996	1997	1998	1999
Valor bruto	7.185	7.285	8.377	9.137	9.373	10.163	10.841	9.940
Valor líquido	3.660	3.780	4.240	4.645	5.015	5.285	5.485	4.126
Ano	2000	2001	2002	2003	2004	2005	2006	
Valor bruto	10.76	10.77	13.37	16.00	19.17	21.125	26.094	
Valor líquido	5 4.521	8 4.533	0 5.839	1 7.170	7 8.850	9.770	12.216	

Fontes: Dados até 1979, P. Beckerman, "The Consequences of Upward and Financial Repression" (*International Review of Applied Economics*, vol. 2, 1988, p. 233-49); de 1980 em diante, Patrice Fontaine e Joanne Hamet, *Les marchés financiers internationaux*, cit.

TABELA 4. Repartição de créditos internacionais por tipo de moeda (em %)

Ano	1996	1997	1998	1999	2000	2001	2002	2003	2004	2005	2006
Dólar americano	23,9	43,8	22,8	49,5	44,2	44	39	47	45	40	49
Yen	11	16,9	-7,5	8,5	8	6,7	-5	-5	5	3	-2
Libra esterlina	5,8	7,8	8,7	4,2	4,3	6,4	2	9	5	7	9
Franco suíço	2,6	2,7	5,7	3	2,6	2,7	-2	-2	0	2	2
Euro	39,4	23,6	61,8	61,8	26	28,7	55	47	39	41	41
Outras moedas	17,3	5,2	8,5	14,9	11,5	11	4	6	7	7	10
Total	100	100	100	100	100	100	100	100	100	100	100

Fonte: Patrice Fontaine e Joanne Hamet, *Les marchés financiers internationaux*, cit.
Obs.: sinal negativo indica que os reembolsos ou compras de créditos são maiores do que os novos créditos emitidos.

Entre 1961 e 1965, 40% do montante total de recursos que ingressaram nos países da América Latina provinham do setor privado (notadamente do mercado de eurodólares), enquanto os demais 60% eram o fato da área pública. Desde o início dos anos 1970, a situação se inverteu: 70% dos recursos provinham da iniciativa privada contra 30% do setor público. Isso significa que houve, no período, uma privatização do financiamento internacional, que passou a se sustentar pela expansão do mercado eurodólar[10].

Há uma ironia nessa história: os controles do FED aceleraram a internacionalização dos bancos estadunidenses, o que sustentou o desenvolvimento do mercado de eurodólares. Este ninguém projetou, nem autorizou, nem controla. Nasceu da fuga dos controles dos bancos centrais e de usos de critérios políticos[11] (oficiais) na alocação de créditos. Como dito, Londres é sua capital, por oferecer estabilidade e segurança legais, ou, como diz Walter Wriston, diretor do Citibank Europa, "o mercado de eurodólares existe em Londres porque as pessoas acreditam que o governo britânico não vai fechá-lo. Essa é a razão básica e para isto foram necessários mil anos de história"[12]. De fato, o governo trabalhista, ao subir ao poder, em 1964, não interferiu nesse mercado; contrariou, inclusive, a vontade de Washington, que queria a supervisão dos fluxos internacionais de capitais, em especial os do mercado de eurodólares. A mesma política foi seguida e aprofundada pelos governos de Thatcher a Brown.

Ressalta-se que, nessas circunstâncias e condições, o mercado de eurodólares atendeu interesses dos bancos dos EUA, dos países europeus e do Terceiro Mundo. Os bancos estadunidenses aumentaram substancialmente seus empréstimos no estrangeiro: em 1965, US$ 377 bilhões eram investidos no exterior contra US$ 9 bilhões no mercado doméstico; em 1976, os primeiros haviam crescido mais de vinte vezes e os últimos apenas triplicaram. Os dez maiores bancos tiveram crescimento negativo (-1,4%) nas suas operações domésticas, enquanto seus lucros no exterior cresceram 33,4% por ano, entre 1970 e 1976. Em termos percentuais de rendimentos internacionais nos resultados totais, os lucros internacionais representaram 50% dos lucros totais para os cinco maiores bancos. Taxas de lucros mais elevadas foram obtidas por J. P. Morgan, 62 %, e Buker Trust, 60%[13].

Situação semelhante é encontrada na análise dos rendimentos obtidos pelos investimentos diretos estadunidenses no exterior: os lucros (após impostos) realizados no exterior foram 83% superiores aos benefícios do mercado interno dos EUA, no período de 1980 a 2000[14], como pode ser visto no Gráfico 1.

---

[10] Osvaldo Sunkel, *A crise da América Latina*, cit., p. 33-4; e Pawel Dembinski, *L'endettement international* (Paris, PUF, 1989, cap. V).

[11] Nunca é demais lembrar que o governo dos EUA recusou empréstimos ao governo Vargas (1945-1951), apesar de o país preencher todas as condições técnicas exigidas. Essa recusa se deveu ao "excesso" de nacionalismo do governo brasileiro (Luiz Alberto Moniz Bandeira, *A presença dos Estados Unidos no Brasil*, cit.).

[12] Anthony Sampson, *Credores do mundo*, cit., p. 128.

[13] Michael Moffit, *O dinheiro do mundo*, cit., p. 51-3.

[14] Gérard Duménil e Dominique Lévy, "The Profit Rate: Where and How Much Did it Fall? Did it Recover? (USA 1948-2000)", *Review of Radical Political Economy*, v. 34, 2002, p. 437-61.

GRÁFICO 1. Renda obtida no exterior/lucros obtidos no mercado interno dos EUA (em %)

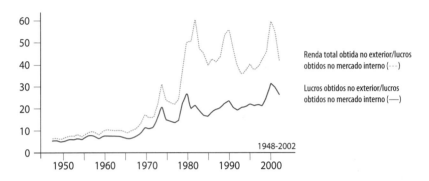

Fonte: Gérard Duménil e Dominique Lévy, "The Profit Rate", cit.

Vale dizer que os Estados Unidos tiraram o melhor proveito dos seus investimentos internacionais, quer seja sob a forma de capital de risco, quer seja sob a forma de empréstimos. Países europeus também obtiveram suas vantagens desse mercado. Conseguiram equacionar seus déficits de balanço de pagamentos, devido ao aumento da fatura do petróleo, via mecanismos monetários[15]. Desmontaram também a rigidez socioinstitucional de seus sistemas bancários[16]. Países do Terceiro Mundo – o caso do Brasil será analisado adiante – também tiveram oportunidade de acesso às fontes *privadas* de financiamento que *não teriam tido* de outro modo. Países produtores de petróleo forneceram parte dos recursos emprestados – e cabe apontar os resultados alcançados.

2. Mercado de eurodólares e petrodólares

Quando se fala em petróleo, não se deve esquecer que se trata de um produto especialíssimo porque, além de combustível, é matéria-prima essencial de mais de 300 mil produtos, como adubos, inseticidas, roupas, fibras sintéticas, cosméticos,

---

[15] Dercio Munhoz (*Dívida externa e crise rediscutida*, São Paulo, Ícone, 1988) sustenta que os déficits dos países centrais decorrentes da fatura de petróleo são transferidos à periferia via mecanismos monetários, como câmbio, elevação dos preços dos manufaturados etc.
[16] Vale observar que, até recentemente, os bancos privados eram dirigidos por famílias tradicionais e assemelhavam-se a clubes sociais. Por exemplo, na Inglaterra, "a maioria dos principais bancos mercantis [...] estava ligada à aristocracia possuidora de terras, que fazia os Rockefellers ou os Stillmans parecerem 'parvenus' e que defendia seu território" (Anthony Sampson, *Credores do mundo*, cit., p. 120).

proteínas alimentares, produtos médicos etc. Em suma, a civilização industrial é totalmente dependente dele. Em 1979, um especialista do Instituto Francês do Petróleo, Jean-Claude Balaceanu, sintetizou esse quadro da seguinte forma:

> O que é uma sociedade de consumo senão o petróleo à discrição? Imaginemos um instante a França privada de petróleo. Nada rodará nas estradas. Aliás, não terá nem estradas por falta de asfalto. Não haverá mais distribuição. O comércio de alimentação será obrigado a fechar. Não haverá mais tratores no campo, nem aviões no céu. Todos os navios teriam de ficar nos portos, excluindo-se os barcos antigos que funcionam com carvão. [...] Não teria calefação nas escolas, casas, hospitais, escritórios. Toda indústria será paralisada. Agricultura recuará de um século. [...] Quase todas as fibras artificiais desaparecerão. Sem poliéster, não haverá caneta, nem camisa, nem roupa impermeável, nem disco vinil. [...] Num escritório moderno, do carpete ao sistema telefônico, do revestimento mural aos móveis metálicos pintados, das lixeiras ao ventilador, em tudo tem petróleo.[17]

Apesar de toda essa importância do petróleo na economia, seu preço histórico tem sido baixíssimo. Como lembra Eric Laurent,

> em 1900, o barril do petróleo valia US$ 1,20; trinta anos depois, [em plena crise de 1929] situava-se em US$ 1,19, baixou e chegou a valer US$ 0,15. No New Deal, em 1930, estava em US$ 1,10. Na entrada dos EUA na guerra, em 1941, após Pearl Harbor, registrava US$ 1,14. Após a vitória dos aliados, a instauração de um novo sistema monetário internacional baseado no dólar, o lançamento do Plano Marshall, a criação das Nações Unidas: US$ 1,20. Com o desencadeamento da Guerra Fria, da divisão de Berlim, da Europa cortada em duas, na véspera de 1950: US$ 1,70. Em 1960, depois da criação da Opep em Bagdá: US$ 1,80.[18]

Em 1970, US$ 2,01; em 1973 – quatro meses antes do "primeiro choque de petróleo" –, US$ 2,90[19].

Com um preço baixíssimo, as companhias petrolíferas faturaram muito, mas os valores recebidos pelos países produtores de petróleo eram irrisórios[20]. Pode-se citar, como exemplo, o caso do Irã, grande país produtor:

---

[17] Jean-Jacques Servan-Schreiber, *Le défi mondial* (Paris, Fayard, 1980), p. 211.
[18] Eric Laurent, *La face cachée du pétrole*, cit., p. 97.
[19] Vale observar que diante da resistência das *majors* em aumentar o preço do barril, iniciou-se um processo de nacionalização. A Argélia nacionalizou 100% das empresas do setor; em 1973, a Líbia obteve 51% e a Arábia Saudita limitou-se aos 20% do consórcio estadunidense Aramco. Depois, a história é conhecida: os preços do petróleo são determinados não mais pelas *majors*, mas pela Opep.
[20] Hervé L'Huillier, "Pétrole et relations internationales depuis 1945", *Questions Internationales*, n. 2, jul.-ago. 2003, p. 6.

63

Em 1951, quando o Primeiro Ministro Mossadegh decidiu nacionalizar seu petróleo, tinha-se um entendimento claro sobre os métodos das empresas que exploravam seu petróleo. Os benefícios brutos tirados da exploração do petróleo, entre 1944 e 1953, totalizaram US$ 5 bilhões, sendo US$ 500 milhões destinados à Marinha britânica sob forma de diesel a baixo custo; US$ 350 milhões foram recebidos pelos acionistas; US$ 1,5 bilhão foi destinado ao Tesouro britânico e US$ 2,7 bilhões foram recebidos pela companhia petrolífera Anglo-Iraniana (consórcio incluindo BP) pela amortização e investimentos novos. Quanto aos tributos recebidos pelo Irã, antes de 1920, eles eram zero; de 1921 a 1930, US$ 60 milhões; e de 1931 a 1941, US$ 125 milhões, pagos basicamente sob forma de material militar diretamente utilizado pelos ingleses e soviéticos.

Em resumo,

o Irã recebeu US$ 0,18 por barril. [...] Os iranianos não paravam de reclamar pelo fato de que a quase totalidade do seu gás era queimado pela Anglo-Iraniana e não podia ser aproveitado pela própria população do país.[21]

As situações da Arábia Saudita, do Bahrein e do Kuait eram semelhantes à do Irã. De fato, o custo de produção do barril na Arábia Saudita, em 1945, era de US$ 0,10, ao qual se somavam US$ 0,16 de royalties pagos à Casa Real; enquanto isso, o preço de venda oscilava entre US$ 1,05 e 1,13. Em 1957, mais da metade dos lucros da Gulf provinha do petróleo do Kuwait; em 1960, o presidente da Exxon informava que 28% do lucro da empresa eram gerados pelos países árabes[22].

Tal situação levou os países produtores a se unirem, constituindo a Opep, objetivando uma mudança nas relações de força com as *majors*. O representante do Kuwait afirmou que "a Opep nunca teria nascido se o cartel do petróleo não existisse. Seguimos o exemplo das companhias petrolíferas. A lição não foi perdida pela vítima"[23].

Por outro lado, contraditória e paradoxalmente, os países produtores criaram a Opep com a benevolência das *majors*, que também tinham interesse no aumento do preço do produto. Este permitiria rentabilizar os investimentos de US$ 10 bilhões realizados no oleoduto do Alasca, na exploração da zona *offshore* no mar do Norte etc. Foi isto que David Rockefeller revelou, em Roma, ao declarar:

Na véspera do choque de 1973, as grandes companhias petrolíferas enfrentavam enormes dificuldades financeiras, que elas estavam dissimulando. Algumas delas estavam à

---

[21] Eric Laurent, *La face cachée du pétrole*, cit., p. 98.
[22] Igor Fuser, *Petróleo e poder: o envolvimento militar dos Estados Unidos no Golfo Pérsico* (São Paulo, Editora Unesp, 2009), p. 96.
[23] Eric Laurent, *La face cachée du pétrole*, cit., p. 109.

beira da falência por terem investido pesadamente em grandes projetos, em alguns casos, de cinco a dez vezes maiores do que os previstos. [...] O aumento do preço do barril torna bruscamente "racional e comercialmente viável" esses projetos.[24]

Acrescente-se a isto o fato de a Arábia Saudita, líder da Opep, ter recebido sinal verde dos EUA e do consórcio estadunidense Aramco (constituído pelas empresas Exxon, Texaco, Mobil e Chevron) para trabalhar no seio da organização no sentido de apressar a alta do preço do petróleo[25].

À luz desses fatos, Daniel Yergin foi levado a definir tal situação complexa com uma feliz fórmula: "o petróleo é 10% de economia e 90% de política"[26]. Com efeito, nesse setor de atividade, as transações são mediadas por inúmeros atores e envolvem questões econômicas, políticas, organizacionais, geoestratégicas. Além disso, não se tem informações confiáveis sobre o volume de reservas ou o nível de produção; as informações disponibilizadas por parte dos países produtores e das *majors*, como os balanços e as projeções de produção, são, em geral, forjadas. É possível citar o caso da Shell,

> que engordou artificialmente seu nível de reservas de 4,47 bilhões de barris entre 1997 e 2000. [...] Isto fez elevar artificialmente (e oficialmente) seu custo de produção de US$ 4,27 para US$ 7,9 por barril [...]. A empresa foi condenada pela justiça americana a pagar uma multa de US$ 120 milhões. Pagou também US$ 9,2 bilhões em honorários advocatícios. Seus diretores reconhecem, entretanto, que a sobrevalorização de 23% das reservas permitiu à empresa aumentar seu lucro em US$ 432 milhões.[27]

É nesse contexto que se situa o primeiro choque de petróleo, que redundou na transferência de renda inédita na história do capitalismo para os países produtores de petróleo. Em 1973, essa transferência foi de US$ 80 bilhões, sendo que metade do valor foi para a Arábia Saudita e para o Kuwait, que não tinham capacidade de gastos, infraestrutura ou tecnologia, pois, como lembra Anthony Sampson, "os bancos sauditas ainda não possuíam máquinas de telex, que eram consideradas ameaça à segurança nacional"[28].

---

[24] Ibidem, p. 144-5.
[25] Outra fonte confirma o fato apontado: ver J. Anderson, "Details of Aramco Papers Disclosed", *The Washington Post*, 28 jan. 1974, segundo Eric Laurent, *La face cachée du pétrole*, cit., p. 146.
[26] Daniel Yergin, *O petróleo: uma história de ganância, dinheiro e poder* (São Paulo, Scritta, 1993).
[27] Ibidem, p. 254. Mais detalhes são fornecidos por Terry Macalister, "Shell Forced To Make Fourth Downgrade", *The Guardian*, 25 abr. 2004, e Carl Mortished, "How Shell Blew a Hole in 100 Years Reputation", *The Times*, 10 jan. 2004.
[28] Anthony Sampson, *Credores do mundo*, cit., p. 133.

Chegou-se a pensar na impossibilidade da reciclagem dos petrodólares[29]. Temia-se que a posse de grandes recursos por esses países lhes transferisse poder, ameaçando a hegemonia internacional estadunidense e o "equilíbrio mundial". Com base nisso, a Comissão de Assuntos Bancários do Senado dos EUA, presidida pelo senador Church, decidiu investigar os fundos árabes, depositados em bancos estadunidenses: "Precisamos saber qual impacto desses depósitos estrangeiros sobre nossos bancos e a extensão em que podem representar um grande perigo para eles". Acrescenta ainda:

> Os países da Opep são, evidentemente, caprichosos [...]. Discordam fundamentalmente da nossa política em relação a Israel. Alguns deles já nos impuseram um embargo e, a qualquer momento, podem retirar seus depósitos e não sabemos quanto deles há. Não sabemos em que base foi o depósito, e quanto dele é em curto prazo [...].[30]

A investigação foi bloqueada pelos grandes banqueiros, que temiam eventuais efeitos colaterais, tais como a fuga desses capitais do sistema bancário tradicional ou, pior ainda, a geração de uma instabilidade política em tais países, que levaria os "fundamentalistas islamitas" ao poder[31]. Com efeito, esses banqueiros

> resolveram nessa ocasião acabar com a investigação, mobilizando todo seu poder de pressão. David Rockefeller voou para Washington em seu avião particular. Tomou café com o senador Case [presidente do Senado] e advertiu-o que a revelação das cifras dos bancos provocaria a queda de todo o sistema bancário ocidental. Em seguida, almoçou – "um encontro casual" – com o senador Church no Departamento de Estado, repetindo o aviso de catástrofe potencial [...]. Church sentiu-se compelido a aceitar o meio termo: os bancos forneceriam os números confidenciais à Federal Reserve que, em seguida, divulgaria apenas estatísticas genéricas sobre depósitos e os empréstimos maiores. Os depósitos individuais – primeiro dado a ser solicitado por Church – permaneceriam reservados.[32]

Posteriormente, quando as estatísticas foram divulgadas, descobriu-se que o grosso desses recursos era depositado nos seis maiores bancos dos EUA: Bank of America, Citibank, Chase Manhattan, Manufacturers Hanover, Morgan Guaranty e Chemical. Com um adendo à publicação dos dados, o FED informou que, *se* esses depósitos

---

[29] Economistas de renome e donos de bancos publicaram artigos na *Foreign Affairs*, de janeiro de 1975, explicando a impossibilidade da reciclagem dos petrodólares por meio dos bancos privados.
[30] Anthony Sampson, *Credores do mundo*, cit., p. 139.
[31] Tudo isso sem considerar outras interpretações, segundo as quais a elevação dos preços de petróleo e o endividamento do Terceiro Mundo foram planejados pelos EUA.
[32] Anthony Sampson, *Credores do mundo*, cit., p. 140.

fossem sacados, eles "prejudicariam seriamente suas relações com os próprios bancos que haviam selecionado como os mais bem equipados para deter seus fundos, e encontrariam *dificuldades* em adquirir ativos igualmente atrativos"[33]. Em termos mais claros: nenhum banco, em qualquer parte do planeta, poderia aceitar esse dinheiro!

Fato é que os recursos da Opep eram integrados ao sistema financeiro internacional sob a forma de empréstimos e investimentos. Eram apenas títulos que, na melhor das hipóteses, poderiam ser transferidos de um portador para outro, sem nenhum prejuízo econômico para o sistema financeiro estadunidense e mundial. Isso é explicado com clareza por Walter Wriston, presidente do Citibank Europa:

> Se a Exxon paga à Arábia Saudita 50 milhões de dólares, tudo que acontece é que debitamos da Exxon e creditamos à Arábia Saudita. O balanço do Citibank permanece o mesmo. E se eles dizem que não gostam dos bancos americanos e colocam seu dinheiro no Crédit Suisse, tudo o que fazemos é debitar da Arábia Saudita e creditamos ao Crédit Suisse: nosso balanço continua o mesmo. Assim, enquanto pessoas correm de um lado para outro, esperando que o céu desabe, não [pode,] de maneira alguma, o dinheiro deixar o sistema. Trata-se de um circuito fechado.[34]

Nesse sentido, o presidente do Citibank, Al Costanzo, enfatiza a questão da falsidade do poder monetário dos países árabes, quando afirma:

> Acho que a impressão geral é de que, de algum modo, os árabes nos forçam a aceitar esse dinheiro e que, em seguida, ficamos com o problema do que fazer com ele. A realidade é justamente o oposto. Em primeiro lugar, pesquisamos e classificamos quais são os empréstimos que consideramos de bom risco de crédito; depois disso é que nos preocupamos com o modo de financiar esses empréstimos [...]. Esse dinheiro está saltando entre o Citibank e o Chase e muitos outros bancos, tudo dependendo das ofertas por esse dinheiro, que ocorrem todos os dias da semana [...] *Esses países não têm absolutamente poder algum sobre nós*, porque o dinheiro não tem outro lugar para onde ir. Este é um mercado interbancário. E eu diria que, se houver influência, será no sentido oposto. Quero dizer, *os que teriam que se preocupar seriam os países árabes, pois sabem que tudo o que possuem é um reconhecimento de crédito numa conta bancária, que pode ser congelada* a qualquer momento nos Estados Unidos, na Alemanha ou qualquer outro país. Assim, se há alguma pressão nesse particular, é no sentido oposto. É o depositante que tem muito com o que se preocupar, e não os bancos americanos.[35]

---

[33] Ibidem, p. 142. Grifos nossos.
[34] Idem.
[35] Idem. Grifos nossos.

Assim, esses países ganharam muito dinheiro, mas dinheiro (*per se*) – e sob a forma de títulos ou em espécie – não é poder!

A crise do petróleo beneficiou, evidentemente, as multinacionais do setor. Daniel Yergin fornece os dados:

> Os lucros das maiores companhias de petróleo tinham permanecido quase perfeitamente estáveis por cinco anos, até 1972, apesar do crescimento explosivo da procura. Em 1972, subiram de 6,9 bilhões de dólares para 11,7, em 1973, e logo depois para 16,4 bilhões de dólares, em 1974.[36]

Em 2006, os lucros das *majors* foram ímpares: US$ 150 bilhões. Os resultados das principais companhias, excepcionais: Exxon obteve US$ 40,7 bilhões, Chevron US$ 18,7 bilhões, Total US$ 12,2 bilhões e Royal Deutch Shell US$ 27,5 bilhões[37].

Beneficiaram-se também – e, provavelmente, sobretudo – os EUA, que conseguiram amenizar eventos econômicos e políticos de grande importância, como a recessão de 1973 a 1975, a crise fiscal, o escândalo Watergate e o déficit do balanço de pagamentos. O principal suporte da suavização da economia estadunidense diante de tais situações de crise foi sua capacidade de captar recursos de terceiros, conforme relata o presidente do FED, Alan Greenspan: "A taxa de retorno de mais de US$ 2 trilhões de investimentos diretos dos EUA no exterior era de 11% em 2005, muito abaixo dos juros pagos aos estrangeiros sobre a dívida americana"[38]; estes eram de 5 a 6% anuais pelos títulos do Tesouro estadunidense. Isso permitiu o revigoramento do dólar como moeda internacional hegemônica[39], com especial destaque para o direito de *seigniorage*[40] e a reciclagem dos petrodólares. Com esse último expediente, explica David Harvey, os EUA ficaram com

> o privilégio monopolista de reciclar petrodólares na economia mundial, trazendo de volta para casa o mercado do eurodólar. Nova York tornou-se o centro financeiro da economia global, o que, associado à desregulação interna dos mercados financeiros,

---

[36] Daniel Yergin, *O petróleo*, cit., p. 691.
[37] Agência de notícias AFP, 14 fev. 2007.
[38] Alan Greenspan (*A era da turbulência*, cit., p. 340) explica, em nota da página citada, que se todos os credores continuam realizando suas transações em dólares, não há por que se preocupar com a dívida dos EUA. Em compensação, se apenas os principais países deixarem de utilizar o dólar nas suas transações internacionais, configura-se uma nova ordem monetária internacional.
[39] Rabah Benakouche, "A dominação monetária norte-americana", *Tensões Mundiais*, 5, n. 9, dez. 2009.
[40] O direito de *seigniorage* é o lucro obtido da diferença entre o material utilizado para cunhar moeda e o valor de face da moeda criada.

permitiu que a cidade se recuperasse de sua crise e florescesse até o ponto da incrível opulência e do consumo ostensivo da década de 1990.[41]

A massa de petrodólares[42] reciclada principalmente pelos bancos anglo-americanos foi, em parte, emprestada aos países do Terceiro Mundo sob a forma de euro-obrigações ou eurocréditos para fazer frente às suas necessidades, como o aumento da fatura do petróleo, a implementação de projetos de desenvolvimento, a complementação da baixa poupança interna etc. Nesse processo de empréstimos, os bancos, as corretoras, as seguradoras, os intermediários diversos e os executivos bancários tiveram também seus benefícios.

Interesses guiam ações dos Estados e dos bancos privados. Podem ser convergentes ou não, dependendo de cada situação. Do ponto de vista da manutenção e do bom funcionamento do sistema financeiro, há, em geral, convergência de interesses entre eles. Do ponto de vista do funcionamento real, a divergência é, no entanto, total: o Estado quer controle e os bancos fogem dele, o primeiro impõe taxações que os últimos preferem não pagar, e assim por diante.

Estado e bancos são, contudo, entidades coletivas abstratas. Assumem materialidade no *real* processo de decisão de empréstimos, por exemplo, por meio das operações dos seus representantes: delegados do Estado e executivos dos bancos. Assim, podem existir conflitos de interesses, quer seja entre Estado e seus delegados, quer seja entre bancos e seus executivos. No primeiro caso, como os delegados são pagos pelo Estado, pode-se concluir de modo apressado que eles concretizam e defendem, necessariamente, interesses do Estado. Os delegados têm, todavia, seus próprios interesses, como *network* e investimento em futura carreira no setor privado, que podem ser contrários aos do Estado, inclusive prejudiciais a ele em determinadas situações, como será mostrado adiante no caso dos empréstimos do Brasil. Já a divergência de interesses entre executivos e seus bancos[43] é de mais fácil compreensão, como descrito no que segue.

---

[41] David Harvey, *O novo imperialismo* (2. ed., São Paulo, Loyola, 2005), p. 57-8.

[42] Quantos eurodólares circulam nesse novo espaço financeiro internacional? Este funciona como um sistema bancário doméstico, com um "multiplicador" que aumenta a oferta do dinheiro à proporção que os bancos criam depósitos para concederem empréstimos. Desse modo, um cliente de um país X que pega um empréstimo em eurodólares, se este for convertido em uma moeda nacional X, seu banco central pode investi-lo na compra de títulos do Tesouro estadunidense ou no mercado de eurodólares com taxa de juros mais alta. Isso levou Milton Friedman a dizer que "a principal fonte de eurodólares é a caneta do guarda-livros", especialmente porque se tornou difícil estimar, com uma precisão mínima que seja, o volume de eurodólares disponíveis devido ao dobro da contagem.

[43] Essa questão é estudada sob a perspectiva do funcionamento das organizações, cujo balanço teórico é apresentado pelo autor em *O que é globalização* (São Paulo, Brasiliense, 2001, parte I).

3. Bancos: atores e interesses

A taxa de juros é o preço do dinheiro, fixado, minuto a minuto, por múltiplos atores. O dinheiro – como o dólar que o simboliza – parece fungível, mas sempre se reproduz. Na realidade, ele se traduz em uma variedade de produtos. Seu preço é função do tempo. Cada duração – curto, médio e longo prazos – constitui um mercado específico, com preços distintos. Assim, cada banco pratica sua taxa de juros em função da taxa fixada pelo mercado, de suas necessidades, da sua liquidez e do seu custo operacional.

O negócio do banco é fazer empréstimos. Richard Hill, presidente do banco First Boston, especifica, contudo, que "não se ganha [dinheiro] com taxas fixas. Se a taxa subir, estaremos arruinados. Se baixar, o cliente aparecerá sempre com uma porção de soluções econômicas de última hora"[44]. Em síntese, ganha-se dinheiro com taxas flutuantes, preferencialmente recalculadas a cada 90 ou 120 dias, ou, melhor ainda, mensalmente.

Os banqueiros são vendedores de mercadorias denominadas empréstimos. Desejam juros, comissões e tudo mais a que têm direito. Um deles se descreve da seguinte maneira: "na realidade, somos relações-públicas. Eu converso com pessoas a respeito de créditos, serviços da computação, projetos de barcos, controle de poluição etc.". A atividade do banqueiro consiste, essencialmente, "em construir uma muralha em volta do seu patrimônio. É isso que um banqueiro é, um consultor administrativo"[45]. Ou ainda, como o explicita Walter Wriston, presidente do Citibank, "nossa estratégia *não* consiste em oferecer financiamentos; nossa estratégia consiste em *ganhar dinheiro*. [...] Nossos concorrentes não são realmente o Chemical Bank, nem o Morgan Bank, [...] nem o American Express"[46]. De fato, o banco se resume a duas coisas: dinheiro e homens. Nem máquinas, nem terrenos. Banco vende sua capacidade de análise e de julgamento.

Nesse mercado de dinheiro, pode-se dizer que:

> a despeito de sua responsabilidade global e estilo impessoal, *a atividade bancária é ainda "negócio de gente"* [...]. Economistas podem falar de funções macroeconômicas, de mercado internacional de capitais, mas, no mercado em si, o que há são pessoas de carne e ossos que *tentam impressionar e convencer outras pessoas*, preocupando-se o tempo todo com o balanço de seus bancos, transferindo dinheiro para a conta de lucros, perdas ou dívidas incobráveis. *Talvez seja o mais pessoal de todos os negócios*, pois

---

[44] Martin Mayer, *Os banqueiros*, cit., p. 242.
[45] Ibidem, p. 215.
[46] Richard Lombardi, *Le piège bancaire: dettes et développement* (Paris, Flammarion, 1985), p. 179-80. Grifos nossos.

depende sempre do conceito inicial de crédito, que significa confiança. Por mais complexo e matemático que se tenha tornado o negócio, ele depende ainda da avaliação do grau de confiança por indivíduos com imperfeições humanas.[47]

Em suma, as mercadorias "empréstimos" são vendidas e compradas por "gente" que tem seus interesses, estratégias e, provavelmente, outras "pequenas ideias".

Os executivos de bancos, para venderem seus produtos, atravessam os oceanos, indo da Ásia para a África ou a América Latina. Na sua prospecção de mercados, carregam malas de documentos e especificam condições de financiamentos, mas mobilizam sempre sua capacidade de persuasão e sua margem de apreciação da qualidade de crédito do cliente. Um deles descreve o processo nestes termos:

> Era sempre tentador assinar um empréstimo com um longo período de carência antes do início das amortizações. *Quando começavam os problemas, a gente já tinha passado para outro lugar* ou o presidente do Conselho de Administração do banco havia se aposentado, morrido ou mudado de banco.[48]

Além do entusiasmo pela venda e com pouca preocupação com a burocracia, visando a garantia de comissões, os executivos fecham operações até por telefone e fora do horário comercial, como relata Yves LaMarche, diretor do Bank of America, em Paris:

> As pessoas dirão que os grandes bancos são cheios de burocracia e não tomam decisões, mas eu recebo um telefonema às onze horas da noite; um outro telefonema a uma hora da manhã e, entre os dois, já fizemos um negócio de US$ 75 milhões na Argélia. Ontem de manhã estive [em Argel] para concretizar esse negócio. Distribuímos [por meio do sindicato de empréstimos] US$ 25 milhões para o Citibank e US$ 15 milhões para o Chase; recolhemos uma taxa de administração de US$ 240 mil, o que é bastante substancial.[49]

Os grandes empréstimos são feitos por meio de consórcios de bancos, que conseguem aglutinar até duzentos bancos em certas operações e têm sempre como liderança os grandes bancos tradicionais. Tecnicamente, o procedimento de consórcio faz diluir o volume de capital engajado pelo banco. Estrategicamente, havendo inadimplência deste ou de vários tomadores, todos os bancos participantes

---

[47] Anthony Sampson, *Credores do mundo*, cit., p. 17. Grifos nossos.
[48] Ibidem, p. 162. Grifos nossos.
[49] Martin Mayer, *Os banqueiros*, cit., p. 385.

sofrerão juntos as perdas ou eventuais falências. Politicamente, havendo crises sérias de insolvência dos grandes bancos, os governos são obrigados a socorrê-los, porque o sistema capitalista não pode sustentar-se sem o sistema bancário; ou seja, esses grandes banqueiros fazem grandes financiamentos e conseguem construir garantias para os seus lucros, garantias que provêm do tomador final dos empréstimos ou do socorro estatal – para evitar "crises sistêmicas"[50].

No período de endividamento aqui analisado, as participações nesses consórcios de empréstimos eram realizadas por meio de editais publicados nos principais veículos da imprensa escrita. A adesão era mais ou menos fácil, dependendo de quem encabeçasse a operação. Grandes bancos, como Deutsche Bank e Morgan's, só participavam dessas operações se liderassem a lista. Nesse processo de montagem de empréstimos, os credores e devedores acabavam por participar das mesmas redes sociais. O processo é descrito por um banqueiro da seguinte forma:

> Quando comecei, fiquei espantado como tudo isso parecia casual. No dia em que assinei o primeiro acordo de empréstimos de 20 milhões de dólares, pensei que devíamos estar loucos. A formação de um grupo de bancos depende do culto de personalidades. Não há nada mais divertido no mundo do que as grandes BMWs e festas no Annabel's. Quando um embaixador telefona *sugerindo um empréstimo, a gente quer tomar parte nele*: os americanos são especialmente vulneráveis à lisonja. A formação de um grupo de bancos depende apenas de umas cem pessoas em Londres, em pouco tempo, conhecemos todas elas. Todos sentem que estão nisto juntos. *Odeiam ser deixados de fora*.[51]

Vale dizer, portanto, que nesse ramo de atividades o mais importante é ser visto fazendo negócios para continuar dentro do carrossel, jogando, aumentando seus lucros e fazendo suas apostas.

Do ponto de vista dos negócios, os acordos sobre empréstimos eram, em geral, fechados com taxas de juros de 0,75 a 1% sobre a taxa *Libor*, sendo revisados a cada três ou seis meses, acrescidos de uma margem extra, ou *spread*, em cima da *Libor*. Isso é explicado, com detalhes, por Martin Mayer:

> As taxas para os melhores nomes foram, durante muito tempo, de 1% por ano acima da taxa interbancária (*Libor*); depois caíram para 3/4 de 1%; em 1972, para 1/2 de 1% e, em 1973, em um empréstimo bastante controvertido de 1 bilhão de dólares concedido para

---

[50] A recente crise dos *subprimes* permite entender facilmente os motivos das intervenções dos Estados dos países centrais em prol dos grandes bancos (ver Olivier Pastré e Jean-Marc Sylvestre, *Le roman vrai de la crise financière*, Paris, Tempus, 2008).
[51] Martin Mayer, *Os banqueiros*, cit., p. 130. Grifos nossos.

a Junta Britânica de Eletricidade (garantido pelo Tesouro de Sua Majestade) para 3/8 de 1% sobre os vencimentos mais curtos com parcelas de amortização (isto é, sobre os reembolsos antecipados de um empréstimo a ser pago em parcelas e não de uma vez só ao final). Para os países subdesenvolvidos e empresas não de primeira categoria, as taxas eram de 2% ou até mesmo de 3% acima de empréstimos interbancários.[52]

Os ganhos arrecadados por meio dessas taxas eram, por sua vez, repartidos entre todos os intermediários. A fórmula utilizada pelo banco First Chicago era a seguinte:

Dar 1/8 de 1% à agência que registra o empréstimo, 1/3 de 1% à agência que assume o risco de crédito sobre o empréstimo padrão a 1/2 de 1% acima da taxa *Prime*. Isto deixa 1/24 de 1% como pagamento a intermediários para a agência que desenvolveu a transação.[53]

Nesses ganhos, estão também computadas as comissões pagas aos executivos que obtiveram ou transacionaram os empréstimos.

Em suma, do lado dos credores, verifica-se que os bancos, seus executivos e intermediários diversos ganhavam com os empréstimos realizados. Tratava-se de um comércio de dinheiro, de um negócio do tipo ganha-ganha. Mais precisamente, o interesse dos bancos, ou de seus acionistas, consistia em gerar lucros, vendendo empréstimos e títulos. Os executivos realizavam essas operações, preservando seus empregos e recebendo seus bônus e comissões, que dependiam do seu volume de vendas. Entretanto, se todos ganhavam, por que haveria de existir conflitos de interesses? Nesse caso, em que consistiriam?

O conflito existia e pode ser explicado pelo fato de os bancos se interessarem pelas vendas, mas primarem pela perenidade e insolvência de sua instituição, enquanto os executivos só pensavam em vendas, despreocupando-se com os recebimentos dos empréstimos, pois, no longo prazo, não estariam trabalhando necessariamente para o mesmo banco. Mais ainda: ao maximizarem suas vendas, tais executivos obtinham maiores comissões e aumentavam seu "passe" no mercado de *outplacement* ao se tornarem conhecidos como grandes vendedores ou executivos *top*. Atuar mais significa receber mais (em especial, comissões). Essa é a regra, pois o nome do jogo é crescimento.

O lema dos executivos de bancos, portanto, é maximizar as vendas, postura também assumida pelas agências de classificação de risco. Antes de abordar, es-

---

[52] Ibidem, p. 406.
[53] Ibidem, p. 407.

pecificamente, os ganhos dessas agências, vale lembrar que elas se apresentam como empresas independentes[54] dos interesses dos seus clientes, que são empresas e governos[55].

Duas empresas estadunidenses, Standard & Poor's e Moody's Investor Service, detinham, em 2008, 80% do mercado mundial de *rating* de corporações e dívidas soberanas[56]. A elas é atribuída confiabilidade total pelo mercado, em especial na seleção dos empréstimos soberanos. Suas avaliações do *rating* soberano englobam variáveis quantitativas – fundamentos da economia – e qualitativas – risco político[57]. No entanto, esses critérios são, muitas vezes, enviesados. Pode-se lembrar, por exemplo, quando o governo dos EUA forçou a Moody's a retirar o *rating* do Irã, após classificá-lo como integrante do "Eixo do Mal", em 2002. Não se pode ignorar, assim, o peso do governo dos Estados Unidos sobre suas empresas de *rating*. Mais do que isso, o analista estadunidense Frank Partnoy é bem enfático quando escreve:

> *Existem duas superpotências no mundo hoje. Os Estados Unidos e os serviços de* rating *de bônus da Moody's.* Os EUA podem destruir você soltando bombas, e a Moody's pode destruir você rebaixando os seus bônus. E eu desconheço, algumas vezes, quem é mais poderoso [...].[58]

Vale lembrar também a situação do México, em 2000, que possuía grande déficit em conta-corrente, baixo nível de reserva, crescente instabilidade política, gerada especialmente porque o partido governista – o Partido Revolucionário Institucional (PRI) – não era favorito na eleição presidencial, e muita vulnerabilidade externa – 82% de suas exportações eram destinadas aos EUA. A Moody's atribuiu-

---

[54] Basta lembrar – sem mencionar detalhes – que empresas, tais como Lehman Brothers, Bear Stearns, Fannie Mae e Freddie Mac, nos EUA; Fortis, na Bélgica; Dexia, na França; Royal Bank of Scotland e Lloyds TSB/HBOS, na Inglaterra; e Hypo Real Estate, na Alemanha, foram avaliadas com conceitos elevados (3 a 2 A's) antes do desencadeamento da crise dos *subprimes* por essas agências de *ranking*, conceitos que se revelaram viciados; sabe-se agora que esses "vícios" são facilmente explicados ao verificar que a Moody's, por exemplo, obteve 44% do seu faturamento com seus conselhos sobre derivativos, conforme noticiou a Bloomberg, em 8 de agosto de 2009.
[55] Standard & Poor's, *Corporate Ratings Criteria* (Nova York, McGraw-Hill, 2002).
[56] Antonio Afonso, "Understanding the Determinants of Government Debt Ratings: Evidence for the Two Leading Agencies", *Working Paper* (Nova York), fev. 2002.
[57] Risco político definido a partir de variáveis que se referem: 1) à estabilidade e legitimidade das instituições políticas; 2) à participação popular nos processos políticos; 3) à probidade da sucessão das lideranças políticas; 4) à transparência nas decisões de política econômica; 5) ao risco geopolítico; e 6) a outros critérios, se necessário. De qualquer modo, tudo indica que esse tipo de análise é bastante subjetivo!
[58] Richard Levich em Rosemarie Bröker Boné, "*Ratings* soberanos e corporativos: mecanismos, fundamentos e análise crítica", *Perspectiva Econômica*, v. 2, n. 1, 2006, p. 65. Grifos nossos.

-lhe, no entanto, o *investment grade* – o que significa dizer que a chance de calote por parte dos emissores de títulos era baixa. Já a Standard & Poor's e a Fitch preferiram esperar o resultado da eleição presidencial, que acabou dando vitória ao governista Vicente Fox, para se equipararem à Moody's[59].

A Coface classificou, em 1997, nove países como prioridade número um para investimentos franceses[60]. No fim daquele ano, deu-se a crise asiática, com a decadência dos sistemas de câmbio e das bolsas de valores de países tão diferentes como Indonésia, Hong Kong e Coreia do Sul. Significa dizer que, apesar de serem importantes indicadores de avaliação, os critérios de *rating* revelam suas limitações, pois não incorporaram nem têm como levar em consideração variáveis capazes de detectar crises, tais como a mexicana (1994), a asiática (1997), a russa (1998), a argentina (2001), a crise dos *subprimes* nos Estados Unidos (2007), entre outras.

Nesse sentido, vale lembrar que a Argentina emitiu, entre janeiro e fevereiro de 2001, títulos em dólares e em euros, com prazos de vencimentos entre 6 e 25 anos, no montante de US$ 3 bilhões. Os bancos líderes dessa operação foram J. P. Morgan, Credit Suisse First Boston (CSFB), Goldman Sachs e Salomon Smith Barney, do grupo Citibank, que receberam comissões de mais de US$ 20 milhões. Em junho de 2001, quando havia consenso no mercado de que a moratória argentina era certa, um consórcio de bancos liderados por CSFB, J. P. Morgan, Salomon Smith Barney, HSBC e BBVA, com a participação dos bancos argentinos Galícia e Rio de la Plata, organizou uma grande troca de títulos da dívida externa com o objetivo de evitar a moratória. Foram emitidos títulos no montante de US$ 20 bilhões, trocaram-se títulos velhos, com prazos de vencimento de sete a trinta anos, por novos títulos com prazos menores. Os bancos intermediários receberam, a título de comissões, o valor de US$ 141 milhões[61]. Meses depois, no entanto, a Argentina entrou na moratória.

Em 1998, executivos da Goldman Sachs & Co.[62] fizeram uma proposta de reestruturação da dívida externa russa. Transformaram, assim, suas dívidas de curto prazo em dívidas de longo prazo, o que afastou o pânico dos mercados financeiros.

---

[59] A situação do México era infinitamente inferior, em termos de fundamentos econômicos, à do Brasil de 2008; no entanto, foi-lhe atribuído o grau de investimento, posição alcançada pelo Brasil somente em 2009.
[60] Sophie Gherardi, "Les éclaireurs du risque international", *Le Monde*, 13 jan. 1998.
[61] Segundo a agência Bloomberg, jun. 2001.
[62] Velha empresa de Bob Rubin, ex-secretário do Tesouro estadunidense, "festejou a abertura de seus novos escritórios em Moscou com um evento de gala, em 18 de junho de 1998, nos salões de um clube privado outrora frequentado pela nobreza russa. Goldman levou o ex-presidente George Bush (pai) a Moscou" (Paul Blustein, *Vexame: os bastidores do FMI na crise que abalou o sistema financeiro mundial*, São Paulo, Record, 2001, p. 260).

Essa operação lhes rendeu US$ 56 milhões em comissões. O FMI também lhes deu sinal verde. Quando a Rússia desabou, meses depois, vieram muitas críticas, como esta: "muitos concorrentes do Goldman ainda hoje estão amargurados com o que chamam de comportamento irresponsável do banco quando tomou a iniciativa da troca dos GKOs[63] por eurobônus"[64].

Em 2000, a mesma Goldman Sachs deu consultoria em "arrumação de contas" para a Grécia, de modo a facilitar seu ingresso na Comunidade Europeia. Tais serviços lhe renderam de US$ 200 a 300 milhões. Quatro anos mais tarde, descobriu-se, anota o *Le Monde*, que "todas as contas são falsas. *Du jamais-vu*"[65]. Em fevereiro de 2010, a Grécia entrou em crise porque não conseguiu levantar empréstimos, ou seja, vender seus títulos no mercado financeiro internacional. Nesse exato momento de plena crise, descobriu-se que a Goldman Sachs tinha ligação com a explosão da crise; teria especulado sobre os títulos da dívida externa grega, ganhando comissões de milhões de dólares. Por isso, aponta o *Le Monde*, a Goldman é, "ao mesmo tempo, conselheira e especuladora. Em suma, a pior cara da finança globalizada"[66].

Esses exemplos mostram que os efeitos colaterais aos quais estavam submetidos os países eram, de certo modo, contingências. Seriam também contingentes eventuais desvalorizações de novos títulos para os bancos que os adquiriram, bem como as perdas dos bancos com as moratórias. As consequências das operações não eram, todavia, avaliadas nem observadas pelos vendedores de empréstimos. O que lhes interessava eram as vendas que lhes permitiam, em última instância, aumentar suas remunerações. Portanto, é difícil falar do "lado de lá" – isto é, dos credores – como se fosse um único ente, ou um ator único, ou um espaço homogêneo e isento de contradições. Ao contrário, *havia credores, no plural, porque havia inúmeros atores com identidades, políticas, estratégias e interesses distintos*, às vezes contraditórios. Do lado de cá, isto é, dos devedores, tinha-se também uma situação similar, como será mostrado a seguir.

---

[63] GKOs são títulos da dívida russa. Vale observar que o Deutsche Bank era o maior detentor de títulos russos, em cerca de US$ 290 milhões, mas não foi sequer consultado quando da decisão de reestruturação da dívida externa russa pela Goldman Sachs, com apoio do FMI e do Tesouro dos EUA.
[64] Paul Blustein, *Vexame*, cit., p. 264.
[65] Assunto assim apresentado: "O ministro da Fazenda grego, George Alogoskoufi, acaba de apresentar ao Parlamento o resultado da auditoria dos dados econômico-financeiros do país. As contas gregas estão longe do que foi anunciado: em 2000, o déficit não era de 2% do PIB, mas de 4,1%. Em 2001, ano de entrada da Grécia na Zona do Euro, não era de 1,4%, mas de 3,7%. Em 2003, idem. Em 2004, não era de 1,2%, mas de 5,3%" (Claire Gatinois e Marie de Vergès, "La Grèce n'est pas seule à 'maquiller' sa dette", *Le Monde*, 19 fev. 2010).
[66] Grégoire Biseau e Jean Quatremer, "Grèce: Goldman prise la main dans le sac", *Le Monde*, 20 fev. 2010.

II Do lado de cá, os devedores

No caso do Brasil, tem-se deste lado inúmeros atores participantes, como representantes oficiais do país, executivos de bancos, advogados, lobistas etc., que no processo de endividamento externo obtêm benefícios, sejam eles diretos – financeiros – ou indiretos – *network*, políticos ou outros. Cabe, no que segue, mostrar como os movimentos dos juros, *spreads*, comissões diversas, atores, estratégias políticas, entre outros, interconectaram-se, no período estudado, para dar configuração ao endividamento externo do país. Em termos de exposição, a apresentação será feita em três tempos: após o desenho do perfil da dívida externa, dedicaremos atenção aos atores externos e seus interesses e, finalmente, aos atores internos e suas estratégias e benefícios.

1. Dívida externa: problemas preliminares

O perfil da dívida externa é descrito com dados oficiais precários. Por isso, é indispensável referir-se à qualidade desses dados antes da apresentação do perfil em si.

1.1. Precariedade da informação sobre o endividamento

Na análise do endividamento do Brasil, a primeira dificuldade encontrada é da qualidade da informação. Esta é parcial, insuficiente e precária. Vale registrar que as informações disponíveis nos bancos de dados do Banco Central divergem das do Ipea e que as discrepâncias entre estas e os dados dos organismos internacionais, como o FMI e a Comissão Econômica para a América Latina e o Caribe (Cepal), são consideráveis. Os próprios dados do Banco Central não são detalhados. Nos empréstimos em moeda pela Resolução n. 63, não é indicado, por exemplo, quem é o tomador final; informa-se apenas o banco que fez a intermediação. Esses tipos de dados são fornecidos mensalmente, sem nenhuma consolidação.

Tal precariedade da informação sobre o endividamento externo é apontada pelos economistas do Ipea ao analisarem o estoque do capital de risco estadunidense no Brasil. Para o período de 1969 a 1980, encontraram discrepâncias de 54% entre os dados do Departamento de Comércio dos EUA e os do Banco Central brasileiro, e de 65% entre os dados deste último e os do *Survey of Current Business* (ver Tabela 5)[67]. Essa discrepância de informações existe, também, para a avaliação do estoque de capitais franceses, suíços e outros[68], ou sobre as remessas de lucros para o exterior[69].

---

[67] Eduardo A. Guimarães e Pedro Malan, *A opção entre capital de empréstimo e capital de risco*, cit., p. 8.
[68] Charles Iffland e Alfred Stettler, *Les investissements industriels suisse au Brésil* (Laussanne, CRE, 1973).
[69] Paul Nogueira Batista Jr., *Da crise internacional à moratória brasileira* (São Paulo, Paz e Terra, 1983).

TABELA 5. Estoque de capital de risco estadunidense no Brasil (1969-1980)

Ano	(I) Dados do Banco Central	(II) Dados do *Survey of* *Current Business*[1]	(III) *Equity Capital* segundo o *Survey of* *Current Business*[2]	(I)/(II) (Percentagem)	(I) / (III) (Percentagem)
1969	816	1.636		49,4	
1970	986	1.847		53,4	
1971	1.096	2.066		53,0	
1972	1.272	2.505		50,8	
1973	1.717	3.199		53,7	
1974	2.022	3.763	2.935	53,7	68,9
1975	2.395	4.579	3.663	52,3	65,4
1976	2.901	5.416	4.441	53,6	63,3
1977	3.418	5.930	4.922	57,6	69,4
1978	3.822	7.175	6.027	53,3	63,4
1979	4.374	7.514	6.312	58,2	69,3

Fonte: Eduardo A. Guimarães e Pedro Malan, *A opção entre capital de empréstimo e capital de risco*, cit., p. 13. [1] *Boletim do Banco Central*, vários números. [2] *Survey of Current Business*, vários números.

[1] Inclui *equity capital* e empréstimos da matriz à subsidiária.
[2] Estimado a partir da coluna (II) e da parcela correspondente à *equity capital* nos investimentos estadunidenses no setor manufatureiro e em toda a América Latina.

O conceito de dívida externa geralmente apresentado diz respeito tão somente à dívida registrada de médio e longo prazos. Trata-se, pois, da única dívida efetivamente computada e registrada nos dados do Banco Central, obedecendo à exigência legal definida pela Lei n. 4.131. Quer dizer que, na dívida externa do país, não estão incluídas as dívidas de curto prazo. Estas são obrigações de natureza comercial e monetária e não são registradas. As dívidas comerciais concernem às operações de refinanciamento de créditos, concedidos aos exportadores, inclusive no prazo para o faturamento. O mesmo processo é utilizado para as importações – de petróleo pela Petrobras, por exemplo. As dívidas monetárias são constituídas pelos débitos de curto prazo, inferiores aos 360 dias que as autoridades monetárias têm no exterior. São saques efetuados junto aos bancos internacionais sobre linhas de créditos contratuais; empréstimos-ponte do Tesouro estadunidense, empréstimos do Banco Internacional de Compensações (BIS) e de outros Bancos Centrais, depósitos interbancários realizados em bancos brasileiros no exterior etc. Tais dívidas variam no tempo e representam entre 20 e 30% da dívida registrada no período 1964-1990. Por não terem registro oficial, são sempre estimadas.

Os conceitos de importação e de exportação utilizados pelos órgãos do governo desvirtuam a realidade do comércio exterior. Segundo Celso Furtado,

> O Banco Central procurou camuflar a situação real do balanço de pagamentos, fazendo com que os dados contábeis publicados não traduzissem os fluxos reais de pagamento. Mediante uma resolução do Banco Central, estabeleceu-se que importações, com raras exceções, somente seriam autorizadas pela Cacex [Carteira de Comércio Exterior do Banco do Brasil] com garantia de financiamento exterior. Por outro lado, introduziu-se o sistema que se chama de *"pre-export financing"*, de financiamento prévio das exportações, que permite hipotecar exportações futuras. Por esse sistema, as importações realizadas, hoje, só serão pagas no futuro, e as exportações feitas hoje já foram pagas no passado. Admitindo-se um prazo médio de financiamento de seis meses, levado ao extremo, esse sistema permite um endividamento adicional correspondente à metade do valor global do comércio exterior, isto é, ao valor total das importações e exportações, ou seja, cerca de US$ 20 bilhões, sistema pelo qual não admite nenhuma importação, como o Banco Central passou a não admitir, sem financiamento externo. E exijo dos meus exportadores que busquem também financiamento e que, portanto, se hipotequem todas as exportações. Por esse jogo contábil, na verdade, o balanço de pagamentos em termos de fluxos passa a ser completamente diferente dos dados contábeis publicados, porque o que está passando hoje não tem a ver com a realidade. A partir do momento em que hipotecamos o que será exportado no ano que vem e estamos devendo o que já foi importado há seis meses, se não tivermos reservas, nosso comércio poderá ser paralisado a qualquer instante, simplesmente porque todo ele está dependendo da boa vontade dos financiadores externos. Esta é que é a verdadeira reserva negativa, não aquela a que se refere o FMI. Reserva negativa significa que a economia está operando com uma hipoteca completa no seu futuro, junto aos bancos internacionais. Ela funciona agora porque obtém linhas de crédito para financiar o que exportou no passado, e o que importa desloca para a frente. Os dados disponíveis da Cacex indicam, por exemplo, que em 1982 esse sistema de pré-financiamento das exportações chegou a cobrir praticamente a metade das exportações do Brasil. Metade do que se exportou, na realidade, já estava hipotecada, pois já se tinha recebido antes.[70]

Essa deficiência de informações não se situa apenas no âmbito de dados quantitativos. Localiza-se também nos conceitos utilizados pelo Banco Central. Quando este se refere, por exemplo, às reservas internacionais, existem duas reservas: as

---

[70] Relatório da Comissão Mista para o exame analítico e pericial dos atos e fatos geradores do endividamento externo brasileiro (Brasília, Congresso Nacional, 1989, mimeo.), p. 422.

líquidas e as em caixa. Acerca disso, explica o ex-ministro da Fazenda, Marcílio Marques Moreira, a respeito do caso brasileiro:

> O mais curioso é que as reservas líquidas não eram líquidas, porque parte importante delas não tinha liquidez. Parte estava, por exemplo, depositada em agências de bancos brasileiros no exterior, e se fosse tirado o dinheiro dessas agências, elas faliriam e haveria problema de cobrir depois; parte estava no Banco do Brasil, que depositava no Banco Central; parte estava na Petrobras; parte – como me lembrou há poucos dias Armínio Fraga, ex-presidente do Bancen – estava em *polonetas*[71]; parte estava em ouro, que também não é fácil de vender [...]. Não havia, portanto, liquidez efetiva. Por volta de setembro, novembro [de 1992], as reservas realmente disponíveis, em um total de cinco ou seis bilhões de dólares, chegaram a menos de um bilhão de dólares.[72]

Além de precárias e insuficientes, as informações sobre o endividamento não circulam sequer entre os poderes da República. Vale registrar as dificuldades encontradas pelo Congresso Nacional em obter dados junto aos órgãos monetários e econômicos do governo. Com efeito, o então primeiro-secretário da Câmara dos Deputados, deputado Inocêncio Oliveira, enviou um requerimento de informações ao Ministério do Planejamento – n. 3.561, no seu ofício 1ª Sec/RI/E/n. 0333/06, de 15 de fevereiro de 2006 –, solicitando cópias traduzidas em português de contratos de endividamento externo firmados no período de 1964 a 1987 pela União, que não se encontravam, em sua grande maioria, nos arquivos do Senado Federal. Um mês mais tarde, no dia 16 de março, chegou uma resposta lacônica: não era possível enviar todos os contratos solicitados porque não havia funcionários disponíveis para executar essa tarefa e também porque faltava espaço físico no Ministério para guardar tais contratos.

A resposta foi elaborada por Sônia Portella, coordenadora-geral da Coordenação de Operações Financeiras da União, órgão do Ministério da Fazenda e subunidade da Procuradoria-Geral da Fazenda Nacional (PGFN); e enviada, em Nota PGFN/COF n. 139/2006, ao procurador-geral da Fazenda Nacional, Manoel Felipe Rêgo Brandão. Ele a retomou, em grande parte, no seu ofício – n. 1022/2006-PGN-PG0 – enviado ao então ministro da Fazenda, Antonio Palocci

---

[71] Nome com que se designaram os títulos da dívida que a Polônia mantinha com o Brasil. O chamado escândalo das *polonetas* veio à baila em 1993; envolvia o então ministro do Planejamento, Delfim Netto (1979-1985), e outros funcionários do governo. A questão foi tratada na CPI da Dívida Externa.

[72] Marcílio Marques Moreira, *Diplomacia, política e finanças: de JK a Collor* (Rio de Janeiro, Objetiva, 2001), p. 284.

Filho, que o encaminhou via ofício – Aviso n. 15/MF –, no citado dia 16 de março, à solicitante Câmara dos Deputados.

Comentamos, a seguir, trechos da resposta:

1) As formas de arquivamento dos dados eram precárias. Segundo o procurador-geral:

> O arquivo dos processos de contratações externas, mantido neste Ministério da Fazenda, passou a ser informatizado apenas em 1997. Antes disso, os processos eram organizados mediante fichas de controle, sem uniformidade de informações. A partir de 1997, implantado o sistema informatizado de controle de processos, *passou a ser possível obter informações sobre dada operação, desde que se disponha do número de processo* correspondente à dita operação.

Mais precisamente, esclarece a técnica administrativa: "*a maior parte das fichas não dispõe de informações fundamentais, tais como: data da assinatura do contrato, valor etc.*".

2) Não havia pessoal disponível para atender ao pleito da Câmara dos Deputados. Segundo a coordenadora-geral:

> será necessário destacamento de funcionários e procuradores da Fazenda para proceder à elaboração da lista, analisar um a um os processos e providenciar cópias dos contratos celebrados. Além das dificuldades apontadas para realização da tarefa, *há impossibilidade de se destacar funcionários e procuradores para dedicação exclusiva a tal finalidade em razão das inúmeras outras responsabilidades que pesam sobre eles.*

3) Havia falta de espaço físico para arquivamento de todos os processos. Ainda segundo a coordenadora-geral:

> *Em razão de esgotamento do espaço físico existente* no Serviço de Contratos da Coordenação de Recursos Logísticos da PGFN, há, aproximadamente, cem processos de operações de crédito que foram encaminhados ao arquivo geral da Coordenação de Normas e Orientações Técnicas da Coordenação Geral de Recursos Logísticos do Ministério da Fazenda.[73]

---

[73] Documentos anexados ao já citado relatório da Comissão Mista para o exame analítico e pericial dos atos e fatos geradores do endividamento externo brasileiro. Grifos nossos.

Certamente, a precariedade da informação sobre a dívida externa brasileira se deve ao fato de que ela possui dimensões estratégicas e influi no exercício do poder, o que pode afetar interesses materiais ou políticos, como será mostrado a seguir.

1.2. Dívida externa, informação estratégica e poder

Quando se considera a dívida externa do ponto de vista econômico, aplica-se, em última instância, uma análise custo *versus* benefício. Esta consiste em verificar, nas transações entre devedor e credor, os ganhos e perdas possíveis de uns e outros, como em geral acontece nas transações comerciais de pequeno porte. Nos empreendimentos empresariais de grande porte – como foi mostrado na "Introdução" deste livro –, a dimensão econômico-mercantil é apenas uma das variáveis do negócio. Existem outros aspectos formais e informais, visíveis e invisíveis, que fazem parte intrínseca do negócio. Da mesma forma, a dívida externa, enquanto grande negócio, envolve dimensões que foram sempre negligenciadas, mas que são de fundamental importância na compreensão do problema como "fato total", bem como na apreciação e no encaminhamento de soluções.

A experiência da renegociação da dívida externa brasileira pelo ex-ministro da Fazenda Dilson Funaro ilustra bem esse argumento. Ao assumir sua função, Funaro expressou um enfoque específico ao considerar a dívida como uma questão política. Cabe destacar que política era entendida como alocação de poder. Assim, credor tem poder sobre devedor, que vê sua soberania diminuída. Esse pano de fundo levou o ex-ministro a desrespeitar procedimentos convencionais acordados e utilizados há tempos em transações no âmbito de finanças internacionais pelos entes hegemônicos[74]. Entre outros, citam-se, especialmente, a reunião do ministro da Fazenda do país devedor com o diretor-gerente do FMI e seu *staff* para prestação de contas ou solicitação de empréstimos; o recurso ao FMI antes de renegociar a dívida com os credores privados ou de solicitar liberação de empréstimos de curto prazo, em especial para financiamento de importações, junto aos entes públicos e privados; e a reunião do devedor com os credores na sede do Citibank, em Nova York.

---

[74] Refiro-me aqui às posições dos grandes bancos privados internacionais, do Banco Mundial, do FMI, do Tesouro estadunidense e do Clube de Paris quando da renegociação das dívidas externas dos países periféricos. Vale registrar também que o comitê de catorze bancos credores da dívida externa era constituído por sete delegados dos EUA, quando apenas 33,3% do total da dívida brasileira foram contraídos junto aos bancos estadunidenses. Os europeus tinham quatro representantes, com 31,3% desse total. Teoricamente, a função desse comitê era assessorar o Brasil na renegociação com bancos privados. A realidade, porém, era outra: impor condições do comitê – e, portanto, dos credores – ao governo brasileiro.

Além de sua recusa em respeitar esses procedimentos convencionais, Funaro tinha ideias claras e delimitadas sobre os papéis dos atores no cenário da finança internacional. Considerava, por exemplo, que "o FMI concede empréstimos, mas sua verdadeira face é outra: é ele quem abre as portas dos bancos privados e dos bancos oficiais para países que precisam de dinheiro – isso, quando os bancos se dispõem a abrir as portas"[75].

Em outubro de 1985, a renegociação com os credores havia chegado a um impasse. O então ministro Funaro recebia um "não" a todos os seus pedidos, com quase o *mesmo argumento* por parte de seus parceiros, em especial Jacques de Larosière, diretor-gerente do FMI, James Baker, secretário de Tesouro dos EUA, Paul Volcker, presidente do FED, e William Rhodes, presidente do Citi e do Comitê dos Credores. Parecia que as razões apresentadas ao dirigente brasileiro haviam sido construídas em conjunto pelos citados.

Diante da recusa do ministro da Fazenda em acatar as exigências dos credores – o que criou tal impasse –, surgiu um mensageiro informal durante reunião do FMI em Seul, em outubro de 1985, que propôs abrir um canal de comunicação e sugeriu um encontro clandestino[76]. De fato, relata Funaro: "estava no saguão do hotel quando [um mensageiro], dizendo-se funcionário de Paul Volcker, exibiu um cartão de identificação e disse que precisava, com urgência, [ter uma conversa e] teria de ser reservada". Conversa informal, um *tête-à-tête*, sem presença de terceiros, "na frente de uma grande loja de departamentos, a poucas quadras do hotel, e que a conversa teria necessariamente de acontecer na rua, enquanto os dois andavam"[77].

Mensageiro informal do FMI e do Tesouro estadunidense: parece coisa de cinema. Mas ele existiu, o que é confirmado pelo ex-ministro da Fazenda, Bresser-Pereira, quando comenta:

Lembrava-me muito bem das visitas que recebera do enviado de Paul Volcker, Edwin Yeo, que costumava visitar secretamente os ministros das finanças da América Latina

---

[75] Eric Nepomuceno, *O outro lado da moeda: Dilson Funaro: histórias ocultas do cruzado e da moratória* (São Paulo, Siciliano, 1990), p. 103.
[76] Vale a referência a uma situação semelhante que aconteceu com a Coreia do Sul. O presidente do banco central deste país, Lee Kyung Shik, e o diretor do FMI, Michel Camdessus, tiveram "*um encontro clandestino* no hotel [em Seul], em 16 de novembro [de 1997]; e ficou decidido que a intenção da Coreia do Sul de pedir assistência ao FMI seria anunciada no dia 18, ou seja, no dia seguinte à votação [do Congresso], já marcada, das leis sobre a reforma financeira. Camdessus saiu de Seul discretamente, na manhã do dia 17, sem que a imprensa tivesse conhecimento de sua viagem" (Paul Blustein, *Vexame*, cit., p. 142; grifos nossos).
[77] Eric Nepomuceno, *O outro lado da moeda*, cit., p. 103.

para lhes transmitir a visão de Washington. Edwin Yeo, um misterioso funcionário com um engraçado chapéu palheta, era chamado pelos ministros das finanças da América Latina de "o pombo".[78]

O ponto principal da conversa do ministro com "o pombo" resumiu-se à insistência de que "o Brasil voltasse a um acordo com o FMI". O mensageiro sugeriu: "O senhor [Dilson Funaro] deveria ter encontro com Jacques de Larosière. Um encontro em qualquer lugar do mundo. Miami, por exemplo. Poderia ser um encontro num hotel em Miami, ninguém ficaria sabendo [...]"[79].

A maior preocupação do mensageiro era obter informações consistentes sobre o sigiloso Plano Cruzado, que estava sendo preparado pela equipe econômica do Ministério da Fazenda, pois o mensageiro ainda acrescentou:

> O senhor poderia apresentar a Jacques de Larosière o programa que está sendo traçado para a economia brasileira. Os dois discutem o programa, chegam a um acordo, e pronto. O senhor volta ao Brasil, apresenta lá no Congresso, o programa é aprovado e ficamos todos satisfeitos.[80]

O diretor-gerente do FMI colocou-se à inteira disposição para conversar quando fosse necessário, em qualquer lugar, em "Miami, por exemplo". Ao ouvir o nome da cidade, Funaro entendeu "o código" do mensageiro. Embora ouvisse a proposta informal, recusou seu procedimento e encaminhamento. Apesar disso, o mensageiro o procurou novamente em Washington, em dezembro de 1986, e posteriormente em sua residência, em São Paulo, dias antes da declaração da moratória. Paralelamente a isso, o então presidente Sarney não depositou sua total confiança em seu ministro da Fazenda. Resolveu criar mecanismos paralelos de comunicação com os credores internacionais e as autoridades estadunidenses por meio do seu embaixador em posto, em Washington[81], pensando em um eventual "plano B".

---

[78] Luiz Carlos Bresser-Pereira, "Contra a corrente no Ministério da Fazenda", *Revista Brasileira de Ciências Sociais*, n. 7, jul. 1992, p. 13.
[79] Idem.
[80] Idem.
[81] Funaro "tinha sido informado, entre outras coisas, que o próprio embaixador do governo brasileiro na capital norte-americana, Marcílio Marques Moreira, vinha mantendo constantes contatos com funcionários do Federal Reserve e da Secretaria do Tesouro, e que esses contatos volta e meia se estendiam a bancos credores" (Eric Nepomuceno, *O outro lado da moeda*, cit., p. 192).

Em suma, o Brasil esperava alternativas, senão sinais positivos dos credores, para não declarar moratória. O Clube de Paris[82] estava disposto a renegociar a parte europeia da dívida externa sem um acordo formal com o FMI, tendo em vista o sinal verde informal dado pelo secretário do Tesouro estadunidense e pelo presidente do FED. No entanto, problemas de última hora surgiram e foram equacionados por telefone com novos entendimentos entre o ministro da Fazenda e o secretário do Tesouro dos EUA, o que levou Brasília a querer localizar, urgentemente, seu representante na reunião do Clube de Paris para comunicar-lhe os novos termos do acordo firmado com o governo dos Estados Unidos. As ligações telefônicas falharam e ocorreu o inevitável: *o acordo não foi fechado e a moratória foi declarada.*

No entanto, antes de declará-la formalmente, a decisão foi comunicada às fontes formais de poder, nessa ordem: o presidente do Congresso e do partido político no poder, deputado Ulysses Guimarães, os ministros militares e, depois, os ministros civis. Foram avisadas também as "fontes informais", pois "outro ponto curioso da agenda do presidente da República é o jantar com o empresário Roberto Marinho [da TV Globo], na companhia de dois ministros, o da Fazenda e o do Exército – na véspera do dia da moratória". A população seria avisada via televisão:

> O ministro da Fazenda preparou inclusive o discurso que deveria ser lido por Sarney. O presidente acabou lendo outro. Alguém [...] quis colocar um prazo de três meses para a moratória vigorar. Alertado a tempo, o ministro da Fazenda conseguiu, na última hora, riscar essa frase do discurso que minutos depois o presidente leu.[83]

O telex foi enviado, em 20 de fevereiro de 1987, a todos os credores e outras personalidades. Havia sido elaborado em sigilo e digitado pelos próprios membros da equipe econômica do Ministério da Fazenda, na casa de um deles, em São Paulo.

Com tudo isso, a partir de março de 1987, o Brasil viu sua situação piorar: a inflação voltou fortemente, as reservas internacionais minguaram, déficits das balanças comerciais e de pagamentos tornaram-se crescentes, os pagamentos do serviço da dívida externa e das importações necessárias tornaram-se inviáveis. Tal situação econômica crítica, somada a razões políticas – em especial, a pressão de governadores que pediram a saída do ministro da Fazenda –, levaram Dilson

---

[82] Vale observar que o Clube de Paris é um "ente informal", que reúne dezenove países europeus e trata de dívidas governamentais com devedores países periféricos. Sua presidência e secretaria sempre foram exercidas, historicamente, pelo representante do Tesouro francês. Participam das reuniões representantes do FMI e do Banco Mundial. Em cinquenta anos de existência, o ente negociou 405 acordos com 81 países, o que envolveu US$ 523 bilhões (Philippe Hall, "Le rôle du Club de Paris dans le rééchelonnement de dettes", *Finances Internationales et Développement* (Canadá), fev. 2008).

[83] Eric Nepomuceno, *O outro lado da moeda*, cit., p. 171.

Funaro a retirar-se do governo em 24 de abril de 1987. De saída, seu sucessor, o professor Luiz Carlos Bresser-Pereira, desvalorizou a moeda em 17%[84] e implementou um plano de estabilização, conhecido como Plano Bresser. Faltou-lhe, contudo, evidente e especialmente, propor uma solução de renegociação da dívida externa[85].

Nesse contexto, jorraram inúmeras propostas, de todas as cores: renegociar a dívida, declará-la ilegítima, formar um cartel dos endividados etc. Algumas soluções eram "idealistas"; outras, mais "pragmáticas". Todas elas, como sempre acontece em todas as propostas econômicas, eram necessariamente direcionadas; atendiam, no caso, a interesses. Vale referir-se, aqui, a uma em especial, por servir de exemplo ilustrativo do processo de "fabricação" de decisão de política pública: a da securitização da dívida externa do Brasil.

1.3. Renegociação da dívida, informação e poder

A proposta de securitização da dívida consistiu, essencialmente, no aproveitamento do desconto existente – de cerca de 40 a 45% – no mercado secundário dos títulos da dívida brasileira. Ela foi apresentada por Roberto Giannetti da Fonseca, dono da empresa Cotia Trading, especializada na venda de carnes para a Nigéria. A ideia nasceu de uma conversa despretensiosa entre este empresário e seu amigo, Fernão Bracher, demissionário da presidência do Banco Central, por não concordarem com a moratória de Funaro, durante um seminário internacional sobre o comércio exterior realizado em Pequim, em maio de 1987.

A conversa foi posteriormente aprofundada, em Londres, com outro amigo, o banqueiro Paul Zuckerman, "diretor do prestigiado *merchant bank* inglês S. G. Warburg & Co. Ltd. A sede do banco na *City* londrina era de uma solenidade majestosa, *capaz de impressionar qualquer visitante*"[86]. O banqueiro entregou-lhe "informalmente" uma série de documentos sobre negociações de casos semelhantes.

---

[84] Desvalorizou o cruzado em 7,5% e decretou depois uma minidesvalorização de 9,5%.
[85] Bresser distanciou-se da proposta de Funaro para a negociação da dívida externa, em especial porque, enquanto este último considerava a dívida questão política, Bresser a limitava a questão "técnica". Após sua saída, ele fez sua autocrítica, especialmente quando afirma: "Se no começo da década nós já enfrentávamos uma incompatibilidade básica entre crescimento e pagamento de juros sobre a dívida externa, atualmente esta inconsistência é ainda mais evidente [...]. Devo admitir que *eu não estava totalmente consciente* dessa inconsistência quando apresentei o Plano de Controle [...]. Aprendi também *que não havia outra alternativa* para os países devedores além da decisão unilateral de reduzir parcialmente a dívida [...]. A melhor forma para suspender a moratória era substituí-la por um acordo inovador com os credores" (Luiz Carlos Bresser-Pereira, "Uma estratégia alternativa para negociar a dívida", *Revista Senhor*, jul. 1988; grifos nossos).
[86] Roberto Giannetti da Fonseca, *Memórias de um trader: vida vivida do comércio exterior brasileiro nas décadas de 70 e 80* (São Paulo, IOB, 1998), p. 230. Grifos nossos.

Em seguida, e diante da identidade de seus pontos de vista, os interessados decidiram apresentar uma proposta conjunta ao governo brasileiro, coassinada pelo banco Warburg e pela Cotia Trading. Antes de submetê-la formalmente, Giannetti achou por bem apresentá-la pessoalmente a Bracher – agora negociador oficial da dívida externa – em sua casa, no início de junho de 1987, na presença do embaixador Rubens Ricupero, que se tornaria ministro da Fazenda no governo Itamar Franco.

A proposta também foi apresentada ao então diretor do Banco Central, Carlos Eduardo de Freitas, e, no dia seguinte, ao próprio ministro da Fazenda, Bresser-Pereira. Diz o empresário: "no dia seguinte, de manhã, sem perder tempo, segui para Brasília e bati na porta do ministro da Fazenda, Bresser-Pereira, mesmo sem ser agendado". Após essa e tantas outras reuniões, Giannetti conseguiu convencer os decisores públicos brasileiros – presidente e diretores do Banco Central, negociador da dívida externa… e ministro da Fazenda – e decidiu criar um ente para gerir o contrato em foco. Implantou-se a Cotia Finance em associação com o banco Warburg, que passou a ser dirigida por Marcos Giannetti, irmão de Roberto, que era "secretário da Fazenda do governo Montoro e íntimo de toda a equipe de Bresser-Pereira, inclusive do próprio ministro, que também havia servido no governo Montoro"[87].

Inicialmente, foi convidado também João Sayad, ex-ministro do Planejamento do governo Itamar, para "atuar como consultor especial da Cotia Finance". Em seguida, a pedido do ministro Bresser-Pereira, foram integrados à equipe da Cotia Finance, como consultor, o professor Jeffrey Sachs, da Universidade de Harvard, e o

> First Boston, um banco de investimento americano bem conceituado no mercado internacional e dirigido por Pedro Pablo Kuczynski, um habilidoso executivo peruano que fora ministro da Fazenda do seu país. Seu representante no Brasil era o Planibanc, dirigido por Luiz Carlos Mendonça de Barros, que trabalhava no Banco Central durante a gestão de Fernão Bracher.

Diante disso, Giannetti justifica a inclusão desses novos parceiros à sua equipe nestes termos:

> Aceitamos, sem discutir, esse pedido e, também sem hesitação, concordamos com desprendimento, mesmo na última hora, em dividir o mérito e a renumeração do eventual êxito da operação com os dois sócios, o First Boston e o Planibanc. Agora somos, portanto, quatro instituições prestando apoio e assistência ao Governo brasileiro, nessa área.[88]

---

[87] Idem.
[88] Ibidem, p. 239.

Em termos de parceria, as relações da Cotia Finance com o Banco Central foram firmadas em contrato devidamente assinado no fim de julho de 1987, contrato assim resumido pelo proponente:

> Propusemos cobrar adiantado, em bases mensais, apenas as despesas de viagens e serviços externos, como advogados e outros consultores. Somente no caso de a operação ser bem-sucedida, reivindicaríamos um *success fee* de 1% sobre o total da dívida reestruturada e securitizada. Três oitavos de 1%, à primeira vista, poderia significar uma quantia irrelevante, mas, nesse caso, considerando-se uma base potencial de 65 (sessenta e cinco) bilhões de dólares, o valor da taxa de sucesso seria nada menos que 243 (duzentos e quarenta e três) milhões de dólares. Por outro lado, se o nosso plano der certo, o Banco Central obteria cerca de 30% no valor total dessa fatia da dívida externa, um desconto equivalente a quase 20 (vinte) bilhões de dólares.[89]

Essa proposta, por inúmeras razões, não se concretizou. Foi rejeitada pelo secretário do Tesouro estadunidense, James Baker, logo após ter tomado ciência dela pela imprensa. Ao receber o ministro Bresser-Pereira, Baker disse-lhe, com palavras pouco diplomáticas, que "o verdadeiro poder e centro de decisões sobre este tema está aqui em Washington, neste prédio, nesta sala. E devo dizer que a sua proposta de securitização compulsória e unilateral da dívida externa brasileira é um *non-starter*". Soube-se depois que a posição oficial do Tesouro dos EUA era "viciada", porque James Baker "era, em sigilo, grande acionista do Chemical Bank e, portanto, agia com pleno conhecimento da causa e evidente conflito de interesses"[90].

A conversa de Bresser-Pereira com James Baker é percebida e relatada pelo próprio ministro em outros termos – por razões óbvias. Antes de viajar a Viena para participar de um congresso sobre dívidas do Terceiro Mundo, ele relembra:

> Pouco antes de eu sair para Viena, o ministro Baker telefonou dizendo que gostaria que eu fosse vê-lo. Sabia o que vinha, que as pressões sobre ele dos bancos privados deviam estar sendo grandes, mas resolvi visitá-lo. Na verdade, um ministro brasileiro *não tem alternativa* quando é convidado pelo ministro das finanças americano. Vai visitá-lo.[91]

Chegando a Washington no dia seguinte, 8 de setembro,

---

[89] Ibidem, p. 231.
[90] Ibidem, p. 237.
[91] Luiz Carlos Bresser-Pereira, "Contra a corrente no Ministério da Fazenda", cit.

Socioanálise da dívida externa, ou como os fatos tomam suas decisões

Tive a entrevista com Baker. Primeiro tivemos uma reunião sozinhos, ele e eu. Disse então quais eram minhas ideias. Falei que não tinha uma proposta formalizada, mas que queria securitizar 20% da dívida bancária como parte da negociação com os bancos. Seria uma das condições para terminarmos com a moratória.

Ele respondeu: Isso não dá. Não concordo.

– É um *non-starter*.

– Mas securitização voluntária, via mercado, é possível?

Ele concordou.

E acrescentei: E além da securitização voluntária, você concorda que eu faça o acordo com os bancos, desvinculado do Fundo Monetário Internacional?

Ele disse que concordava também. Pensei dois minutos e achei que valia a pena fazer o negócio.[92]

O "negócio" contemplou os dois "principais" protagonistas (coloca-se aspas porque, atrás de cada um deles, existem inúmeros atores com políticas e interesses diversos), mas não atendeu aos atores de "segunda linha" na estrutura formal de hierarquia, que também têm poder de fogo não desprezível. Fato é que "os assessores de Baker ficaram irritados porque não concordavam com a desvinculação do acordo com os bancos (via securitização) sem o acordo com o FMI. David Mulford, especialmente, não se conformava"[93]. Assessores vazaram para a imprensa a versão do "*non-starter*", que se tornou posição oficial do governo estadunidense, e o resto são detalhes com os quais o ministro não concordou[94].

A rejeição da proposta brasileira de securitização da dívida deu mais força aos que não a aceitavam no país, quer seja o grupo do Planalto[95], quer seja de outras

---

[92] Idem.
[93] Idem.
[94] Na chegada do ministro ao Rio, no dia seguinte da reunião com Baker, ele pôde observar o relato da sua proposta na imprensa local, que se resumiu ao "*non-starter*" na primeira página. Essa nota não "dizia sobre as concessões que haviam sido feitas por Baker: a securitização voluntária e a desvinculação do acordo dos bancos com o FMI – dois grandes avanços que depois seriam consagrados no Plano Brady, em 1989. Na verdade, eu fora vítima de uma agressão. Uma agressão que só pode ter tido origem na inconformidade dos assessores de Baker com a iniciativa brasileira. A notícia da Reuters, como se pôde verificar depois, era correta, mas os assessores de Baker não podiam me deixar sair da reunião vitorioso, embora tendo feito uma concessão. Por isso deram a nota." (ibidem, p. 17).
[95] "Um conflito que dispunha contra os métodos do governo Sarney, disposto a sacrificar a própria autoridade em nome de interesses". Bresser-Pereira é explícito: "Por que entrei em conflito com esse grupo palaciano? Há alguns fatos, alguns dados objetivos, mas, fundamentalmente, é uma questão de interpretação. Comecei a entrar em dificuldades com o Jorge Murad, com o empresário Mathias Machline *que não ocupava nenhum cargo no governo*, mas era especial amigo de Sarney, depois também com o Consultor-geral da República, Saulo Ramos, e finalmente com o Antonio Carlos Magalhães, que apenas a partir de setembro se tornou membro do grupo palaciano. Os três primeiros eram pessoas extremamente próximas a Sarney" (idem; grifos nossos).

forças sociais[96]. Diante do *"non-starter"* estadunidense e dos "contras" internos, Bresser-Pereira[97] foi demitido em dezembro de 1987. Seu substituto, Maílson da Nóbrega, técnico de carreira do Banco do Brasil, era secretário-geral do Ministério da Fazenda na gestão de Bresser-Pereira, gozava da confiança de banqueiros internacionais[98] e tinha proposta contrária à da securitização da dívida externa, como ele o explicitou em seu primeiro pronunciamento público, em 2 de janeiro de 1988. Seu "estilo de gestão" consistiu, entre outros aspectos, em limitar o acesso à informação sobre as negociações da dívida externa por parte da imprensa, bem como dos demais poderes da República. Esse ponto essencial foi destacado pela comissão especial da dívida externa do Senado:

> Ao contrário dos ministros Funaro e Bresser, que mantinham a Comissão permanentemente informada a respeito da evolução das negociações, o Ministro da Nóbrega restringiu a prestação de informações tanto à opinião pública como ao Congresso, tornando ainda mais difícil o acompanhamento desses entendimentos.[99]

Foi por isso que só em 22 de junho de 1988, após oito meses de negociações entre a delegação brasileira e o comitê de bancos credores, se chegou a um acordo denominado "República Federativa do Brasil Financing Plan", festejado pelo Ministério

---

[96] Giannetti conseguiu reunir um grupo de empresários que assinou um documento a favor da proposta do ministro, documento que somente o jornal *Folha de S.Paulo* publicou, mas isso não foi suficiente para reverter a maré do contra.

[97] Sobre essa rejeição, a memória de Bresser-Pereira foi branda ((org.), *Dívida externa: crise e soluções*, São Paulo, Brasiliense, 1989, p. 224-35): "Em 1987, quando essa ideia [de securitização] foi apresentada pela primeira vez, obteve uma recepção fria por parte dos bancos, especialmente dos americanos [...]. A reação dos bancos a essa ideia e especialmente a do governo norte-americano foi muito negativa. Era a primeira vez que um Ministro da Fazenda de um país devedor falava abertamente sobre a necessidade de um desconto sobre a dívida e oferecia uma alternativa baseada no comportamento do mercado para obter esse desconto. Os credores se sentiram ameaçados; e o governo americano, desafiado".

[98] Confiança que foi manifestada publicamente quando o ministro enfrentava dificuldades de sustentação política no governo. A referência aqui é especialmente ao pronunciamento do presidente do Citibank, John Reed, que defendeu publicamente a permanência de Nóbrega no Ministério da Fazenda ("Citibank apoia Maílson", *Jornal do Brasil*, 12 ago. 1988, citado por Petrônio Portella Filho, "Dívida externa: lições da renegociação brasileira de 1988", *Estudos Econômicos*, v. 21, n. 2, maio-ago. 1991, p. 165): "Reed afirmou, em entrevista coletiva, que a saída do ministro da Fazenda poderia trazer sérias dificuldades às negociações com os credores externos [...] A saída do ministro poderá significar que não estará mais no governo o ponto de vista que foi acertado na negociação. Além disso, o Maílson está fazendo um trabalho fabuloso e tem boa reputação no mercado internacional".

[99] Comissão especial do Senado Federal, citado em ibidem, p. 166.

da Fazenda[100] junto aos meios de comunicação, por intermédio de um informativo, como sendo um grande trunfo para o Brasil[101]. As solicitações de cópia desse documento pelas comissões especiais da Câmara dos Deputados e do Senado Federal *não foram, contudo, simplesmente atendidas* pelo ministro da Fazenda. Diante disso,

> O senador Carlos Chiareli, presidente da Comissão Especial do Senado, [recorreu] *a contatos (pessoais)* para obter cópia do Financing Plan. O documento foi então submetido à análise técnica que constatou a existência de erros e omissões graves no texto da nota oficial do acordo.[102]

Além de "erros e omissões" contidos nesse acordo, vale destacar especialmente que nele

> *os bancos credores foram isentados* de pagamentos de impostos brasileiros, ao mesmo tempo que o governo brasileiro forneceu recibos de pagamentos de impostos. Tudo indica que tais recibos estejam sendo usados pelos bancos para sonegar imposto de renda nos países de origem. Os bancos conseguiram, ainda, transferir para o governo os riscos da sonegação: o Financing Plan estipula que o Banco Central se compromete a indenizar os bancos pelos eventuais prejuízos do não pagamento de impostos brasileiros.[103]

É forçoso, à luz desses fatos, reconhecer que havia uma grande subjetividade e parcialidade no processo de empréstimos e de negociação de reestruturação da dívida externa brasileira. Isso se verifica, entre outros, quando se

> compara a assistência que o governo dos EUA deu ao México com a assistência dada ao Brasil (em 1982). O volume de fundos no primeiro ano foi duas vezes maior para o México (US$ 3 bilhões) do que para o Brasil (US$ 1 bilhão). De mais e mais, a ajuda

---

[100] Os termos do comunicado são: "Após mais de oito meses de longas e por vezes difíceis negociações, o Brasil conclui um dos melhores acordos de reescalonamento já alcançados por um país devedor [...]. O acordo brasileiro trará alívio substancial para o serviço da dívida externa, criará condições ao ingresso de novos recursos para retomada do crescimento e marcará avanços relevantes no tratamento da questão da dívida externa em geral" (citado em ibidem, p. 167).
[101] Vale observar que, na gestão Maílson, a transferência líquida de recursos para os credores aumentou 44%, ultrapassando uma média de US$ 9 bilhões. Mais especificamente, em média, US$ 9 bilhões antes de 1988 e US$ 13 bilhões para cada um dos anos de 1988 e 1989. O desconto sobre a dívida é de 7,5% (Paulo Nogueira Batista Jr. e Armênio de Souza Rangel, "A renegociação da dívida externa brasileira e o Plano Brady: avaliação de alguns principais resultados", *Caderno da Dívida Externa*, n. 7, out. 1994).
[102] Comissão especial do Senado Federal, citado em Petrônio Portella Filho, "Dívida externa: lições da renegociação brasileira de 1988", cit., p. 165. Grifos nossos.
[103] Ibidem, p. 199. Grifos nossos.

chegou num período curtíssimo de tempo ao longo de *um fim de semana* em comparação com *[oito] meses do Brasil*.[104]

O pouco apoio recebido pelo Brasil fica ainda mais evidente quando comparado com o tratamento especialmente atencioso dado pelo FMI à Grécia, em maio de 2010. A Grécia tem um peso econômico pequeno: representa 2% do PIB da Comunidade Europeia e dedica 2,8% do seu PIB à compra de armamentos[105]. O país agonizou em uma crise de três meses (março a maio de 2010), que foi resolvida (magicamente!) em um fim de semana. E a Grécia não foi ao FMI, pelo contrário. O então presidente da organização, Dominique Strauss-Kahn, se deslocou de Washington para Berlim a fim de convencer a primeira-ministra alemã, Angela Merkel (que resiste em desembolsar empréstimos), e seu parlamento a dar apoio à Grécia[106]. Ele explicitou sua posição da seguinte forma: "convenci os europeus que precisava desse esforço para evitar à Grécia recorrer ao mercado dos empréstimos nos próximos dezoito meses"[107]. Acrescente-se a esse especial apoio a ajuda política dos EUA, manifesta no telefonema do presidente Obama à responsável do governo alemão[108].

O acordo de empréstimos à Grécia foi final e formalmente selado no valor de € 110 bilhões, sendo € 80 bilhões da Europa e os € 30 bilhões restantes do FMI. Valores inéditos na história de apoio aos países endividados. O apoio do FMI representou 3.200% da parte daquele país nos fundos do órgão; o Banco Central Europeu (BCE) decidiu aceitar todos os títulos gregos, inclusive os "podres". Apesar de tudo isso, a crise não acabou[109]. Por isso, decidiu-se criar um miniFMI para

---

[104] William N. Eskridge, *Dança à beira do abismo* (Rio de Janeiro, Forense Universitária, 1990), p. 201. Grifos nossos.

[105] As despesas anuais com armamento são de € 6 bilhões; segundo maior orçamento da Otan, cuja média é de 1,7% do PIB, contra 2,8% para a Grécia. Esta tem um exército de 100 mil homens, representando 2,9% da população ativa, contra 1,1% da média para a Otan, e é o quinto maior importador mundial de armamentos (Jean Quatremer, "L'insubmersible budget de l'armée grecque", *Libération*, 5 maio 2010).

[106] Andreu Missé e Juan Gómez, "Merkel exige a Grecia tres años de duros ajustes para dar la ayuda", *El País*, 27 abr. 2010.

[107] "Grèce: Qui va payer?", *La Tribune*, n. 4463, 4 maio 2010.

[108] "Obama téléphone à Merkel", *Le Monde*, 7 maio 2010.

[109] Os empréstimos dados à Grécia destinam-se a salvar os engajamentos bancários naquele país pela Alemanha e pela França, que são, respectivamente, de € 53 bilhões e € 60 bilhões (conforme Jean Quatremer, "L'insubmersible budget de l'armée grecque", cit.). Isto sem esquecer dos interesses dos EUA. Pois, "na sexta-feira, o presidente Barack Obama foi claro em alertar aos europeus de que a crise da Grécia precisaria ser solucionada. Afinal, apenas três de seus grandes bancos têm uma exposição na Europa de mais de US$ 3,5 trilhões"(Jamil Chade, "Países ricos carregam dívida de US$ 43 tri", *O Estado de S. Paulo*, 9 maio 2010).

os membros da Zona do Euro no valor de € 750 bilhões, sendo que € 500 bilhões provêm do BCE e € 250 bilhões do FMI[110].

Vale observar aqui duas coisas importantes: I) a criação desse fundo é embebida de "política" por atender (também e, provavelmente, sobretudo) às agendas de líderes franceses, o presidente Sarkozy e Strauss-Kahn, ambos então candidatos à presidência francesa, em 2012[111]; e II) a intervenção do FMI foi feita sem obedecer aos seus tradicionais procedimentos administrativos, que levam anos quando se trata de desembolsar empréstimos aos países subdesenvolvidos. A participação do órgão no fundo europeu também foi decidida nesse mesmo fim de semana, na reunião dos líderes europeus, em Bruxelas, nos dias 5 e 6 de maio de 2010, e envolveu a contribuição do FMI com € 250 bilhões, tudo isso sem a presença física de seu presidente ou de seu representante – mas, essa é outra história!

Portanto, percebe-se que dívida externa e empréstimos internacionais do FMI ou de qualquer outro ente envolvem uma série de procedimentos e intervenções de uma multiplicidade de atores – há, em geral, opacidade de informação. Isto vale também para dados sobre a dívida externa brasileira, bastante insuficientes e incompletos; embora estratégicos, como vimos, eles não estavam disponíveis nem mesmo para outros poderes centrais da República, em especial o Congresso Nacional e o Judiciário, tendo sido tratados politicamente por entes e decisores do setor público. Quanto aos executivos e empresários do setor privado, pouco se sabe sobre sua movimentação em relação ao assunto em pauta. Por isso, no item a seguir, só poderão ser apresentadas informações parciais sobre o perfil da dívida externa.

2. Perfil da dívida externa

Idealmente, seria desejável apresentar aqui a composição detalhada da dívida externa por um longo período, mas não há informações disponíveis para tal. Os dados existentes são de 1988, os quais podem dar apenas uma ordem de grandeza do problema enfocado. A dívida bruta total – incluindo as dívidas de curto, médio e longo prazos – era de US$ 102,556 milhões, em 31 de dezembro de 1988, com características específicas dos lados do devedor e dos credores.

Do lado do devedor (ver Tabela 6), registra-se que:

---

[110] Jacques Sapir, "La zone Euro en danger" (Seminaire "Crise de l'Euro", Paris, 2012, mimeo.).
[111] O presidente do FMI desloca-se de Washington a Paris para inaugurar uma escola pública em Seine-Saint-Denis. Enfim, um simples *show* de comunicação política! (Ver Nicolas Barotte, "La candidature de DSK à l'épreuve de la crise", *Le Figaro*, 10 maio 2010.)

» 88% do total da dívida externa eram de responsabilidade do setor público e 12% da iniciativa privada;
» dos 88% da dívida pública, 38,2% eram de responsabilidade do Banco Central, 17,4% da administração direta e 32% da administração indireta;
» 58,1% do total da dívida eram representadas por operações de empréstimos em moeda; – 18,4% de reempréstimos (*relendings*) e 23,5% de financiamentos de importações;
» 61% do total da dívida tinham aval do Tesouro nacional e 39% não o tinham.

TABELA 6. Dívida externa de médio e longo prazos (saldo em 31/12/1988 – em milhões de US$)

	Org. Multilaterais (*)	Em % Dívida Total	Agências Governamentais (**)	Em % Dívida Total	Agências Bancos Brasileiros no Exterior	Em % Dívida Total	Bancos Privados e Cias Estrangeiras	Em % Dívida Total	Total	Em % Dívida Total
Dívida Setor Público	13.018	12,7	13.057	12,7	6.584	6,4	57.729	36,3	90.388	88,1
Adm. Direta	8.563	8,4	1.682	1,6	1.695	1,6	5.959	5,8	17.899	17,4
Adm. Indireta	4.455	4,3	2.432	2,4	1.615	1,6	24.809	24,2	33.310	32,5
Banco Central	0	0,0	8.943	8,7	3.274	3,2	26.962	26,3	39.179	38,2
Dívida Setor Privado	253	0,3	328	0,3	413	0,4	11.174	10,9	12.168	11,9
Financeiro	6	0,0	33		240	0,2	3.836	3,8	4.115	4,0
Não financeiro	247	0,3	295	0,3	173	0,2	7.338	7,1	8.058	7,9
Total	13.271	13,0	13.385	13	6.997	6,8	68.903	67,2	102.556	100

Fontes: Relatório da Comissão Mista para o exame analítico e pericial dos atos e fatos geradores do endividamento externo brasileiro, cit., e dados primários de:

(*) Bird, BID, FMI e Fundo Internacional de Desenvolvimento Agrícola (Fida).
(**) Eximbank, KFW, Coface e outros.

Do lado dos credores (ver Tabela 7), tem-se que:

» 75% dos empréstimos haviam sido realizados por instituições privadas e 25% por organismos estatais;
» entre os organismos estatais, 21,6% dos empréstimos eram operações de organismos internacionais e 13,3% de agências oficiais;

» entre as instituições privadas, 67,6% dos empréstimos eram de responsabilidade de bancos privados estrangeiros, 2,6% de bancos brasileiros e 4,9% de instituições não bancárias.

TABELA 7. Evolução da estrutura da dívida externa por natureza do setor

Discriminação	1986 (E)		1988 (P)	
	US$ Milhões	Part %	US$ Milhões	Part %
Instituições oficiais	28269	25,6	28688	24,9
Organismos Internacionais	13657	12,4	13343	21,6
Agências Oficiais	14612	13,2	15345	13,3
Instituições privadas	82135	74,4	86436	75,1
Bancos estrangeiros (*)	72045	65,3	77806	67,6
Bancos brasileiros (**)	2969	2,7	2969	2,6
Inst. não bancárias	7121	6,4	5663	4,9
Total	110404	100	115124	100

Fonte: Banco Central.

Obs.: (*) Inclui dívida de curto prazo (Projetos 3 e 4);
(**) Exclusiva à parcela com *funding* do Projeto 4;
(E) Estimativa; (P) Projeção.

O detalhamento desses dados leva ao desmembramento da composição da dívida externa em perguntas como: quem é quem? Quem deve quanto para quem? Quais os ganhos obtidos por participante? Responder de forma detalhada a essas questões não é tarefa fácil. Como já dito, faltam informações pormenorizadas para cumprir essa tarefa. Assim, respostas parciais serão dadas a partir de dados incompletos disponíveis, como se segue.

3. Dívida externa: atores externos e interesses

O Brasil passou a ser um tomador de empréstimos do Bird em maio de 1949, quando lhe foi feita a primeira concessão. Oficialmente, predominava a crença segundo a qual os recursos dessa instituição sem fins lucrativos visavam à promoção do progresso econômico e social de seus países membros. Além disso, empréstimos desse organismo eram considerados mais baratos que dos bancos privados.

São crenças que precisam ser mais bem estudadas. Basta lembrar que, em termos de condições financeiras, os custos cobrados foram de 2,25% (ver Tabela 8) e as taxas de juros nominais giraram, em média, em torno de 8,32%, entre 1979 e 1997.

TABELA 8. Comparação entre os contratos da amostra e os atuais (1998)

Contratos	Amostra	Atuais	Alteração sobre os juros
ENCARGOS FINANCEIROS			
Juros	Custo captação	Custo captação	Nenhuma
Spread	0,5% a.a.	0,75% a.a.[1]	Nenhuma
Comissão de compromisso	0,75% a.a.	0,75% a.a.	Eleva
Abertura de crédito	Não tinha	1% cobrado[1] na efetividade	Nenhuma
CONDIÇÕES DO EMPRÉSTIMO			
Sistema de amortização	Constante – sac	Constante – sac	Nenhuma
Prazo de amortização	12 anos	10 anos	Nenhuma
Carência	3 anos	5 anos[2]	Pequena – diminui
Normas de desembolso	Mediante comprovação	Conta especial e mediante comprovação	Pequena – diminui
Tempo de desembolso	Não calculado	Em elevação[3]	Pequena – eleva
Tipo de empréstimo	Cesta de moedas e moeda única	Cesta de moedas e moeda única	Indefinida[4]
Tipo de juros	Variável e fixo	Variável e fixo	Indefinida[4]

Fonte: BNDES.

[1] Aprovado pela diretoria do Bird em 30 de julho de 1998.
[2] Os contratos assinados a partir de 1998 têm cinco anos de carência.
[3] O tempo de desembolso deverá aumentar porque os setores sociais e de agricultura têm prazo acima da média.
[4] A partir de 1997, voltaram a vigorar as opções de tipo de empréstimo e de juros. O país tem utilizado os dois sistemas em igual proporção.

Nesse período, o país realizou pagamentos no valor total de US$ 17,1 bilhões e recebeu US$ 14,3 bilhões, de modo que houve uma transferência líquida para o Bird no montante de US$ 2,8 bilhões (ver Tabela 9). Além disso, esses empréstimos geraram mais um resto a pagar sob forma de dívida externa no valor de US$ 5,3 bilhões, em 31 de dezembro de 1997[112]. Vale dizer que houve uma transferência total de US$ 8,1 bilhões.

---

[112] A referência aqui são a dois estudos: o primeiro trabalha com amostra de 72 empréstimos no período de 1980 a 1986, e o segundo com amostra de 33 contratos realizados entre 1987 e 1997. São eles, respectivamente: Jair Lapa, Elaine Marcial e Edson Oliveira, *Custo efetivo dos empréstimos do Banco Mundial* (Brasília, Seplan, 1989); e Ricardo Pereira Soares, "Dívida pública externa: empréstimos do Bird ao Brasil", *Planejamento e Políticas Públicas* (Brasília), n. 21, 2000.

TABELA 9. Empréstimos do Bird (1980-1997 – em milhões de US$)

Período	Empréstimos	Recebimentos	Pagamentos	Transferência líquida	Dívida
1980-1986	8.622	4.725 Situação	1.575 Observada	3.150	----
1987-1997	10.283	9.551 Situação	15.482 Hipótese A	(5.930)	5.296
1987-1997	---	2.968	12.073	(9.104)	933

Fonte: BNDES.

O que acaba de ser dito sobre o Bird vale para os empréstimos do BID e do FMI, no período de 1983 a 1988 (ver Tabela 10), pois se constata que os ingressos totais de US$ 4,281 milhões tiveram como amortizações US$ 3,704 milhões e juros de US$ 4,960 milhões, o que representou uma transferência líquida de US$ 4,383 milhões.

TABELA 10. Estimativas de fluxos financeiros de organismos internacionais (em milhões de US$)

	1983	1984	1985	1986	1987	1988 (P)	Totais
FMI							
Ingressos	2152	0	0	0	0	0	2152
Amortizações	0	63	63	613	1070	844	2653
Juros	68	336	336	382	321	295	1738
Líquido	2084	-399	-399	-995	-1391	-1139	-2239
	1983	1984	1985	1986	1987	1988 (P)	Totais
BID							
Ingressos	270	336	454	362	300	407	2129
Amortizações	137	147	177	199	190	201	1051
Juros	93	110	139	178	158	206	884
Líquido	40	79	138	-15	-48	0	194

Fonte: Banco Central.
(P): Dados de setembro

Vale também para as agências governamentais que, entre 1983 e 1988, aportaram empréstimos no montante de US$ 4,406 milhões e tiveram US$ 3,321 milhões de amortizações e US$ 4,116 milhões de juros, o que representou uma transferência líquida de US$ 3,031 milhões, conforme mostra a Tabela 11.

TABELA 11. Estimativas de fluxos financeiros de agências internacionais (em milhões de US$)

Agências	1983	1984	1985	1986	1987	1988 (P)	Totais
Ingressos	1070	919	738	282	600	797	4406
Amortizações	452	47	411	816	530	273	2529
Juros	283	419	116	179	621	632	2250
Líquido	335	453	211	-712	-551	-108	-372
Clube de Paris (1)							
Amortizações	0	137	187	259	92	117	792
Juros	0	0	380	408	497	581	1866
Líquido	0	-137	-567	-667	-559	-698	-2658
Total							
Ingressos	1070	919	738	282	600	797	4406
Amortizações	452	184	598	1075	622	390	3321
Juros	283	419	496	587	1705	1213	4116
Líquido	335	316	-356	-1380	-1727	-806	-3031

Fonte: Banco Central.
(P): Dados de setembro

Outra fonte de captação de recursos externos bastante utilizada pelo Brasil eram as emissões de títulos no mercado internacional de capitais. Após a crise do México, em dezembro de 1994, o Brasil retornou a esse mercado com uma operação de ¥ 80 bilhões, em maio de 1995. Desde então, o país passou a pagar, em média, 11% – juros mais *spread* – por esses empréstimos. Tais custos são similares aos dos empréstimos de organismos multilaterais (ver Tabela 12). Eram, em média, de 2,25% para empréstimos de curto ou médio prazo, enquanto a Polônia, o México e a Argentina pagavam 1,8% para empréstimos de longo prazo[113].

---

[113] *Relatório da CPI da Dívida Externa* (Brasília, Congresso Nacional, 1985, mimeo).

TABELA 12. Emissões do Brasil (1995-1997)

Emissão	Data de lançamento	Prazo de Maturação (anos)	Taxa de Retorno ao Investidor em Títulos do Brasil no Lançamento (%) (A)	*Spread* do Título do Brasil no Lançamento (%) (B)	*Spread* presumido de um emissor (Baa) da América Latina (%) (C)	Probabilidade de *Default* implícita (%), dado que rd = $0[(B)-(C)]/(A)$
¥ 80 bilhões	25 mai. 1995	2	6,00	4,41	1,50	48,5
DM 1 bilhão	21 jun. 1995	3	9,00	3,85	2,00	20,6
¥ 30 bilhões	05 mar. 1996	5	5,50	3,00	1,10	34,5
£ 100 milhões	29 mai. 1996	3	9,75	2,50	1,20	13,3
US$	29 out. 1996	5	8,875	2,65	1,00	18,6
DM	4 fev. 1997	10	8,00	2,30	1,30	12,5

Obs.: Não foi incluída a operação de euroescudos portugueses de 20 de abril de 1996, em virtude da não identificação de outra emissão comparável. Os valores de (C) foram extraídos do banco de dados do Departamento de Captação de Recursos da Área Financeira e Internacional do BNDES.

Especuladores sobre títulos da dívida brasileira também se beneficiaram. Pode ser citado, a título ilustrativo, o grupo industrial estadunidense Dart. Este último, relata Marcílio Marques Moreira,

> comprou mais de um bilhão de dólares da dívida brasileira e durante anos criou os maiores problemas. Não assinou acordo da dívida e depois entrou com uma ação contra o governo brasileiro, porque queria o valor de face. [...] [acabou] só se beneficiando.[114]

Mais especificamente, o investidor Dart, em junho de 1994, por meio do *CIBC Bank and Trust Company (Cayman) Limited*, ingressou com ação judicial junto à corte federal, em Nova Iorque, contra o Banco Central do Brasil. Após dois anos de processo, as partes acordaram-se, em 18 de março, pelo pagamento do valor de US$ 3,079 bilhões[115].

Warren Buffett, grande investidor financeiro dos EUA, apostou na sobrevalorização do real e na desvalorização do dólar, e ganhou:

---

[114] Marcílio Marques Moreira, *Diplomacia, política e finanças: de JK a Collor*, cit., p. 308.
[115] O valor foi pago da seguinte maneira: "o saldo principal (US$ 1.320,9 milhões) [...] [mais] os juros atrasados, incluindo juros de mora, foram pagos [...] US$ 52,3 milhões em bônus de juros da dívida externa (*El Bonds*) [...]; US$ 25,3 milhões em dinheiro. Pelo Banco do Brasil: o saldo principal (US$ 1.439,5 milhões) foi trocado por Notas do Tesouro Nacional [...]; os juros atrasados [...] de US$ 196,9 milhões foram trocados por *El Bonds*; os US$ 44,1 milhões em dinheiro. Das demais instituições do MYDFA [...], os juros atrasados no valor de US$ 145 milhões em dinheiro" (Ceres Cerqueira, *Dívida externa brasileira*, cit., 2003, p. 94).

Foi apostando que o dólar ficaria mais barato contra o real que o maior investidor do mundo ficou ainda mais rico. O americano Warren Buffett passou os últimos seis anos comprando a moeda brasileira e anunciou, nesta sexta-feira [29 de fevereiro de 2008], um lucro de R$ 4 bilhões.[116]

Buffett explica seus ganhos da seguinte forma:

> Só tínhamos uma posição cambial em 2007. Ela era em reais brasileiros. Até pouco tempo, trocar dólares por reais era impensável. Cinco versões da moeda brasileira viraram confetes no século passado, mas, de 2002 para cá, o real subiu e o dólar caiu todos os anos.[117]

Vale observar que a acumulação de reservas internacionais é indispensável para evitar grandes desequilíbrios no balanço de pagamentos e eventuais problemas de abastecimento doméstico por meio do comércio exterior. Em geral, o nível de reservas cambiais considerado essencial é o valor médio de três meses de importações. Logo, acumular mais reservas altas do que o necessário implica custos altos para o Tesouro nacional. Com efeito, as reservas são investidas, em geral, em títulos do Tesouro estadunidense e rendem menos de 6% brutos anuais. O equivalente em reais dessas reservas é emitido sob a forma de títulos do Tesouro público com rendimentos – seguindo a média da taxa Selic – de 14% ao ano, em 2006--2007. Essa discrepância entre os dois rendimentos – o externo em dólares e o interno em reais – gera prejuízos para o Brasil. De fato, o

> Banco Central registra prejuízo de R$ 47,5 bilhões. Por causa do câmbio, as perdas no ano passado [2007] foram 255% maiores que as de 2006. A queda do dólar provocou um prejuízo de R$ 47,5 bilhões ao Banco Central, graças à política de acumulação de reservas em moeda estrangeira adotada pela instituição desde 2004. A cotação do dólar recuou 17,2% ao longo do ano passado, e esse movimento teve impacto negativo de R$ 55,6 bilhões sobre as contas do BC. Todos os prejuízos sofridos pelo BC são cobertos pelo Tesouro Nacional, por meio da emissão de títulos públicos.[118]

São coisas que acontecem: perdas de uns, como as do Banco Central, são ganhos de outros, como os de Warren & Co.

---

[116] "Investidor lucra R$ 4 bilhões comprando a moeda brasileira", *G1*, 1º mar. 2008.
[117] Idem.
[118] "Banco Central registra prejuízo de R$ 47,5 bilhões", *Folha de S.Paulo*, 29 fev. 2008.

Vendas de "pacotes tecnológicos" permitiram também ganhos para os credores e perdas para o devedor. Podem ser destacadas as seguintes perdas para o Brasil:

> duas usinas nucleares e a usina de Itaparica [compradas da Alemanha]; trens da Fepasa, de Portugal; todo o equipamento de tráfego da Ferrovia do Aço, da Inglaterra; os equipamentos do Porto Primavera, Taquaraçu e Rosana, da França; trens suburbanos do Rio e São Paulo, do Japão. Além disso, estão se estragando em Minas Gerais equipamentos da Açominas vindos da Inglaterra e em portos brasileiros existem cem milhões de dólares só em aparelhos de raios-X, com computador, além de dois planetários etc.[119]

Além das formas de benefício mencionadas, constata-se que, mesmo nas renegociações da dívida externa, foram pagas comissões. Acerca disso, Marcílio Marques Moreira relata: "tanto que a primeira coisa que fizeram [os credores], na primeira renegociação, foi exigir uma taxa de renegociação de 1 a 2%. Nós pagávamos todas as despesas, comissões etc.". Pagou-se também uma comissão ao J. P. Morgan, que chegou a líder do grupo dos credores[120]. Mais especificamente, segundo narra o ex--ministro da Fazenda, Dílson Funaro,

> todos os gastos do comitê [Brazilian Advisory Committee[121]] são pagos pelo Brasil – o que inclui, além de passagens aéreas de primeira classe e diárias em hotéis de primeira linha, gastos com comunicações internacionais, com assessoria jurídica, jantares, almoços e tudo que na contabilidade costuma ser lançado como "despesas gerais" (houve pelo menos um caso de gastos efetuados por determinado representante de banco estrangeiro junto a casa noturna cujas práticas atentam contra o que normalmente se conhece por moral e bons costumes). Seria natural que o Brasil arcasse com despesas de seus assessores, se estes realmente lhes prestassem assessoria. Ocorre que, na realidade, o comitê funciona mais como um elemento de pressão [dos credores].[122]

---

[119] *Relatório da CPI da Dívida Externa*, cit., p. 194.
[120] Ibidem, p. 137.
[121] O comitê tem os seguintes membros: Citibank, Arab Banking, Bank of America, Bank of Montreal, Bank of Tokyo, Bankers Trust Company, Chase Manhattan, Chemical Bank, Crédit Lyonnais, Deutsche Bank, Lloyds Bank, Manufacturers Bank, Midland Bank, Mitsubishi Bank, Morgan Guaranty Trust Company e Union Bank of Switzerland.
[122] Eric Nepomuceno, *O outro lado da moeda*, cit., p. 45. Essa informação é corroborada pelo ex--ministro da Fazenda Marcílio Marques Moreira (*Diplomacia, política e finanças: de JK a Collor*, cit., p. 318), quando escreve: "no início [...], Brasil pagava as despesas diretas do Brazilian Advisory Committee, chegou a pagar as viagens dos europeus aos Estados Unidos, hotéis de primeira, enquanto a delegação brasileira ficava em hotéis de duas ou três estrelas, em Nova York. Depois, isso foi cortado, e só pagávamos realmente o trabalho dos advogados, das reuniões [...]".

Vale observar que todos esses pagamentos financiavam atividades do cartel de bancos credores, pagamentos que iam desde despesas administrativas e honorárias até despesas pessoais de seus membros. A esse respeito, pode-se citar a cláusula contratual específica:

> A seção 12.05 do MYDFA [Acordo Plurianual de Facilidade de Depósito] estipula que o Banco Central deve pagar, noventa dias após a cobrança, todas as despesas da preparação, execução e distribuição do acordo, *sem qualquer limite*, incluindo honorários e gastos pessoais dos membros dos Comitês Assessores, do Agente e de seus funcionários e auxiliares, além de todas as despesas de comunicação, telefone, impressão, distribuição dos documentos, custas judiciais etc.[123]

Os valores dessas despesas chamaram a atenção dos parlamentares em seu *Relatório da CPI da Dívida Externa*:

> Os empréstimos têm-se concretizado mediante incrementos contratuais que não são suficientemente analisados. O governo brasileiro tem se apoiado na análise jurídica dos contratos por uma pequena equipe de procuradores do Ministério da Fazenda, que, além de sobrecarregada, não poderia entender a totalidade das implicações das filigranas e armadilhas legais dos contratos, quase todos redigidos em línguas estrangeiras. Enquanto isso, cada banco internacional contava com seu próprio aparelho de assessores legais, além de utilizar, no exterior e no Brasil, os mais importantes e sofisticados escritórios de advocacia. *Mais grave ainda é que a assessoria jurídica dos bancos é remunerada integralmente pelos mutuários.* Considerando-se que o Banco Central autoriza a remessa de recursos em moeda estrangeira na proporção média de *0,1% dos empréstimos, para reembolso de despesas contratuais,* pode ser estimado que somente o montante pago aos *advogados estrangeiros* dos bancos atinge a cifra de algumas centenas de milhões de dólares, sem se computar as *despesas em cruzeiros relativas aos honorários de advogados brasileiros* dos credores. Para enfrentar esse exército de advogados, o Ministério da Fazenda tem utilizado meia dúzia de seus próprios procuradores para analisar os milhares de contratos, negociar os mesmos e viajar pelo mundo inteiro, com ordem expressa de seus superiores para aprovar as condições de empréstimos no prazo mais curto e com o mínimo de entraves.[124]

---

[123] Seção 12.05, p. XII-3 e XII-4, citado em Petrônio Portella Filho, "Dívida externa: lições da renegociação brasileira de 1988", cit., p. 180. Grifos nossos.
[124] Idem. Grifos nossos.

Socioanálise da dívida externa, ou como os fatos tomam suas decisões

No caso dos empréstimos do Brasil e da reestruturação de sua dívida externa, além de ser cobrada uma taxa anual de *spread* de 2 1/8% a 2 1/4% acima da taxa *Libor* ou 2% a 2 1/4% acima da *prime*, o país pagava inúmeras outras taxas aos credores: comissão (*flat*) de 1 1/2% sobre os valores do projeto; taxa de compromisso (*commitment fee*) de 1/2% sobre os valores comprometidos; honorários advocatícios para advogados estrangeiros – no caso de estadunidenses eram contratados, geralmente, os escritórios de Arnold & Porter e Sherman & Sterling – ao valor de 0,1% do valor contratado[125]. Eram pagas também taxas de prestação de serviços aos bancos líderes, como o Bank Advisory Committee for Brazil, nas emissões de bônus e de renegociação da dívida, cujos nomes mais repetidos são os de Citibank, Chase, Morgan Guaranty e Bankers Trust[126].

Está-se falando de centenas de milhões de dólares. Tal grandeza pode ser facilmente visualizada pelo custo de material impresso, que chegou a cerca de US$ 470 mil para o menor país endividado. Desse modo, "alguns dos honorários individuais são assustadores e, no total, as taxas de reestruturação podem se tornar um fardo absolutamente exagerado sobre o país devedor"[127].

Além de todos os custos pagos pelo Brasil, vale ressaltar também que o país pagou os maiores *spreads*, sempre superiores em mais de um ponto do mercado e muito superiores aos da Argentina, Polônia e Venezuela. Custos considerados baixos ao permitirem jorrar fluxos permanentes para o país. Isso se deu porque, segundo Delfim Netto, "os *spreads* não se constituíam em questão relevante, pois o importante seria assegurar o permanente fluxo de recursos em moeda estrangeira"[128].

Os *spreads*, juros e demais despesas pagas pelo Brasil devem ter ajudado, em certa proporção, a elevar os lucros desses bancos, que atingiram mais de 20% dos seus ganhos brutos. Lucros elevadíssimos porque esses representavam apenas 2% do total de seus ativos[129].

---

[125] Ceres Cerqueira, *Dívida externa brasileira*, cit., p. 71-2.
[126] *Pagamentos autorizados em termos genéricos*, isto é, sem definição de valores, pelo Senado. Cita-se a Resolução n. 69 do Senado Federal, de 12 de setembro de 1996, no seu art. 3, parágrafo único: "As instituições financeiras que vierem a ser contratadas *serão remuneradas na proporção dos serviços prestados*, considerando-se, ainda, os níveis de deságios, de taxas de juros e de prazos obtidos em cada modalidade de operação, devendo os custos desses serviços enquadrarem-se nos níveis de remuneração aceitável no mercado internacional" (grifos nossos).
[127] William N. Eskridge, *Dança à beira do abismo*, cit., p. 179.
[128] Idem. No *Relatório da CPI da Dívida Externa*, foi ressaltado o fato de que, quando o ministro da Fazenda, Carlos Richsbieter, negociou e fez "baixar *spreads* de quase 3% para 0,75%, foi intensamente criticado nos circuitos da burocracia governamental, porque após a concessão de um bilhão de dólares ao Brasil, nas novas condições, os credores nos castigaram, detendo o fluxo dos empréstimos por um período de cinco meses".
[129] Ibidem, p. 199.

Assim, verifica-se que organismos multilaterais, agências governamentais, portadores dos bônus, vendedores de pacotes tecnológicos, especuladores sobre títulos da dívida externa, bancos privados internacionais, advogados estrangeiros, lobistas, entre outros, tiveram seus benefícios. Uns mais, outros nem tanto, mas todos ganharam. Eis as razões que explicam os porquês da dívida externa ser vista como negócio. Cabe averiguar quais são os ganhos dos atores internos, como será mostrado a seguir.

4. Dívida externa: atores internos e interesses

Entre 1977 e 1988, diante das dificuldades em fechar o balanço de pagamentos, o governo brasileiro passou a usar suas empresas produtivas para captar recursos externos (ver Tabela 13). Foram captados US$ 151,421 milhões para o setor elétrico, US$ 61,081 milhões com o siderúrgico, US$ 57,189 milhões na área petrolífera e US$ 19,910 milhões por meio das empresas de telecomunicações – ou seja, conseguiu-se um montante total de US$ 289,601 milhões.

TABELA 13. Evolução e serviço da dívida externa das estatais (1977-1988 – saldos em 31/12 – em milhões de US$)

Ano	Setor Elétrico	Setor Siderúrgico	Setor Petróleo	Setor Telecomunicações
1977	4.177	1.830	1.682	2.390
1978	6.130	2.380	1.584	2.260
1979	8.334	4.747	2.935	2.190
1980	10.055	4.972	5.641	2.170
1981	11.972	5.566	6.676	2.000
1982	14.336	5.897	6.881	1.960
1983	14.593	5.958	6.478	1.760
1984	17.016	6.037	6.510	1.370
1985	17.972	6.452	5.786	1.110
1986	17.212	6.340	4.711	1.000
1987	15.555	5.881	5.260	700
1988	14.069	5.021	3.225	1.000

Fonte: Eletrobras/ Siderbras.

As empresas estatais tinham credibilidade externa e boa saúde financeira. Foram contratados financiamentos para o fornecimento de bens importados (*suppliers* e *buyers credits*), mas também, e sobretudo, empréstimos em moeda não vinculados às necessidades financeiras dessas empresas. Tais recursos externos foram depositados por longo prazo no Banco Central, mas serviram para garantir um fluxo de capitais ao equilíbrio do balanço de pagamentos. Seus custos financeiros eram de 15% no início dos anos 1970, e passaram a representar uma carga pesada de 60 a 70% para as empresas estatais. Acabaram por ficar mais elevados ainda com o aumento do preço do petróleo, em 1979. Desde então, essas empresas passaram a ser utilizadas para conter a inflação no país, bloqueando os reajustes dos seus preços, como indica a Tabela 14. Isso se traduziu em subsídio para as empresas privadas que utilizavam produtos dessas empresas, como aço, energia elétrica e telecomunicações, em seus processos de produção.

TABELA 14. Evolução de preços e tarifas públicas (1979-1989 – base 1979 = 100)

Ano	Energia Elétrica	Aços Planos	Telecomunicações	Derivados Petróleo
1979	100	100	100	100
1980	96	85	94	95
1981	126	91	82	100
1982	119	70	74	94
1983	82	58	61	94
1984	75	64	54	89
1985	77	64	44	63
1986	76	53	35	46
1987	105	56	34	41
1988	119	44	32	34

Fonte: Sest/ Seplan.

Em suma, esses procedimentos permitiram uma transferência de valores do setor público ao setor privado. Eis a conclusão do parecerista final da CPI da Dívida Externa:

> Os subsídios transferidos, entre 1979-1988, ao setor privado consumidor de aço (US$ 18 bilhões), de energia elétrica (US$ 12 bilhões) e aos usuários de telecomunicações (não estimado), em cruzados equivalentes, não foram inferiores a US$ 30 bilhões no último decênio.[130]

---

[130] Relatório da Comissão Mista para o exame analítico e pericial dos atos e fatos geradores do endividamento externo brasileiro, cit., p. 22.

Isso posto, vale notar que os empréstimos em moeda constituíam a fórmula predominante nos financiamentos externos, entre 1967 e 1988, como o mostra a Tabela 15[131]. Mais precisamente, os empréstimos em moeda sobre o total dos financiamentos externos representaram 40%, entre 1967 e 1971, 60%, entre 1972 e 1981, e chegaram a 72%, no período de 1981 a 1988. Tal captação de recursos externos pelos setores público e privado tinha um objetivo: garantir um fluxo de capitais para que o governo pudesse equilibrar seu balanço de pagamentos. Se esses recursos tivessem sido canalizados para o financiamento do setor produtivo, não teria havido problema: a dívida privada continuaria sob domínio do setor privado e o Banco Central não teria assumido passivos externos. Aconteceu, contudo, exatamente o contrário: os setores público e privado foram estimulados a captar recursos do exterior e, ao recebê-los, o Banco Central teria de transformá-los em moeda local – ou emitir mais moeda, ou comprar títulos da dívida mobiliária federal. Decidiu-se pela segunda opção, o que fez com que a dívida externa, que era 25% pública, em 1972, passasse para 88%, em 1980, e a parte do setor privado decrescesse, passando de 88% para 12%, como foi mostrado anteriormente. Isso traduz, desde então, a estatização da dívida externa, que é fortemente ligada à dívida interna[132].

TABELA 15. Brasil: endividamento externo (1967-1988 – posição em dezembro – em milhões de US$)

Especificação	1967	1968	1969	1970	1971	1972	1973	1974
Empréstimos Compensatórios	----	----	595	382	301	241	203	169
Financiamento Importações	----	----	1.355	1.709	2.202	2.784	3.487	4.741
Empréstimos em Moeda	671	1.083	1.605	2.285	3.193	5.528	7.849	11.211
Outros Empréstimos	----	----	895	920	927	968	1.033	1.045
Total	3.281	3.780	4.403	5.295	6.622	9.521	12.582	17.186

---

[131] Ibidem, p. 57.
[132] Relembrando que o Banco Central, ao receber do setor privado os cruzeiros para pagar sua dívida externa, em dólares, não pôde fazê-lo, pois não tinha reservas para tal. Assumiu, entretanto, a dívida externa do setor privado. Por outro lado, o Banco Central emitiu títulos públicos federais quando da entrada dos dólares para os setores público e privado, ou seja, tornou-se também o maior devedor interno. Sobre a questão da estatização, ver Paulo Davidoff Cruz, *Dívida externa e política econômica* (São Paulo, Brasiliense, 1984).

Especificação	1975	1976	1977	1978	1979	1980	1981
Empréstimos Compensatórios	137	106	75	44	19	----	----
Financiamento Importações	5.464	6.578	8.422	10.830	11.572	12.108	12.881
Empréstimos em Moeda	14.561	18.194	21.529	29.499	34.625	37.820	44.984
Outros Empréstimos	1.009	1.108	2.012	3.138	3.688	3.920	3.546
Total	21.171,4	25.985,4	32.037,2	43.510,7	49.904,2	53.847,5	61.410,8

Especificação	1982	1983	1984	1985	1986	1987	1988[1]
Empréstimos Compensatórios	544	2.648	3.967	4.608	4.490	3.938	3.648
Financiamento Importações	13.520	16.242	18.379	22.630	27.713	33.608	33.156
Empréstimos em Moeda	52.916	59.633	66.467	66.195	67.185	67.938	66.751
Outros Empréstimos	3.218	2.796	2.277	2.423	2.371	2.028	1.924
Total	70.198	81.319	91.091	95.857	101.759	107.592	105.479

Fonte: Banco Central do Brasil.

---- Dado indisponível
[1] Último dado disponível de março 1988. Dados arredondados.

A dívida interna foi constituída, em parte, por captação de recursos externos, como foi visto anteriormente. O Banco Central emitiu títulos do Tesouro nacional para evitar a emissão de moeda, o que ampliou a base monetária. Contudo, emitiu também títulos ao comprar antecipadamente papéis da dívida externa, a partir do fim de 2005. Em dezembro desse ano, pagou antes do prazo a dívida de US$ 20,7 bilhões ao FMI; em abril de 2006, resgatou US$ 5,8 bilhões pelos títulos *bradies* e, em maio, desembolsou US$ 1,8 bilhão ao Clube de Paris. Comprou do mercado secundário títulos no valor de US$ 6 bilhões, em 2006, e US$ 7 bilhões, em 2007[133].

O fato é que a dívida interna era constituída, em parte, por empréstimos junto aos bancos nacionais e estrangeiros[134]. Não se tem, entretanto, dados sobre a parte "recursos externos" da dívida interna, nem sobre a participação dos bancos de fora do país. Pode-se estimar os ganhos obtidos por estrangeiros, pessoas jurídicas e

---

[133] Vale lembrar que o governo foi duramente criticado ao comprar esses títulos devido aos custos de compra dos dólares para pagar empréstimos considerados baratos, pois os juros do FMI eram de cerca de 4%; os dos *bradies*, 5,7%; e os do estoque da dívida, 8,5%.

[134] A composição da dívida interna, em 2006, era a seguinte: bancos nacionais e estrangeiros, 49%; fundos de investimentos, 27%; fundos de pensão, 17%; empresas não financeiras, 6%; e outros, 1%.

físicas, a partir de operações de NDF[135]. Estas eram de cerca de US$ 70 bilhões no montante total da dívida interna: R$ 1,2 trilhão, com juros médios de 14% anuais, sem pagamento de impostos – imposto de renda e IOF –, que foram de cerca de US$ 10 bilhões anuais[136].

Com a estatização da dívida externa, inúmeros atores conseguiram beneficiar-se. Os bancos internacionais e nacionais serviram de meio de intermediação na captação desses recursos. Agentes compraram os títulos da dívida pública, externa e interna, para serem utilizados na privatização de empresas estatais. Entre 1986 e 1988, a participação de bancos privados locais no total da dívida externa foi de 2,7%, enquanto a dos bancos estrangeiros ficou em 68%. Se as comissões de intermediação fossem de 5%, os juros e *spreads* de, em média, 12%, os ganhos desses bancos, no mesmo período, elevam-se a cerca de US$ 1,5 bilhão.

Há atores econômicos que compraram títulos das duas dívidas (interna e externa), os quais foram utilizados na compra das empresas estatais privatizadas pelo governo. Esses títulos, notadamente os da dívida externa e os da dívida agrária, perderam, no entanto, cerca de 60% dos seus valores de mercado. Nas privatizações, esses títulos foram, mesmo assim, considerados com seus valores de face. Vale dizer que, como o montante total de títulos utilizados foi de US$ 8,668 milhões (ver Tabela 16), calcula-se, por baixo, que os ganhos foram de US$ 2 a 2,5 bilhões para os portadores da "moeda podre".

TABELA 16. Utilização de moedas de privatização (1991-1996 – em milhões de US$ correntes)

Ano	SIBR	CP	OFND	DISEC	TDA	DIVEX	CEF	Total de moedas de privatização (a)	Total geral – receita de venda (b)
1991	623	345	277	266	81	4	-	1.596	1.614
1992	149	748	284	791	255	37	106	2.370	2.401
1993	505	180	33	1.344	175	27	188	2.452	2.627
1994	75	9	24	379	56	1	7	551	1.966
1995	144	8	-	516	9	-	-	676	1.003
1996	-	8	-	791	224	-	-	1.023	4.080
Total	1.496	1.297	618	4.087	800	69	301	8.668	13.691

Fonte: BNDES.

---

[135] Do inglês *Non deliverable forward*, operações que consistem em aplicações financeiras em títulos da dívida interna brasileira por meio de compras destes por filiais de bancos internacionais (estrangeiras ou brasileiras). Operações do tipo CDB nas quais se recebem juros mensalmente ou capitalizados.
[136] Rodrigo Ávila, "Dívida interna: a nova face do endividamento externo", apresentado no seminário Deuda Publica, Auditoria Popular e Alternativas, Caracas, set. 2006.

Outra forma de benefício para os setores industrial e agrícola eram os subsídios[137]. Os dados disponíveis para o período de 1976 a 1981 indicam que foram concedidos como subsídios montantes de US$ 2,936 milhões. Desse total, a parte creditícia, que foi de 37%, em 1976, subiu para 61%, em 1981; os benefícios fiscais, que eram de 84%, em 1976, caíram para 28%, em 1981; e os subsídios diretos, que representam a menor fatia do total, passaram de 6% para 11% (ver Tabela 17).

TABELA 17. Composição percentual dos subsídios

Subsídios	1976		1977		1978		1979		1980		1981	
		%		%		%		%		%		%
Creditícios[1]	31	37	51,4	37,5	56,4	29,5	163,1	45,6	494,8	52,8	745,2	60,6
Diretos[2]	6,0	7	6,5	4,7	11,4	6,0	18,8	5,3	236,4	25,2	140,4	11,4
Fiscais[3]	46,5	56	79,2	57,8	123,1	64,5	175,6	49,1	205,9	22,0	344,0	28,0
Total	83,5	100	137,1	100	190,9	100	357,7	100	937,1	100	1.229,9	100

Fonte: Dados do Banco Central, apresentados por Carlos Langoni, "Bases institucionais da economia brasileira" [138].

[1] Agropecuária, exportação (implícitos); Proagro, Proterra e Fundag (explícitos).
[2] Trigo, petróleo, soja e açúcar.
[3] IPI, IR, imposto de importação e outros benefícios.

Ao contrair empréstimos e renegociar a dívida externa, os representantes do governo tiveram também seus benefícios, em especial via seus contatos com os bancos internacionais e nacionais. De fato, segundo o *Relatório da CPI da Dívida Externa*,

> é esta inter-relação em uma *malha de interesses*, que intercambiam vantagens, que permitiu a implantação do sistema de atrelamento entre os dois sistemas financeiros, brasileiro e internacional, em fluxos de entrada sob a forma de empréstimos e de saída sob a forma de juros e amortizações. Um dado deste entrelaçamento de interesses está demonstrado no intercâmbio de banqueiros nacionais, que se tornam ministros, definem as leis e renunciam para ocupar cargos nas diretorias de bancos internacionais, assim como as dezenas de funcionários de segundo e terceiro escalão do governo e dos bancos que se intercambiam em um permanente fluxo[139].

---

[137] Limita-se aqui a registrar a existência das diversas formas de "apoio" do Estado aos exportadores, com câmbio favorecido e outros estímulos, pelos financiamentos subsidiados para o agronegócio e, evidentemente, aos subsídios ao setor industrial por meio de fórmulas e organismos diversos.
[138] Conferência em 4 de agosto de 1981, na Escola Superior de Guerra, no Rio de Janeiro (mimeo.).
[139] *Relatório da CPI da Dívida Externa*, cit. Grifos nossos.

Estão em pauta aqui interesses ou benefícios indiretos. No entanto, antigamente, no Brasil, os executivos do governo eram remunerados diretamente em dinheiro, cujo montante era função do valor das operações de empréstimos. A título ilustrativo, em um empréstimo externo contraído junto a bancos ingleses, em 1824-1825, no valor de £ 3.686.300 milhões, previa-se uma comissão de corretagem para tais executivos. Esse procedimento foi formalizado pela "portaria de 5 de janeiro de 1824, [que] os autorizava a embolsar a percentagem de 2%, que a Comissão da Câmara dos deputados julgara 'notável'"[140].

Isto dito, vale lembrar que a estabilização da dívida externa foi obtida quando do lançamento do Plano Real, em 1994. Tal plano deu certo porque foi possível negociar a dívida externa com os bancos privados internacionais, negociação que, por sua vez, só foi concretizada por se ter comprado boa parte dos bônus de trinta anos da dívida externa que circulava no mercado secundário. Mais, essa compra foi realizada "clandestinamente" pelo governo brasileiro, ou seja, este fez a compra sem seguir os procedimentos de praxe: informar o FMI e o Tesouro dos EUA, bem como depositar os certificados de compra junto ao FMI. A decisão de realizar tal negócio foi tomada *pessoalmente* pelo então ministro da Fazenda, Fernando Henrique Cardoso, e o negociador brasileiro da dívida externa, Pedro Malan. Fernando Henrique relata isso (após ter deixado a presidência da República), sem muita cerimônia, do seguinte modo:

> Eu e Malan tomamos uma decisão corajosa e histórica, sem que *ninguém* soubesse, nem o presidente da República [então, Itamar Franco], e compramos *secretamente* os bônus. Geralmente, quando você quer comprar esses títulos, você negocia com o governo americano, e eles emitem uma série especial para o país. Não fizemos isso. Compramos no mercado secundário, sem que ninguém soubesse. [...] Eles [Tesouro dos EUA e FMI] só descobriram no final. O Malan conversou comigo, e sugeriu a compra. Malan é reservadíssimo. Ele disse "você autoriza". Eu disse: "Pode fazer". Não informei nem Itamar, assumi a responsabilidade sozinho.[141]

---

[140] Valentim F. Bouças, *História da dívida externa* (Rio de Janeiro, Edições Financeiras, 1950), p. 45. O autor apresenta o estado das finanças do país desde 1808 e detalha os empréstimos externos e internos até 1930.

[141] Roberto Pompeu de Toledo, *O presidente segundo o sociólogo: entrevista de Fernando Henrique Cardoso* (São Paulo, Companhia de Letras, 1998), p. 74. Toledo relata que, apesar do processo *informal* de encaminhamento da questão, o *diretor do FMI, Michel Camdessus, deu um apoio pessoal e não institucional ao Plano Real*. Assim relata FHC: "Camdessus me recebeu – privativamente – ele é uma pessoa de visão – e diz: 'não tenho condição técnica de te dar apoio'. Ele puxou uma carta que tinha escrito, em francês. 'Escrevi isso ontem numa reunião', explicou. Na carta, dizia aos bancos, num tom mais ou menos pessoal, que referendava o que estávamos fazendo [Plano Real]". Mas, por que o FMI não quis dar apoio institucional? FHC responde (idem): "Porque nossas contas eram muito ruins. Mas o Camdessus ajudou com seu empenho pessoal, mas o fato é que tínhamos comprado os títulos, conseguimos fazer negociação".

Em termos de balanço global, pode-se dizer que a dívida externa trouxe perdas e ganhos. A avaliação de perdas é relativizada por Marcílio Marques Moreira, para quem o Brasil cometeu "uns 10 ou 20% de erros, [mas] aplicou corretamente, em siderurgia e petroquímica, que eram grandes itens da nossa importação". Entre os erros cometidos, destaca-se "o acordo nuclear Brasil-Alemanha, que foi um investimento praticamente todo perdido. Perdemos a maior parte dos US$ 12 bilhões que gastamos"[142]. Para os ex-ministros Delfim Netto e Mário Henrique Simonsen, entretanto, o balanço da dívida externa é globalmente positivo. Eles consideram que "a dívida é e foi um bom negócio para o Brasil, porquanto teria permitido a elevação da renda *per capita* de US$ 1.600/hab./ano, em 1974, para cerca de US$ 2.200/ hab./ano, em 1988, a um custo do serviço da dívida atual de apenas US$ 80/hab./ano"[143].

Sabe-se, portanto, que o Banco Central e o Ministério da Fazenda possuíam políticas distintas para fazer frente ao endividamento externo, especialmente em período de crise. Conhecer tais posturas poderia ser um meio de estar mais informado sobre os interesses e estratégias dos decisores de ambos os entes, contrariamente ao que sustenta Paulo Nogueira Batista Jr., atualmente representante do Brasil no FMI. Para ele, não há "interesse em reconstituir as marchas e contramarchas dessa longa e intensa controvérsia [a moratória]"[144].

Constata-se, enfim, que a falta de informações sobre a dívida externa é um traço comum a todos os países do "Terceiro Mundo". São informações complexas e de natureza financeira e jurídica, sem esquecer sua dimensão gerencial. Como explica William Eskridge:

> essa [gestão da dívida externa] não é tarefa fácil, pois nos países em desenvolvimento costuma não existir uma só pessoa que tenha conhecimentos sobre a dívida pendente do país, como não há coleta central de instrumentos da dívida. Mesmo quando o país dispõe de registros sistemáticos, estes podem ser imprecisos. Consequentemente, costuma ser difícil, se não impossível, extrair do próprio devedor conclusões sobre o *status* atual da dívida pendente. Daí terem os assessores do país devedor de frequentemente pedir tais informações a cada um dos emprestadores, uma forma muito insatisfatória de representar o cliente.[145]

Traduzindo: o país devedor deve, mas não sabe quanto, nem como são escalonados os valores, nem possui sistema gerencial de contratos com cada um dos credores. Pasme!

---

[142] Marcílio Marques Moreira, *Diplomacia, política e finanças: de JK a Collor*, cit., p. 131.
[143] Relatório da Comissão Mista para o exame analítico e pericial dos atos e fatos geradores do endividamento externo brasileiro, cit., p. 13.
[144] Paulo Nogueira Batista Jr., *Da crise internacional à moratória brasileira*, cit., p. 29.
[145] William N. Eskridge, *Dança à beira do abismo*, cit., p. 177.

Conclusão: o endividamento como negócio e processo político

Verificou-se que o endividamento externo de um país é muito mais do que um "simples" empréstimo de recursos financeiros do estrangeiro. O caráter de simplicidade é, com efeito, apontado comparativamente com a compra a prazo que se faz no armazém da esquina ou na contração de um financiamento bancário, para fins diversos, por uma firma. Nesse caso, tem-se uma "dívida pura", com suas devidas garantias. Há poucos interlocutores – no máximo, uns quatro ou cinco – no processo de sua contratação e/ou de sua renegociação, em caso de não pagamento no prazo estipulado.

No caso do endividamento externo de um país, o processo envolve milhares de atores (bancos privados e seus executivos, agências governamentais e seus representantes, lobistas, advogados etc.) e recursos financeiros monumentais. Estes já caracterizam o endividamento como um grande negócio. Basta cobrar uma mísera taxa de 0,001% sobre os volumosos empréstimos para se obter remunerações milionárias e em dólares, como foi visto, no caso do Brasil, no exemplo da proposta da empresa Cotia Trading ao Banco Central. Essa dimensão financeira é, assim, a única que, em geral, retém a atenção da "praça pública", dos especialistas à opinião pública.

Ora, um grande negócio – como foi lembrado, com justa razão, por Alan Greenspan, ex-presidente do FED, tal qual citado na "Introdução" deste livro – tem, evidentemente, sua dimensão financeira e comercial (em geral, não considerada) por envolver milhares de atores na compra e venda de títulos, barganhas, conflitos, crises, vantagens e perdas. Mas possui também, e sobretudo, uma espessura política que não é igualmente considerada, ou não é (nunca) devidamente apreciada. Esta se expressa, de um lado, pelos interesses políticos "superiores" do Estado[146], e, de outro, pelo fato de ter o envolvimento de uma multiplicidade de atores – como os milhares de credores com seus exércitos de executivos e os inúmeros representantes do devedor, que perseguem seus interesses e querem fazer prevalecer suas estratégias e políticas, nem sempre institucionais. Em uma frase, o endividamento é um negócio e é também político. No fim, tem sucesso porque a política de endividamento não é nada mais do que um processo de cadeias de associação e de organização de redes de atores, cujas operações de interesses e de *enrollment* constituem os nós das estratégias dos atores envolvidos, como será mostrado a seguir.

---

[146] Será mostrada adiante a inconsistência das análises que sustentam – nas pegadas de Hobbes e Maquiavel – que existe *um único* ator racional nas relações internacionais, que é o Estado.

1. Endividamento como negócio

Como dito, a dívida externa, enquanto um meio de ganhar dinheiro, é um negócio, que pode ser mais ou menos lucrativo para os diversos atores envolvidos. Quando consideramos aqui os credores em seu conjunto, verificou-se que entre 1983 e 1985, por exemplo, houve uma transferência líquida de capitais dos países da América Latina para os países do centro em um montante de US$ 100 bilhões, o que representou, no caso brasileiro, cerca de 3% do seu PIB. Nos países centrais, os que mais ganharam foram, efetivamente, os credores dos Estados Unidos (36%), Japão (16%) e Reino Unido (12%). Os Estados nacionais dos países centrais ganharam ainda muito mais, se for considerado que eles escoaram seus produtos e serviços para países endividados nos períodos de crise dos anos 1980 e 1990, conseguindo assim evitar e/ou amenizar os efeitos dessas crises. Além disso, transferiram para a periferia o custo da sua fatura de petróleo, via mecanismos monetários, durante as duas crises desse produto.

Dessa forma, os países do centro conseguiram ampliar a internacionalização do seu espaço produtivo e do seu circuito bancário. Tal ampliação criou um mercado internacional de crédito e, consequentemente, suscitou o surgimento de um mercado internacional privado de capitais, fora de qualquer tipo de controle dos Estados centrais: o mercado de eurodólares. Este oportunizou maior rentabilidade aos bancos internacionais estadunidenses, que conseguiram aumentar suas taxas de lucro em mais de 60 ou 62% para J. P. Morgan e 60% para Buker Trust, na década de 1980. Os executivos dos bancos internacionalizados ganharam mais bônus e participações nos lucros realizados por suas empresas. Por sua vez, como vimos, todos os intermediários envolvidos receberam parte dos ganhos arrecadados pelos bancos por meio de taxas de juros e comissões. Nesses ganhos, estão computadas, igualmente, as comissões pagas aos executivos que obtiveram ou transacionaram os empréstimos.

A poupança excedentária em divisas (isto é, os petrodólares dos países da Opep) foi reciclada no mercado internacional de capitais e canalizada essencialmente para os países devedores. Isso rendeu aos países da Opep e aos diversos intermediários vultosos montantes de juros e comissões, estimados em bilhões de dólares. Agências de *rating*, que vivem da venda de conselhos para empresas e países que desejam melhorar sua cotação no mercado, também ganharam com a ampliação do mercado de eurodólares e do crescimento da dívida externa do Terceiro Mundo. Estima-se que a venda desses conselhos, em matéria de "financiamentos estruturados", isto é, em operações de *titrisation*[147], representou 44% do faturamento da Moody's, em 2006. Trata-se, no caso, de ganhos indiretos sobre o endividamento externo da periferia.

---

[147] Trata-se de uma técnica financeira que consiste em transferir aos investidores ativos financeiros compostos de vários ativos, como empréstimos hipotecários, empréstimos ao consumidor, títulos públicos federais etc. Esses títulos são negociados no mercado de capitais e teriam, aparentemente, menos risco. A técnica foi criada nos EUA, nos anos 1990, e cresceu consideravelmente na Europa, nos anos 2000. Foram tais ativos "compostos" que geraram a crise dos *subprimes*, em 2007-2008.

O FMI, o Banco Mundial e tantas outras agências oficiais de financiamento obtiveram também benefícios nas suas operações de empréstimos aos países endividados, como o Brasil. Nesse processo, grandes empresas industriais internacionais venderam seus "*kits* tecnológicos" e conseguiram obter, igualmente, seus ganhos, como o caso do grupo empresarial estadunidense Dart. Não podemos esquecer ainda dos especuladores, como é o caso do empresário Warren Buffett, que lucrou mais de US$ 4 bilhões em suas operações especulativas sobre a moeda brasileira, o real. Nesse sentido, cita-se também investidores estrangeiros que compraram títulos do Tesouro público brasileiro e obtiveram seus rendimentos. Esses atores detinham, em 2009, mais de 25% da dívida interna brasileira, posição que lhes permitiu recolher substanciosos montantes de juros.

Empresas industriais privadas nacionais e multinacionais atuantes no Brasil receberam sua fatia do bolo por via indireta: trata-se aqui do processo de "transferência de valor" do setor público ao setor privado, que consistiu em manter fixos os preços de energia de empresas estatais abaixo da taxa de inflação, o que permitiu que empresas industriais privadas nacionais e multinacionais aumentassem seus lucros ao diminuírem seus custos operacionais. Avaliação realizada e citada anteriormente aponta perda de bilhões de dólares pelo Estado brasileiro em prol de tais empresas.

Os pagamentos de honorários, estadias, diárias, custos de transações diversas aos comitês assessores dos credores do Brasil, a advogados brasileiros e estrangeiros contratados, a intermediários, entre outros, representaram, em média, 0,01% do valor total do endividamento externo do Brasil. Ou seja, tantos milhões de dólares de custos para uns – como o Estado brasileiro –, ganhos para muitos!

Não podem ser esquecidos os dirigentes de entes públicos brasileiros, como Banco Central e Ministério da Fazenda. Alguns ganharam, além de diárias, prestígio, *network*, acesso a informação estratégica do governo, entre outros – ou seja, uma valorização substancial de seus "passes" profissionais no processo de *outplacement*. Outros lucraram de outra forma: transformaram seus capitais-*networks* em capital comercial e fundaram empresas, tais como bancos de investimentos e firmas de consultorias. Trata-se, sem dúvida, de benefícios – diretos ou não – desses participantes do processo de endividamento.

Exemplificando, digamos que um executivo vale mais (em termos monetários, de salário e prestígio) *depois* de sua experiência no Banco Central. Trata-se de um fato de conhecimento geral e de difícil contestação[148]. Essa situação pode

---

[148] Vale observar, nesse sentido, que profissionais destacados que deixaram o Banco Central passaram a atuar no mercado e conseguiram realizar grandes negócios (Malu Gaspar e Giuliana Napolitano, "Gênios do mercado", *Exame*, ano 41, n. 2, 14 fev. 2007).

ser analisada economicamente por meio do conceito do ciclo do capital, elaborado por Marx em seu Livro I do *Capital** e resumido na fórmula conhecida de D-M-D' – dinheiro-mercadoria-dinheiro. Nesse ciclo, D' é superior a D pelo fato da incorporação de uma "mais-valia". Ou seja, o executivo passa a ter um "delta mais" com sua experiência no Banco Central. Essa lógica de acumulação e de valorização do capital, no entanto, faz-se presente em todas as atividades humanas, inclusive (para não dizer sobretudo) em atividades "desinteressadas", nas quais não se procura direta e abertamente lucro ou rentabilidade econômica, como as do setor público ou da pesquisa científica. Nestas últimas, sabe-se, após as brilhantes análises de Bruno Latour, que o cientista procura o capital científico (reconhecimento, notoriedade, aplauso e, portanto, financiamento para a continuidade de suas atividades), o que corresponde, em última análise, ao capital monetário, ao dinheiro[149]. Do mesmo modo, o executivo de um ente público procura também credibilidade para que sua "competência" possa ser mais valorizada em termos monetários pelo "mercado".

Finalmente, não se deve esquecer aquele que é o mais diretamente interessado no processo de endividamento externo: o Estado. Para alguns analistas, houve, no caso brasileiro, desperdícios que são da ordem de 10% a 20% do valor total dos empréstimos; outros apontam perdas de empreendimentos inteiros; e, finalmente, há os pró-endividamento, que sustentam que o Brasil ganhou muito com a dívida, uma vez que conseguiu dar um salto de qualidade na sua economia.

Em poucas palavras, é forçoso observar que o endividamento do Brasil foi e ainda é um excelente negócio para a quase totalidade dos participantes do processo. Além disso, tem, efetivamente, sua espessura política, como será mostrado a seguir.

2. Endividamento como processo político

Pode-se pensar, à primeira vista, que todos os entes brasileiros mencionados e seus respectivos representantes estavam mobilizados e trabalhavam para atender a *um único* interesse ou objetivo. Era esse o caso? Para responder, vale observar que a dimensão oficial de cada organização é *apenas* a parte visível do *iceberg*. Existe outra, a dimensão "real", na qual se dá a efetividade da tomada de decisão. Sem entrar no mérito do funcionamento das organizações[150], trata-se, aqui, de atentar ao nó central da análise empírica apresentada anteriormente, na qual se mostrou

---

* São Paulo, Boitempo, no prelo. (N. E.)
[149] Uma apresentação sintética dessa lógica econômica encontra-se em Bruno Latour, *Petites leçons de sociologie des sciences* (Paris, La Découverte, 1993), p. 100-28.
[150] Ampla discussão sobre esse tema é feita em Rabah Benakouche, *O que é globalização*, cit.

que existiam conflitos de interesse entre os entes e seus representantes, os quais tinham seu significado e sua espessura política.

Com efeito, na contratação de empréstimos e na emissão de títulos externos com condições de pagamento determinadas, isto é, prazo de pagamento, taxa de juros, comissões diversas, entre outros, tem-se o envolvimento de muitos atores. No caso do processo de endividamento analisado, vale salientar que o Estado brasileiro e os bancos internacionais eram representados, respectivamente, por tecnocratas e executivos[151]. Constatou-se que houve conflito de interesses entre entes, como Estado *versus* bancos ou dos bancos entre si e seus representantes, tecnocratas e executivos, nas negociações de empréstimos. Tais diferenças são de fácil compreensão quando se sabe que um banco é guiado pelos interesses imediatos dos seus acionistas, enquanto o Estado persegue, em princípio, objetivos múltiplos, como desenvolvimento econômico, estabilidade política e social interna, fins geoestratégicos e militares – o Brasil potência, por exemplo.

Mesmo havendo conflito de interesses, aqueles que têm parte na demanda criam sempre um espaço de entendimento por razões evidentes: um banco dispõe de recursos, que não podem ficar parados e precisam ser aplicados para render juros e comissões. O Estado precisa desses recursos para implementar políticas governamentais. Esse tipo de relacionamento é geralmente resolvido via ajustamento de preços; ou seja, os preços de compra e venda dos empréstimos são decididos por fatores "objetivos", tais como taxas de juro, nível de liquidez internacional, *spread*, fundamentos da economia do país etc.

Na "oficialidade" do processo negocial de um empréstimo, tudo parece claro e evidente: tem-se, de um lado, os tecnocratas que representam os interesses do Estado e que são pagos para exercer essa função, e, de outro, os executivos que estão a serviço dos interesses dos bancos e de seus acionistas. No "mundo real dos negócios", os princípios de funcionamento das organizações são de outra natureza. No caso, não se tem o Estado/devedor, de um lado, e o banco/credor, de outro. As figuras do Estado e do banco são entes abstratos e coletivos, que agem por meio de seus representantes. Estes, por sua vez, têm interesses e motivações próprios, que podem ser distintos ou contraditórios em relação aos dos entes representados. Levar em consideração, na análise, o papel desses representantes é da maior importância para se entender "os porquês e os comos" do endividamento e das atuações de entes públicos e privados no "real" mercado internacional de capitais.

---

[151] Executivos ou *managers* representam os banqueiros, diretores de banco, que, por sua vez, representam os acionistas dos bancos: os *stockholders*.

Isso dito, cabe esclarecer que os lados "oficial" e "real" convivem na "realidade" das organizações e do mercado de capitais e de dinheiro. Aceitar tal fato implica, efetivamente, admitir que os interesses de médio e longo prazos dos entes e de seus representantes são – ou podem ser – convergentes e/ou divergentes em curto prazo. Agora, é preciso ir mais adiante: aprofundar a análise a fim de explicitar melhor o tipo de conflito de interesse que pode existir entre o banco e seus executivos.

Como mostram diversos estudos clássicos[152], o que se tem é que os interesses dos bancos e de seus executivos são, pois, divergentes em curto prazo e convergentes em longo prazo. No longo prazo, o interesse fundamental dos acionistas é a perenidade de suas organizações. Em seguida, vem a busca de lucros na venda de empréstimos e títulos para os países. Já os executivos não se preocupam com a perenidade dos seus bancos nem, aliás, com a sua solidez. Seus objetivos são "imediatos": eles se preocupam em vender o maior volume de empréstimos para receber mais e mais "bônus" e "comissões". Mais precisamente, ao maximizarem suas vendas, obtêm maiores comissões e aumentam seu "passe" no mercado de *outplacement*[153]. Essa diferença comportamental dos acionistas e dos executivos concretiza-se nas ações cotidianas e sintetiza os conflitos de interesse que existem entre bancos e seus executivos[154].

Tais conflitos existem também entre o Estado e seus tecnocratas e podem ser explicitados ao se considerar o funcionamento organizacional. Vejamos: o aparelho do Estado é constituído por um conjunto de organizações. No caso do endividamento externo do Brasil, este envolvia, notadamente, uma multiplicidade de organizações e atores. Por um lado, sabe-se que o preenchimento de cargos de diretoria desses órgãos era (e ainda é) feito por meio da indicação dos partidos políticos da base parlamentar majoritária. Assim, já se pode perceber que influências de toda ordem, como interesses corporativos e empresariais, faziam-se presentes na própria escolha desses dirigentes, bem como suas ações decisórias dificilmente poderiam ser imunes às influências dos políticos que os indicaram para os cargos que ocupam.

---

[152] Refere-se aqui às análises pioneiras de John Galbraith, nas quais ele demonstrou, já nos anos 1930, que os interesses dos acionistas e dos executivos de empresas divergem por inúmeras razões (ver *Novo Estado industrial*, São Paulo, Nova Cultural, 1988). Essa questão será tratada mais adiante em outra perspectiva.

[153] George Soros (*A alquimia das finanças: lendo a mente do mercado*, São Paulo, Nova Fronteira, 1996) fornece informações sobre trajetórias antigas e atuais dos *traders*, função que ele mesmo cumpriu no início de sua carreira, antes de tornar-se banqueiro.

[154] Mais detalhes são fornecidos por Anthony Sampson, *Credores do mundo*, cit., e Jannick Alimi e Olivier Aubry, *Votre argent les intéresse: comment les banques et les assureurs profitent de vous* (Paris, Robert Laffont, 2006).

A isso se acrescente o fato de que os diretores do Banco Central, na sua grande maioria, provinham do "mercado", ambiente para o qual voltavam, mais cedo do que tarde, com ou sem bom desempenho (que nunca lhes é cobrado!). Desse modo, suas tomadas de decisão podiam ser ou eram condicionadas pelo não sacrifício dos "interesses do mercado", para não prejudicar, evidentemente, o futuro de seus *outplacement*. É sabido que a "transferência" de profissionais do setor público para o privado foi intensa nos anos 1980 e 1990, e também que a passagem pela diretoria do Banco Central vale ouro no mercado. Tem-se noção, finalmente, de que foi esse tipo de experiência que permitiu aos seus donos montar seu próprio negócio, em especial bancos de investimento e escritórios de consultoria.

É evidente que, do ponto de vista formal, pode parecer não haver conflitos de interesse porque os representantes do Estado são contratados, ou são de carreira do Estado, para precisamente concretizar os objetivos que lhes são fixados. O Estado é, todavia, um ente abstrato e coletivo que não pode existir independentemente dos interesses do grupo dirigente do órgão, nem fora do alcance de influências, diretas ou não, dos grupos de pressão e de expressão, como os grupos econômicos e outros[155]. Pode-se dizer que, em geral, os interesses do Estado e de seus dirigentes são, em longo prazo, convergentes. No curto prazo, entretanto, pode haver e há divergência em determinadas situações. Isso pode ser visualizado na gestão do endividamento do Brasil: formalmente, cabia ao Ministério da Fazenda a tomada de decisão, mas, na realidade, ela era feita pela diretoria do Banco Central.

Fato é que o endividamento é essencialmente social devido às múltiplas interconexões das dimensões financeira, organizacional, política etc., e à participação de uma multiplicidade de atores no processo. Isso faz com que o endividamento seja efetivamente um "fato total". Diante disso, a questão consiste em "confrontar" a análise empírica que se apresentou acerca do endividamento com as contribuições teóricas da economia internacional e das relações internacionais, no que segue.

---

[155] Mais adiante mostraremos a contribuição teórica decisiva de James G. March sobre a tomada de decisão nas organizações

TERCEIRA PARTE

O ENDIVIDAMENTO VISTO PELA TEORIA

Tendo em vista o caráter híbrido dos atores e interesses envolvidos no processo de endividamento dos países do Terceiro Mundo, em geral, e do Brasil, em particular, esta terceira parte pretende discutir a seguinte questão: se o endividamento externo é esse mosaico complexo e emaranhado de fatores e atores, por que o enfoque teórico de todas as escolas de pensamento em economia internacional limita sua análise *apenas* às dimensões de *fluxos* e de *estoques* de capitais? Mais precisamente, por que ele parte do capital externo (ou poupança externa), que é considerado, implicitamente ou não, o conceito explicativo *de per si*, conceito que determina a "estrutura global" (fluxos e estoques) e clareia todo o "resto" (sentido dos movimentos de capitais, em qual país investir, com quais juros e dividendos esperados, quais os impactos econômicos sobre a economia receptora, quais os ganhos de toda natureza etc.)? Vale lembrar que se trata de um conceito considerado, de certo modo, sobredeterminante ou imanente, como dizem os filósofos – ou seja, "antes de tudo, havia o capital". Esse é, com efeito, o tronco da árvore, enquanto seus ramos são simplesmente determinados, passivos e sustentados pelas substâncias que emanam do tronco. Assim, em termos de economia internacional, o capital externo seria o tronco e os ramos seriam seus efeitos sobre o ritmo de crescimento econômico e bem-estar – efeitos esses que seriam, entre outros, transferência de lucros e dividendos, pagamentos de juros, contribuição ao crescimento econômico doméstico, "impactos indutores" sobre o resto da economia, ingresso e difusão do progresso técnico aos diversos setores atrasados da economia etc.

Desse modo, os sentidos tanto positivos quanto negativos dos efeitos gerados pelo capital externo sobre a economia devedora segmentam as escolas de pensamento: os clássicos preconizam que sejam evitados a exportação de capital e o endividamento; os neoclássicos enfocam as contribuições da poupança externa ao crescimento econômico doméstico; os economistas críticos, como os marxistas e cepalinos, dão ênfase aos efeitos nocivos do capital estrangeiro – extração do excedente da economia periférica em prol dos países centrais, desacumulação de capital na economia nacional, dominação política dos centros de decisão pelos países hegemônicos etc. Note-se bem que uns analisam os *fluxos*, sem se referirem, contudo, aos *atores* que lhes dão suporte e que são a razão de ser desses fluxos, os quais estão situados em um determinado *contexto* sócio-histórico quando de sua concretização efetiva no mundo real dos negócios. Em uma frase, esse procedimento analítico é o cerne das análises, modelizadas ou não, do enfoque econômico de todas as escolas de pensamento cuja matriz teórica foi desenvolvida pelos economistas clássicos. É importante frisar que eles atentavam *exclusivamente* a questão do *equilíbrio* e *ignoravam completamente todas as demais dimensões* dos fluxos financeiros internacionais – ou seja, das diversas formas de endividamento, em especial as da dívida externa, e de suas razões de ser, que são de natureza financeira, comercial, política, geoestratégica etc.

Portanto, torna-se imprescindível voltar a atenção aos escritos dos clássicos, em um primeiro momento, e, a seguir, mostrar em que e por que todo endividamento externo é de natureza política – conceito a ser definido adiante – ou, mais especificamente, trata-se sempre de opção de política internacional.

I Da economia da dívida...

A dívida externa dos países do Terceiro Mundo foi uma das maiores preocupações da economia mundial na década de 1980, ocupando, de modo especial, a atenção dos especialistas dos problemas do subdesenvolvimento. Inúmeros países tiveram atrasos de pagamento ou foram impossibilitados de fazê-lo, motivo pelo qual desembolsaram juros dos empréstimos a partir dos recursos obtidos com suas exportações ou com novos empréstimos. As limitadas entradas de divisas levaram muitos desses países a entrar em processo de renegociação ou reestruturação de suas dívidas, ou conversão delas em investimentos diretos ou de portfólios, ou solicitações de novos empréstimos ou simplesmente de pedido de perdão de parte do valor, em especial os países mais pobres. Trata-se de processos nos quais se fizeram fortemente presentes FMI, Banco Mundial e departamentos de Tesouro dos países industriais, notadamente dos EUA, da França e da Inglaterra. Em suma, as dívidas dos países subdesenvolvidos eram conhecidas em seus mínimos detalhes, quer seja por meio das renegociações dos contratos, quer seja por meio da prolífica literatura acadêmica produzida sobre o tema – isso sem esquecer inúmeros relatórios técnicos de organizações internacionais, tais como FMI, Banco Mundial e bancos privados internacionais.

Em oposição, os endividamentos externos dos países centrais foram ignorados. Não foram estudados nem por acadêmicos, nem por ONGs contestadoras, nem por instituições oficiais; sequer foram feitas compilações de dados por um longo período, especialmente por parte das instituições citadas, tampouco há disponibilidade dessas informações em bancos de dados dos respectivos Bancos Centrais dos próprios países industriais. Apesar disso, sabe-se que os problemas de endividamento e as dificuldades de pagamento são antigos na história da economia mundial. Envolveram, notadamente, países considerados avançados, como Estados Unidos, Grã-Bretanha, França – enfim, a quase totalidade dos países europeus, grandes e pequenos. Explicam, com efeito, a invasão e colonização de países endividados do Terceiro Mundo, em bancarrota, pelos países credores. Pode-se afirmar que marcaram, especialmente, os séculos XVIII e XIX.

Tendo em vista a ausência de estudos detalhados descrevendo os longos períodos históricos de endividamento desses atuais países industriais, a alternativa encontrada foi voltar aos estudos dos economistas clássicos que definiram o balizamento teórico das análises econômicas desenvolvidas no passado e no presente. Trata-se de autores como Adam Smith, David Ricardo, John Stuart Mill, Thomas Robert Malthus e seus seguidores contemporâneos, como Jean-Baptiste Say e J. C. L. Simonde de Sismondi[1], ainda que não tenham desenvolvido teorias "completas" ou dado a devida importância aos endividamentos internos e externos dos países europeus e dos EUA. Assim, dedicaremos atenção à apresentação sucinta das análises de tais economistas para, então, mostrar que, historicamente, os endividamentos eram econômica e quantitativamente importantes, mas não foram considerados na devida proporção.

1. Endividamento e a economia clássica

Para entender o posicionamento dos economistas clássicos sobre os endividamentos internos e externos, considera-se que a falta de preocupação desses analistas explica-se por três razões principais: sua aversão à dívida pública, em razão de sua concepção restritiva do papel do Estado; sua hostilidade às colônias, consideradas ônus para as metrópoles; e sua hipótese da imobilidade de fatores de produção em âmbito internacional, segundo a qual não haveria mobilidade internacional de capitais. Esses pontos serão tratados no que segue.

---

[1] Autor que tem dado uma importante contribuição à economia. É citado por Marx, Lenin, Rosa Luxemburgo, Schumpeter, Keynes, entre outros. Na época contemporânea, entretanto, ele foi injustamente esquecido.

1.1. Aversão à dívida pública

Os economistas clássicos têm uma concepção restritiva de Estado. Consideram que ele deve assumir apenas funções políticas e policiais, com objetivo de garantir o bem público. Desse modo, funções econômicas e empresariais devem ficar a cargo da iniciativa privada. Isso se deve e é exigido pelo incontornável princípio do equilíbrio orçamentário das finanças públicas, que designa a limitação que relaciona o nível de renda com o nível da despesa dos agentes públicos. Assim, o consumidor racional determina seu nível de consumo em função do seu orçamento, enquanto o produtor fixa o nível da produção em função dos custos e de sua capacidade de financiamento. Em vista disso, o Estado deve obedecer a essa regra de equilíbrio financeiro, a qual deve servir de base para a elaboração e a implementação do orçamento público, que tem de ser necessariamente equilibrado.

Além do indispensável equilíbrio orçamentário, Adam Smith chama atenção para a despesa improdutiva do Estado. Esse tipo de despesa não é, de fato, criador de novas riquezas, ou seja, o trabalho burocrático estatal não cria valor por ser improdutivo. Ele considera que o Estado pode ser utilizado também, por exemplo, como instrumento de criação de privilégios para o setor empresarial por meio de subvenções, concessões de monopólio ou tarifas alfandegárias, servindo de reserva de mercado para setores industriais ou agrícolas determinados. Em suma, elevar a despesa pública implica contratar mais empréstimos, que acabam por aumentar o poder político do Príncipe. Assim, ele faz mais e mais empréstimos, que podem levá-lo a fazer guerras inúteis, o que aumenta desnecessariamente despesas correntes do Estado. No que concerne a essa questão, Smith especifica que "[...] as guerras seriam, em geral, concluídas mais rapidamente e seriam iniciadas com menos leveza"[2]. Em uma frase, elevar o volume de empréstimos públicos favorece a irresponsabilidade do Príncipe, ou seja, o endividamento público pode levar uma nação à bancarrota. Além disso, a carga dos impostos engendrada pelo pagamento anual dos juros da dívida pode levar os capitais a saírem do país para irem ao estrangeiro. Acerca disso, Smith assevera que "[...] a indústria do país declinará necessariamente quando lhe serão retirados os capitais que a sustentam: a ruína do comércio e da indústria seguirá necessariamente o declínio da agricultura"[3].

Jean-Baptiste Say, influenciado pela experiência da alta dívida francesa, fundamenta sua posição no argumento de que o consumo público não é diferente do consumo individual ou das famílias. Nos dois casos, não há criação de valor, mas sim perda de riqueza. Destaca, por isso, que limitar o consumo das famílias e do

---

[2] Citado em Jesse Burkhead, "Le budget en équilibre", em Xavier Greffe (org.), *Économie publique* (Paris, Economica, 1978), p. 251.
[3] Ibidem, p. 413.

Estado permite liberar capitais disponíveis (ou poupança) para serem utilizados na indústria e no comércio. Em uma frase, Say considera perniciosa toda e qualquer dívida. Mais claramente, diz que "[...] seria desejável que os capitais ficassem inativos, ou escondidos; porque, se há perda de tempo na não utilização desses recursos, pelo menos, não haverá de pagar juros"[4].

David Ricardo, partícipe desse mesmo tipo de pensamento, qualifica a dívida inglesa – mais de £ 500 milhões, em 1816 – como "[...] um dos maiores flagelos que se tem inventado para afligir uma nação"[5]. Ressalta, contudo, que se um país contrata uma dívida, seu pagamento não traz nenhuma vantagem econômica porque o estoque de capital é o mesmo, com ou sem dívida. Assim,

> não é o pagamento dos juros que aflige o país; não é também a exoneração do pagamento que ia desafogá-lo. Somente com a poupança de uma parte da renda [nacional] e a redução das despesas [públicas] que o capital nacional possa ser aumentado; e nem o nível de renda aumentaria, nem as despesas diminuiriam se fosse suprimida a dívida nacional.[6]

Por sua vez, John Stuart Mill relativiza o pensamento dos clássicos ao considerar que o endividamento público não é necessariamente pernicioso. Salienta que

> primeiro, o empréstimo é constituído por capitais estrangeiros, porque se tem uma enorme acumulação de capitais no mundo; e, segundo, esses capitais não teriam sido investidos sem serem emprestados, ou seriam desperdiçados, após a sua poupança, em empreendimentos improdutivos, ou teriam procurado um país estrangeiro para seu investimento.[7]

Considera, igualmente, que o endividamento pode ser pernicioso ou não: é pernicioso apenas se eleva a taxa de juros.

Por sua parte, Sismondi retoma o pensamento clássico e o aprofunda. Analisando as relações econômicas da América Latina com a Inglaterra, em 1824-1825, verificou que a primeira compra produtos apenas porque a segunda lhe dá empréstimos para tal – ou seja, a Inglaterra vende seus produtos para países latino-americanos com seus próprios empréstimos, o que perfaz a cifra de £ 28 milhões. Sismondi concluiu que esses empréstimos são, de fato, nocivos à economia inglesa

---

[4] Charles Francis Bastable, citado em Jesse Burkhead, "Le budget en équilibre", cit., p. 253.
[5] Citado em ibidem, p. 254.
[6] Idem.
[7] Citado em ibidem, p. 257.

porque geraram a crise de superprodução de 1825. Por isso, ele considerava que havia algo de estranho na relação comercial da Inglaterra com a América Latina. Assim, diz ele:

> A abertura de um imenso mercado da América Espanhola para os produtos industriais ingleses me pareceu o meio que podia ser um escoamento para a indústria inglesa. O governo britânico considera isso também; e sete anos após a crise comercial de 1818, uma atividade fabulosa permitiu que produtos ingleses chegassem a todos os recantos dos países tais como os de México, Colômbia, Brasil, Rio da Prata, Chile, Peru. [...] Mas, apesar do imenso escoamento oferecido pela América Livre, não teria sido suficiente para absorver todas as mercadorias produzidas pela Inglaterra além de suas necessidades de consumo e sem os vultosos empréstimos para esses países comprarem mercadorias inglesas. Cada Estado latino-americano emprestou dos ingleses valores suficientes para colocar em ação [políticas públicas] do seu governo; e, embora sendo capital, este foi gasto imediatamente no ano como se fosse renda, ou seja, foi utilizado para comprar mercadorias inglesas por conta do governo, ou pagar mercadorias que foram expedidas por conta de particulares. [...] Enquanto durou esse processo por meio do qual os ingleses pediam somente aos latino-americanos de comprarem, com capitais ingleses, mercadorias inglesas, e de consumi-las pelo amor de deus, a prosperidade da indústria inglesa parecia brilhante. Não é a renda, mas o capital inglês que foi utilizado para ativar o consumo latino-americano; os ingleses compram e pagam eles mesmos suas próprias mercadorias que eles enviavam para a América latina, pouparam-se de desfrutar do prazer desse consumo. Jamais a indústria inglesa recebeu tantas encomendas devido à especulação de 1825, que espantou o mundo; mas, quando os capitais foram gastos e o momento de pagamento chegou, o véu caiu, a ilusão acabou, e a depressão tornou-se mais forte do que ela foi em 1818.[8]

Significa dizer, portanto, que, segundo Sismondi, a exportação de capitais ingleses para países latino-americanos é nociva para a economia inglesa. Mais do que isso, ela gerou a crise de 1825. Logo, enviar capitais para o exterior e deles tirar dividendos e juros não é aconselhável: "[...] é preferível estocar ou esconder esses capitais a utilizá-los no exterior"[9].

Verifica-se, assim, que a aversão à dívida pública é um sentimento compartilhado por economistas e intelectuais em geral do século XVIII. Com efeito, David Hume, em 1752, considerava que o crescimento da dívida nacional britânica constituía "[...] as sementes da ruína [...] espalhadas por aqui em tal profusão que não

---

[8] J. C. L. Simonde de Sismondi, *Nouveaux principes d'Economie Politique* (Paris, Calmann-Lévy, 1971), p. 268-9.
[9] Ibidem, p. 270.

escapam nem mesmo aos olhos do mais distraído dos observadores"[10]. *Sir* James Stuart fez pronunciamento semelhante: "Se o aumento da dívida não for contido, ela não para de acumular, e se o espírito da nação se curvar pacientemente às consequências naturais desse plano, isto destruirá todo o patrimônio, ou seja, a renda [nacional] será devorada pelos impostos". Constata-se, ainda, que Gladstone sustentava, em 1854, apoiando-se nos escritos de John Stuart Mill, McCulloch e outros, que "[...] o capital tomado em empréstimo" seria "abstraído de fundos comprometidos com a produção ou destinados a ela" (conforme a visão de Smith). Consequentemente, "[...] desviá-los deste propósito [seria] equivalente a tomar esse montante dos salários das classes trabalhadoras"[11].

Em resumo, a dívida pública era considerada algo perigoso, que devia ser evitado, buscando-se sempre o equilíbrio orçamentário. Nesse quadro de pensamento, os economistas clássicos sustentavam que as colônias, nas suas relações com as metrópoles, representavam um ônus.

1.2. Colônias vistas como ônus

Adam Smith não fazia distinção ou hierarquia entre nações, como o faziam seus contemporâneos, classificando umas como "selvagens" e outras como "civilizadas". Considerava que o "atraso" das nações não desenvolvidas era um produto do seu padrão econômico. Esse atraso era caracterizado pela não acumulação de capital e falta de divisão de trabalho, e suas relações sociais baseavam-se no grau de parentesco, ou patrimonialismo, para utilizar a terminologia moderna. Smith escreve, por isso, que,

> [...] nos povos comerciantes, onde as leis protegem o mais fraco, os descendentes de uma mesma família não têm os mesmos motivos de viver uns perto dos outros; eles se separam e se dispersam seguindo suas inclinações ou interesses, e cessam de se dar importância recíproca; as durações de poucas gerações o fazem perder não somente toda atenção que uns têm com outros, mas também toda lembrança de suas origens e laços que o uniam aos seus antepassados; o afeto que se tem por parentes distantes é menor nos países onde o estado da civilização é estabelecido há mais tempo. Existe, há mais tempo, na Inglaterra do que na Escócia; assim, dá-se menos atenção aos parentes distantes no primeiro país do que no segundo [...].[12]

---

[10] Niall Ferguson, *A lógica do dinheiro* (Rio de Janeiro, Record, 2007), p. 345.
[11] Ibidem, p. 348.
[12] Adam Smith, *Théorie des sentiments moraux* (Paris, Barois Lainé, 1830), p. 24-5 [ed. bras.: *Teoria dos sentimentos morais*, São Paulo, WMF Martins Fontes, 1999].

Nessa perspectiva analítica, como defensor da liberdade do comércio, Smith via, na divisão do trabalho e nos escoamentos ofertados aos excedentes de produções nacionais, oportunidades para nações participantes aumentarem o produto anual do seu trabalho. Assim, a divisão do trabalho implica aumento da produtividade física do trabalho, enquanto o escoamento permite realizar excedentes de produção e se consegue, portanto, aumento do volume da atividade produtiva. Sobre essa base de argumentos, Smith foi levado a opor-se a todos os entraves que as nações estabeleciam contra o livre-comércio, com destaque para as relações comerciais entre as metrópoles e suas colônias. No caso inglês, tinha-se a Companhia das Índias Orientais, fundada em 1664, que detinha o monopólio do comércio das colônias com a Inglaterra. Como se pode verificar, Smith considerava esse monopólio colonial nocivo para as colônias e também para a metrópole, uma vez que a taxa de lucro é artificialmente alta no setor monopolista, o que impede a concorrência dos capitais. Desse modo, o capital dirige-se para o setor em que o lucro é mais alto, o que acaba elevando, artificialmente, o nível geral de lucro na economia,

> mas quaisquer que sejam as forças que elevam a taxa ordinária de lucro acima do nível ao qual seriam fixadas de outro modo, elas submetem inevitavelmente o país a uma desvantagem, tanto absoluta como relativa, em cada ramo do comércio onde não há monopólio.[13]

Importa destacar que a elevação artificial de lucro conduz à elevação artificial de preços, o que gera uma distorção na alocação ótima de recursos, em uma economia nacional, uma vez que o monopólio colonial diminui o volume global do estoque de capital de uma nação por diminuir a taxa de crescimento dessa economia. Acerca disso, explica Smith que

> a indústria geral de uma sociedade não pode jamais exceder o que o capital desta sociedade pode empregar [...]. O número de trabalhadores que podem continuamente ser empregados [...] deve estar numa certa relação fixa com o capital total da sociedade e não pode jamais ultrapassar essa relação. Nenhuma regulamentação do comércio pode acrescentar à quantidade de indústria de um país além do seu volume de capital investido. Essas regulamentações não podem desviar uma parte do capital das direções onde ele se dirigiria naturalmente; e não é absolutamente certo que essa

---

[13] Idem, *Richesses des nations* (Paris, Guillaumin, 1859), p. 113 [ed. bras.: *A riqueza das nações*, São Paulo, WMF Martins Fontes, 2012].

orientação artificial de uma parte do capital seria mais vantajosa para a sociedade do que aquela que teria seguido espontaneamente seu caminho.[14]

Smith insiste também sobre outro aspecto do monopólio colonial: os altos lucros obtidos por meio do monopólio favorecem a ineficiência e desencorajam, portanto, a poupança e o investimento. Além disso, os beneficiários são, em geral, os próprios autores e atores de regulamentações constitutivas do monopólio colonial:

> a maioria das regulamentações relativas ao comércio colonial foi adotada a pedido do conselho dos comerciantes participantes do processo. Por isso, não se deve estranhar que seus interesses sejam mais considerados do que os das colônias ou da metrópole. Ao dar a esses comerciantes o privilégio exclusivo de abastecer as colônias com produtos adquiridos na metrópole e comprar as produções excedentárias das colônias, consiste em sacrificar os interesses das colônias em prol desses mercadores. Ao permitir que os mesmos inconvenientes se reproduzam para a reexportação dos produtos metropolitanos, bem como a reexportação para outros países, resulta no sacrifício dos interesses da metrópole.[15]

Salienta-se, por isso, que os benefícios do comércio colonial para a metrópole eram consideravelmente reduzidos ou mesmo próximos de zero. Em vista disso, esclarece Smith:

> o comércio exclusivo das metrópoles tende a reduzir-se ou a manter-se a um nível subótimo, tanto para o bem-estar como para a indústria nacional. [...] Ele representa um peso sobre a ação de uma das grandes fontes de onde depende a atividade humana. Ao encarecer os produtos coloniais em todos outros países, ele freia seu consumo e, por consequência, desencoraja a indústria nas colônias ao mesmo tempo que ele diminui o bem-estar, e as indústrias de outros países são obrigadas a comprar mais caro seus produtos e obtendo uma contrapartida menor. Ao tornar os produtos das colônias mais caros em todos os países, ele desencoraja a indústria desses mesmos países ao mesmo tempo que diminui o bem-estar e o desenvolvimento da indústria nas colônias. O comércio exclusivo é um entrave, que para o benefício suposto de alguns países, diminui os prazeres e impede a indústria de todos os outros países e das colônias em particular.[16]

---

[14] Ibidem, p. 475.
[15] Ibidem, p. 129.
[16] Ibidem, p. 105.

Nesse sentido, Adam Smith estava convicto de que a liberdade do livre-comércio permite o desenvolvimento de todas as nações participantes do comércio internacional, inclusive das colônias[17]. Por outro lado, ao limitar sua visão à análise econômica, Smith se distanciou da concepção grandiloquente da missão civilizatória europeia em relação às nações "atrasadas" e às colônias, posição defendida abertamente por Jean-Baptiste Say, que considerava a Europa ocidental porta-voz da filosofia da luz e, por ser desvencilhada dos preconceitos e dos autoritarismos políticos e por ter compreendido a natureza de seus interesses, poderia dar-se o direito de civilizar o mundo. Contudo, Say sustentava que as colônias representavam, do ponto de vista econômico, um enorme ônus para as metrópoles:

> pode-se afirmar fortemente que as colônias que ficaram dependentes dos povos europeus são para estes últimos um *enorme ônus* do qual elas devem se liberar. [...] A prosperidade dos Estados europeus reside na soberania em outros setores: ela está nos admiráveis desenvolvimentos da sua indústria; no desenvolvimento emancipatório que o mundo favorece; e *as colônias as sobrecarregam e constituem-se num obstáculo, e não num auxiliar para sua prosperidade.*[18]

Constata-se que é exatamente por isso que a Espanha se encontrava em um estado lamentável por causa de suas colônias americanas, as quais ela não soube emancipar. Em vista disso, "a indústria e a riqueza da França foram acrescidas depois da perda de suas colônias, isto apesar das circunstâncias desfavoráveis"[19]. Para a Inglaterra, a perda de suas colônias também representou ganhos porque ela passou a "[...] ganhar muito mais com os Estados Unidos que quando estes eram governados por ela"[20].

Para apontar essa falta de ganho com as colônias, Say refere-se à importação exclusiva do açúcar das Antilhas pela França. Afirma, com efeito, que a França

---

[17] Smith faz amplas considerações sobre o desenvolvimento da colônia América do Norte e o não desenvolvimento das Índias Orientais. Ele considerava que a América do Norte era, de fato, favorecida comercialmente e mais bem tratada, enquanto as Índias Orientais eram oprimidas: "A diferença entre o gênio da constituição britânica que protege e governa a América do Norte e aquele da companhia mercantil que domina e oprime as Índias Orientais não pode ser mais bem ilustrada que pelo estado diferente no qual se encontram as duas regiões" (ibidem, p. 82).

[18] Jean-Baptiste Say, *Cours complet d'économie politique* (Roma, Edizioni Bizzari, 1968), p. 297. Grifos nossos.

[19] Idem, *Traité d'économie politique* (Paris, Calmann-Lévy, 1972), p. 230 [ed. bras.: *Tratado de economia política*, São Paulo, Abril Cultural, 1983].

[20] Ibidem, p. 228.

pagava muito mais caro do que o açúcar importado pelos países que não possuíam colônias. Assim, está-se diante de "[...] um fato bem constatado: os países como a Itália, a Alemanha e a Suécia – que não têm colônias produtoras de açúcar – compram esse produto a um preço mais barato. Todo mundo lhe oferece o produto e eles honram o país que lhe oferece o menor preço"[21]. Nas Antilhas, o custo de produção era mais alto do que do mercado internacional, o que impedia a França de importar mais barato de outras partes do mundo; consequentemente, "[...] para poder importar exclusivamente dessa colônia, o governo francês sobretaxa açúcar que provém de outras partes do mundo". Desse modo, o governo francês encorajava uma produção desvantajosa, uma produção com perda, e "[...] para que os autores dessa perda, quer dizer, os colonos, não a suportem, são os consumidores franceses que assumem o ônus"[22]. Em outras palavras, importando açúcar com preço de mercado mais alto, o governo obrigava os consumidores franceses a subsidiarem as importações das Antilhas para garantir a prosperidade do monopólio colonial em detrimento deles próprios.

Ademais, sabe-se que os monopólios corrompem: "Eu sei que certos governos, corrompidos e corruptores, precisam de monopólios e do dinheiro das taxas alfandegárias para o voto das honoráveis maiorias que pretendem representar a nação"[23]. Por outro lado, Say refere-se ao caráter nocivo da exportação de capitais, que representa "[...] uma supressão de renda que resultaria da privação para a nação da utilização desse capital e da supressão de lucros que os trabalhadores encontravam no uso desse capital"[24]. Isso dito, cabe destacar que tudo indica que o comércio exterior teve um peso secundário no pensamento de Say[25].

Para Thomas Robert Malthus, a questão colonial é importante, mas a ela foram dedicadas poucas páginas que se encontram dispersas em suas duas obras fundamentais. Apesar disso, há especialistas que consideram que "[...] o ponto de vista de Malthus sobre o desenvolvimento e o subdesenvolvimento é único no pensamento clássico consistente"[26]; outros limitam sua contribuição econômica às questões coloniais e à discussão sobre as causas do subdesenvolvimento origi-

---

[21] Idem, *Cours complet d'économie politique*, cit., p. 295.
[22] Ibidem, p. 116.
[23] Idem, reprodução da primeira carta de Say para Malthus.
[24] Ibidem, p. 415.
[25] Segundo Georges Tapinos, no seu "Prefácio" em Jean-Baptiste Say, *Traité d'économie politique*, cit., p. XXIX, "[...] não há menor dúvida de que a necessidade de escoamentos externos para o desenvolvimento econômico não justifica uma teoria do imperialismo [...]. Na realidade, Say atribui ao comércio exterior um papel bastante modesto".
[26] Luc Bourcier de Carbon, *Essai sur l'histoire de la pensée et des doctrines économiques* (Paris, Montchrétien, 1971, v. 1), p. 140.

nadas pelo volume populacional[27]. Contudo, Malthus chamou atenção especificamente para fatores institucionais, os quais têm um peso significativo na criação de riquezas das nações. Escreve ele:

> Existe um grande número de países que não são essencialmente diferentes do ponto de vista das garantias dadas aos direitos de propriedade, da educação moral e religiosa da nação, e que, no entanto, tendo vantagens naturais mais ou menos iguais, caminham de formas diferentes em relação à criação de riquezas. Tal é o tema que tentei explicar nas minhas pesquisas.[28]

Por sua vez, David Ricardo concorda fundamentalmente com Adam Smith a respeito do peso que as colônias representam para as metrópoles. Ele especifica que

> [...] nas observações sobre o comércio colonial, Adam Smith mostrou, de maneira satisfatória, as vantagens do livre-comércio e a injustiça que as metrópoles impõem às colônias, impedindo-as de vender livremente seus produtos no mercado onde os preços são mais elevados, e comprando, ao contrário, produtos manufaturados e outros produtos com preços mais baixos onde estiverem disponíveis. Provou que, se deixasse cada país livre para trocar produtos de sua indústria no tempo e nos lugares que lhe convier, conseguir-se-ia assim a melhor distribuição possível do trabalho da espécie humana, e obtém-se maior abundância das coisas necessárias e agradáveis à vida. Provém também que o livre-comércio, que é incontestavelmente mais vantajoso para a grande maioria da população de uma sociedade, o é igualmente para cada país em particular; e que o sistema de uma política estrita, adotada pelos Estados europeus em relação às suas colônias, é nocivo para as metrópoles bem como para as colônias, cujos interesses foram sacrificados.[29]

Constata-se, à luz do que foi dito, que, para os economistas clássicos, o endividamento é nocivo e as colônias constituem-se em um ônus econômico para as metrópoles. Cabe verificar, a seguir, em que consistem os ganhos do comércio internacional, partindo da tese da imobilidade dos fatores de produção sustentada por Ricardo.

---

[27] Edith Penrose, "Malthus and the Underdeveloped Areas", *Economic Journal*, v. 27, jun. 1947.
[28] Thomas Robert Malthus, *Principes d'économie politique: considérés sous le rapport de leur application pratique* (Paris, Calmann-Lévy, 1969), p. 252 [ed. bras.: *Princípios de economia política e considerações sobre sua aplicação prática*, São Paulo, Nova Cultural, 1996].
[29] David Ricardo, *Œuvres complètes* (Paris, Guillaumin, 1847), p. 310.

1.3. Imobilidade dos fatores de produção

David Ricardo defende, efetivamente, a tese da imobilidade dos fatores de produção para sustentar sua teoria das vantagens comparativas do livre-comércio entre nações. Em seu célebre exemplo, Portugal pode produzir uma unidade de vinho gastando 80 horas e, para uma unidade têxtil, 90 horas, enquanto a Inglaterra produz o primeiro em 120 horas e a segunda em 100 horas. Após a especialização, o conjunto Portugal-Inglaterra produz tudo em 360 horas, em vez de 390 horas[30]. O modelo de Ricardo consiste em mostrar que, em todos os casos, o livre-comércio é preferível ao protecionismo[31]. Duas hipóteses sustentam esse modelo:

» há imobilidade de fatores de produção (trabalho e capital) na escala internacional, ou seja, não há deslocamento de nenhum desses fatores entre países. Desse modo, explica David Ricardo:

[...] se o capital fluísse livremente para países que lhe oferecem maior lucro, não poderia haver diferença entre taxa de lucros [nacionais] e nenhuma outra diferença poderia existir no preço real, ou preço em trabalho de mercadorias que aquela que corresponderia à quantidade adicional de trabalho, necessária para transportar as mercadorias aos diferentes mercados onde poderiam ser vendidos. [...] É mais fácil explicar o que existe em relação a isso entre um país e outros; e isto se deve à facilidade com a qual um capital passa constantemente de uma província para outra para encontrar uma utilização mais lucrativa, e aos obstáculos que, em situação semelhante, se opõem aos seus deslocamentos de um país para outro. Assim, a regra que determina o valor relativo das mercadorias no seio de um país não vale para as mercadorias que são trocadas entre dois ou mais países. [...] No interior de um país os lucros estão geralmente situados num mesmo nível. [...] Isto não acontece entre países, ou seja, no âmbito internacional.[32]

» há mobilidade interna dos fatores de produção dentro de uma nação. Isso significa que o fator trabalho se desloca rapidamente para atividades que

---

[30] Sobre o núcleo central dessa teoria dos custos comparativos, Arghiri Emmanuel se pergunta: "Em qual proporção os dois países vão repartir o ganho de 30 horas, Ricardo não o diz" (*L'échange inégal*, Paris, Máspero, 1969, p. 30).

[31] Vale notar que o protecionismo sempre recebeu atenção especial por parte dos intelectuais, em particular antes de Ricardo. Com efeito, Aristóteles, por exemplo, preconizava a autarquia e, referindo-se à extensão ótima do território de um Estado, dizia: "[...] o mais favorável sem comparação é aquele cujas qualidades asseguram a maior independência; e é precisamente o território que fornecesse todos os tipos de produção. Ter tudo, não precisar de ninguém, tal é a verdadeira independência" ("Politique", livro IV, cap. V, parágrafo 1, citado em ibidem, p. 30, nota 9). Nesse sentido, Arghiri Emmanuel observa que "Adam Smith notou que nenhum dos povos antigos – egípcios, indos, chineses – nunca encorajou o comércio exterior".

[32] Citado em ibidem, p. 50.

geram maior lucro, o que pressupõe uma homogeneidade do trabalho, de modo que não haja maior tempo de adaptação.

Ressalta-se que a hipótese de imobilidade dos fatores de produção, em especial do capital, está em sintonia com o argumento segundo o qual o endividamento é nocivo, ou ainda de que é melhor deixar capitais inativos do que emprestá-los às colônias ou a nações atrasadas. Diante disso, torna-se evidente que nações periféricas ficam sem recursos ou financiamentos para conduzirem seus projetos de desenvolvimento. Foi isso que constituiu, efetivamente, a preocupação central dos analistas da Cepal, como será mostrado adiante.

Dentre os fatores "nocivos", cabe voltar a atenção aos processos históricos de endividamento interno e externo dos atuais países desenvolvidos para mostrar os porquês de não serem levados em consideração pelos economistas clássicos.

2. Endividamentos dos atuais países desenvolvidos

Por razões de clareza na exposição, apresentaremos inicialmente as formas do endividamento interno e, em seguida, as da dívida externa.

2.1. Dívida pública como fato histórico e estrutural nos países centrais

A dívida pública é mais recente do que a do setor privado, que remonta ao segundo milênio a.C. Nem Roma, nem Grécia Antiga, nem o Califado Abássida possuíam dívida pública. Os monarcas medievais tomavam empréstimos das abastadas famílias de banqueiros de Florença, Gênova, Amsterdã etc. Na França, o Hôtel de Ville lançou anuidade de 8% passíveis de transmissão para herança, com garantias sobre receitas fiscais da coroa. Na Grã-Bretanha nasceu o "consol", um título resgatável a qualquer momento, com liquidez e garantia financeira, que virou, em vista disso, referência de cálculo de risco para todos os títulos disponíveis no mercado financeiro do país; era, portanto, instrumento privilegiado de captação de recursos para a coroa britânica.

Dados disponíveis indicam que a dívida pública é antiga e quantitativamente importante. Ela chegava a cerca de 5 milhões de florins, equivalente a 50% do PIB em Florença, em 1427. Na década de 1690, ela era de 100% do PIB das Províncias Holandesas Unidas e representava, em 1521, mais de 20% do PNB da França; 56%, em 1770; 80%, em 1787; 150%, em 1789; e 66%, em 1945. Na Grã-Bretanha, era de 215% do PNB, em 1784; 222%, em 1815; e 268%, em 1821[33].

---

[33] Niall Ferguson, *A lógica do dinheiro*, cit., p. 138.

O endividamento visto pela teoria

Na Grã-Bretanha, no período de 1688 a 1815, 34% dos gastos públicos eram financiados por empréstimos (ver Tabela 1). Esses gastos eram, evidentemente, destinados a financiar a guerra contra a França. Resultaram, no entanto, em elevada dívida nacional, que era bastante criticada. Acerca dessa questão, especifica Paul Kennedy:

> embora muitos comentaristas ingleses, durante o século XVIII, temessem ante o tamanho da dívida nacional e suas possíveis consequências, a verdade é que [nas palavras do bispo Berkeley] o crédito era a "principal vantagem que a Inglaterra tinha sobre a França". Finalmente, o grande aumento de despesas estatais e a enorme demanda continuada que os contratos do Almirantado, em particular, fizeram de ferro, lã, tecidos e outras mercadorias provocaram um "movimento de retorno" que ajudou a produção industrial britânica e estimulou a série de inovações tecnológicas que deram ao país uma vantagem sob os franceses.[34]

Ou seja, a dívida pública ajudou a Grã-Bretanha a ingressar na era industrial.

TABELA 1. Despesas e receitas da Inglaterra (1688-1815) em milhões de libras

Período	Despesa total	Receita total	Saldo coberto por empréstimos	Empréstimos como % da despesa total
1688-1697	49.320.145	32.766.754	16.553.391	33,6
1702-1713	93.644.560	64.239.477	29.405.083	31,4
1739-1748	95.628.159	65.903.964	29.724.195	31,1
1756-1763	160.573.366	100.555.123	60.018.243	37,4
1776-1783	236.462.689	141.902.620	94.560.069	39,9
1793-1815	1.657.854.518	1.217.556.439	440.298.079	26,6
Total	2.293.483.437	1.622.924.377	670.559.060	33,3

Fonte: Paul Kennedy, *Ascensão e queda das grandes potências*, cit.

Verifica-se também que havia uma persistência dos déficits públicos nos demais países desenvolvidos, no período posterior. Com efeito, a Tabela 2 mostra que, na França e nos EUA, os déficits eram permanentes em todo o período de 1830 a 1999, com exceção do lapso de tempo de 1890 a 1913. Constata-se ainda que a Itália registrou déficits permanentes nesses anos. Além disso, a partir de 1970, todos os países considerados passaram a registrar déficits superiores a qualquer outro período de paz.

---

[34] Paul Kennedy, *Ascensão e queda das grandes potências* (Rio de Janeiro, Campus, 2007), p. 87.

TABELA 2. Médias anuais do déficit orçamentário do governo central em relação ao PNB em períodos selecionados

Período	Reino Unido	França	Itália	Alemanha	Áustria	Rússia	EUA	Japão
1830-1859	-0,1	-1,5			0,4			
1860-1889	0,0	-1,6	-2,4	-1,0	-1,1			
1890-1913	0,1	0,0	-0,9	-3,2	-2,7	-1,9	0,0	1,9
1914-1918	-35,9	n.d	-23,5	-38,3	-1,8	3,2		
1919-1938	1,2	-4,3	-9,9	-5,4	-22,2	-1,9		
1939-1945	-30,9	n.d	-23,9	-21,2	-0,3	-12,4	1,6	
1946-1969	2,9	-1,1	-5,7			1,4		
1970-1989	-1,0	-2,1	-10,4			-2,7	-3,1	
1990-1999	-3,8	-3,6	-7,2	2,7	-3,1	-7,8	-1,5	2,2

Fonte: Niall Ferguson, *A lógica do dinheiro*, cit.

Cabe destacar que déficits altos e permanentes não impediram o governo da Grã-Bretanha de assumir um papel ativo e de peso no mercado financeiro doméstico. Assim, o mercado de ações e títulos do setor privado nasceu da emissão de títulos do governo: em 1853, 70% dos títulos cotados na bolsa de valores de Londres eram do governo britânico. Desde então, sua participação manteve-se elevada entre 1830 e 1999, exceto nos anos 1913 e 1990 (ver Tabela 3)[35].

TABELA 3. Expansão e estruturação da Bolsa de Valores de Londres (1853-1990)

Ano	Valor total (milhões de libras)	Participação do governo do Reino Unido (%)	Ano	Valor total (milhões de libras)	Participação do governo do Reino Unido (%)
1853	1.215	70.2	1933	18.476	35.3
1863	1.683	53.6	1939	18.507	35.7
1873	2.270	37.6	1945	24.701	49.3
1883	5.677	24.0	1950	25.063	54.9
1893	6.561	16.5	1960	45.060	31.9
1903	8.834	13.4	1970	197.414	15.0
1913	11.263	9.0	1980	280.328	21.07
1920	16.626	32.6	1990	2.098.492	5.9

Fonte: Paul Kennedy, *Ascensão e queda das grandes potências*, cit.
Obs.: até 1933, valor nominal; a partir de 1939, valor de mercado.

---

[35] Ibidem, p. 67-8.

O endividamento visto pela teoria

O peso da dívida pública pode ser visualizado e apreciado também por meio da relação dívida/ PNB (ver Gráfico 1) e do serviço da dívida em relação ao gasto do governo (ver Gráfico 2).

GRÁFICO 1. Relação dívida/PNB desde o fim do século XVIII

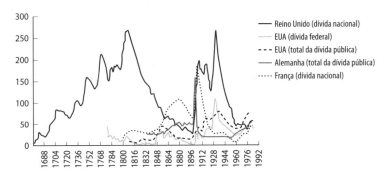

Fonte: Niall Ferguson, *A lógica do dinheiro*, cit., p. 170.

GRÁFICO 2. O serviço da dívida em relação ao gasto do governo (1802-2002)

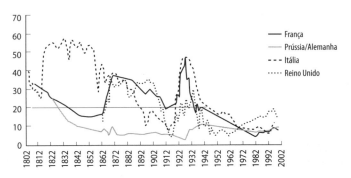

Fonte: Idem.

Mais precisamente:

» o Gráfico 1 apresenta um panorama amplo da dívida pública sobre o longo período de 1688 a 1992, no Reino Unido, na França, na Alemanha e nos Estados Unidos. Constatam-se dois picos para a experiência britânica: o primeiro corresponde à guerra da Grã-Bretanha contra a França, entre 1688 e 1815; o segundo estende-se de 1914 a 1945 e diz respeito à guerra contra a

135

Alemanha. O primeiro pico é, com efeito, sustentado por outros picos menores, como os de 1698, 1721, 1750, 1764 e 1784, enquanto o segundo exibe um tríplice cume (entre 1923, 1933 e 1946);
» o Gráfico 2 mostra, para os anos de 1802 a 2002, que as montanhas de dívidas acumuladas pelo Reino Unido foram alcançadas por outros Estados somente na década de 1870. Assim, o serviço da dívida representava cerca de 50% da despesa bruta do governo na Grã-Bretanha e na França, entre 1818 e 1854, despesa que baixou para 1/3 no período de 1860 a 1880. Desde então, manteve-se em torno de 80% desde 1981 até 2010. Enfatiza-se que a Itália sempre teve uma dívida maior que os demais países – ela superou os 120%, em 2010.

Vale observar, por outro lado, que o instrumento do endividamento mais utilizado na década de 1990 foi a dívida de curto prazo (ver Tabela 4). Em 1993, atingiu seu pico de 53%, na Espanha, e de 43%, na França, em relação à dívida interna.

TABELA 4. Estrutura das dívidas de curto prazo na Europa (1993)

País	DC em %	País	DC em %	País	DC em %
Áustria	0,4	Holanda	4,9	França	42,4
Bélgica	21,1	Espanha	52,7	Alemanha	3,9
Finlândia	27,9	Noruega	35,4	Áustria	39,4
Suécia	15,3	Reino Unido	29,6		

Fontes: Idem e Barry Eichengreen, *Privilégio exorbitante: a ascensão e a queda do dólar e o futuro do sistema monetário internacional* (Rio de Janeiro, Campus, 1993).

Nesse processo de endividamento, os gastos militares tiveram um peso importante ao longo do período de 1860 a 1998. Com efeito, segundo Paul Kennedy, em 1850, a Grã-Bretanha gastava com as forças armadas pouco menos de £ 2.700 por homem (em valores de 1998); £ 12.900, em 1900; £ 22 mil, em 1950; e £ 105 mil, em 1998. O gasto militar dos Estados Unidos segue a mesma tendência (também em valores de 1998): era de US$ 30 mil, em 1900; US$ 72 mil, em 1950; e US$ 193 mil, em 1998[36].

A Grã-Bretanha, a França, a Itália e a Alemanha conseguiram superar todos os obstáculos – demográficos e outros – para se tornarem potências industriais, isso "[...] apesar de sustentar[em] uma dívida pública de tamanho e duração ímpar". Além das referidas dívidas internas, esses países industriais possuíam igualmente dívidas externas, como será mostrado a seguir.

---

[36] Dados arredondados e retirados de Paul Kennedy, *Ascensão e queda das grandes potências*, cit.

O endividamento visto pela teoria

2.2. Dívida externa como realidade histórica antiga de países centrais

Pensar dívida externa hoje – nas duas últimas décadas – é pensar que ela é intrínseca, única e exclusiva aos atuais países em via de desenvolvimento. No entanto, um fino olhar sobre a realidade mundial permite verificar que, historicamente, isso não é consistente – ou seja, existem elementos que mostram que a dívida externa não é nem recente nem exclusiva ou restrita aos países do Terceiro Mundo. Sabe-se, pois, que os principais países industriais já tiveram seu endividamento externo em determinados períodos históricos.

É difícil, todavia, aceitar tal ideia. Mais difícil ainda é aceitar que a Grã-Bretanha pudesse ser citada como país que teve e ainda tem dívida externa. Se, no imaginário dos economistas, isso parece inverossímil, os fatos históricos apontam em outra direção: a Grã-Bretanha é conhecida como credor do mundo e o foi durante um longo período, mas é possível detectar períodos em que foi também devedor. Nesse sentido, explica Charles Kindleberger: "[...] o primeiro empréstimo da Inglaterra foi contraído junto a Joseph I [Imperador da Alemanha, 'santo imperador romano'] no valor de £ 500.000 em 1706; empréstimo seguido por outros: £ 90.000 em 1710, £ 250.000 em 1735 e £ 320.000 em 1737". Vale lembrar ainda que

> os reis da Inglaterra não reembolsaram suas dívidas junto aos banqueiros italianos no século XIV; nem os empréstimos de Gresham feitos pela Rainha Elizabeth no século XVI, e sem esquecer o não reembolso também dos empréstimos do Banco da Inglaterra uma década antes de 1706.[37]

Uma vez que não é possível debruçar-nos aqui sobre a longuíssima história financeira da Grã-Bretanha, faremos apenas referência às consequências financeiras da Segunda Guerra Mundial sobre este país, dado que tal evento enriqueceu os Estados Unidos e empobreceu a Inglaterra. Embora os dois países sejam considerados vitoriosos, houve uma inversão de papéis: a Inglaterra passou de credora à devedora, enquanto os Estados Unidos viveram a situação contrária – até determinado período histórico, como se verá adiante. Assim, explica-se a situação financeira estadunidense por meio de vários fatores, entre os quais o seguinte fato: durante a Segunda Guerra Mundial, a América forneceu a seus aliados produtos e serviços com pagamentos adiados ao pós-guerra e deu-lhes empréstimos para sua reconstrução. Destaca-se que o fornecimento de produtos – como petróleo, carvão, material industrial, produtos manufaturados, material militar etc. – e serviços – como transportes marítimos e aéreos, logística, entre outros – teve início em

---

[37] Charles Kindleberger, *Histoire financière de l'Europe Occidentale* (Paris, Economica, 1970), p. 110-1.

11 de março de 1941 e conclui-se em 2 de setembro de 1945. Em valores, para citar apenas o empréstimo recebido pela Grã-Bretanha, este foi de US$ 6.752 milhões. Esta recebeu também crédito de US$ 60 milhões para compra de material militar utilizado durante a guerra pelos Estados Unidos, além de mais um crédito de US$ 4.400 milhões a ser destinado à reconstrução do país, efetivado por meio do banco estadunidense Import-Export Bank.

Esses recursos constituem, com efeito, o indicador inicial da ruína da Grã-Bretanha, como o reconheceu, clara e abertamente, o *Livro branco* publicado pelo governo daquele país. Além disso, a Grã-Bretanha passou a dever para outros países. Constata-se que, durante a guerra, ela demandou e recebeu produtos de toda sorte – cobre, ferro, carvão, cromo etc. –, em especial produtos que provêm dos países membros do Commonwealth. Em vez de pagá-los à vista, abriu uma conta em libras esterlinas, ou seja, em sua moeda nacional, para cada país fornecedor, cujos valores seriam pagos após o fim da guerra. Constituiu-se, então, uma balança-esterlina de dívidas que atingiu £ 3.500 milhões em 1946. Com isso, a quase totalidade do mundo tornou-se credora da Grã-Bretanha, com 58% da dívida concentrados em três países: Índia (£ 1.250 milhão), Egito (£ 470 milhões) e Iraque (£ 100 milhões), como pode ser observado na Tabela 5.

TABELA 5. Balança libra esterlina (1946)

País	Valor	País	Valor	País	Valor	País	Valor	País	Valor
Irlanda	190	Índia	1250	África Oriental	81	Trindade	19	Austrália	225
Bélgica	25	Ceilão	61	África do Sul	23	Índia Ocidental e Bermudas	40	Nova Zelândia	91
Países Baixos	13	Malásia	55	África Ocidental	91	Outras colônias	87		
Portugal	79	Sião (Tailândia)	13	Outras colônias	37	Brasil	65		
Grécia	25	Hong Kong	33	Egito	470	Uruguai	31		
Suíça	11	China	23			Argentina	126		
Noruega	75	Irã	22						
Suécia	29	Iraque	100						
		Palestina e Jordânia	118						
Total Europa	257	Total Ásia	425	Total África	702	Total América	368	Total Austro-Ásia	316

Fonte: Tabela elaborada a partir de dados de Jean Chardonnet, "Les conséquences financières de la guerre aux États-Unis et en Grande-Bretagne"[38].

---

[38] Em *Information et documentation*, n. 4-5, 1947.

Para quitar essa dívida, a Grã-Bretanha sustentou perante seus credores que merecia um abatimento especial por ter desempenhado um papel decisivo na luta e, consequentemente, na vitória contra os alemães, cujos credores tiveram benefícios, bem como as mercadorias que lhe foram vendidas eram superestimadas, na medida em que não foram descontadas as altas inflações vigentes na Índia, no Egito etc. Não conseguindo os descontos esperados, a Grã-Bretanha vendeu seus haveres em várias partes do mundo para pagar seus credores.

A Argentina comprou a rede ferroviária inglesa instalada em Buenos Aires pelo montante de £ 126 milhões, diante de uma dívida inglesa de £ 150 milhões. O Brasil recebeu os bens britânicos das três companhias ferroviárias Leopoldina Railways, Great Western Railway e Rede Ferroviária Paulista pelo montante da dívida (£ 50 milhões). No Uruguai, foi-lhe aberta uma conta em libras esterlinas para realizar compras de material industrial no valor de £ 31 milhões.

Já as transações com a Índia foram mais demoradas e complicadas, uma vez que a Grã-Bretanha devia 1/3 da sua dívida externa ao país e queria desta um desconto de 30% por considerar que, por um lado, os créditos serviram para a defesa da sua integridade territorial (tendo em vista que os japoneses estavam bem perto de sua fronteira) e, por outro, os preços das mercadorias fornecidas eram superfaturados. Como os descontos não foram obtidos, a Grã-Bretanha pediu que sua dívida fosse convertida em um empréstimo em longo prazo, com juro mínimo de 1/2% ao ano. Após longas negociações, foram liberados £ 637,5 milhões para serem usados em compras na zona-libra, £ 187,5 milhões para serem convertidos em dólares americanos e o saldo restante dividido da seguinte maneira: £ 45 milhões para compra de material bélico britânico, £ 30 milhões destinados aos fundos de reserva e £ 562 milhões convertidos em um empréstimo, com juros de 2%, a ser pago em dez parcelas a partir de 1950.

Diante da situação "crítica" da Grã-Bretanha, o Canadá cancelou sua dívida em libras e lhe fez um empréstimo de US$ 100 milhões; a Austrália abateu US$ 25 milhões sobre o total da dívida de US$ 225 milhões; a Nova Zelândia seguiu o exemplo e doou-lhe US$ 12, 5 milhões; e mesmo a África entrou na roda de doações com £ 1 milhão[39].

Países que não estavam na esfera de influência da Grã-Bretanha resolveram livrar-se de suas libras logo após 1945. Ficaram com as libras e com créditos, portanto, apenas antigas colônias, tais como Nigéria, Malta e Singapura, cujos créditos, desde o início dos anos 1980, não foram ainda totalmente liquidados. Ressalta-se que as perdas não foram poucas para a Grã-Bretanha, sendo estimadas

---

[39] *Livro branco britânico*, segundo apresentação em idem.

da seguinte forma: a balança-esterlina, em fevereiro de 1947, foi de £ 2.500 milhões; as perdas de haveres no exterior foram estimadas em £ 2.200 milhões; e os empréstimos dos EUA e Canadá de US$ 1.300 milhão, o que perfaz um total de cerca de £ 6 bilhões.

Os problemas britânicos não acabaram com a saída da guerra. Assim, o déficit na conta-corrente do país iniciou-se no período entre 1972 e 1977, bem como para os demais países da Organização para a Cooperação e Desenvolvimento Econômico (OCDE) – como será discutido adiante. Tendo isso em vista, o que vale salientar aqui é que, no início de 1976, o ministro britânico da Fazenda, James Callaghan, visitou as capitais europeias, em especial seus homólogos alemão, Helmut Schmidt, e francês, Valéry Giscard d'Estaing, para lhes pedir apoio no encaminhamento de sua solicitação de financiamento de US$ 9 bilhões ao FMI e ao Grupo dos Dez (G-10)[40].

Dado o exposto, vale agora voltar-nos para a dívida externa da França, sobre a qual se tem mais dados. Ela é antiga, duradoura e crescente. Constata-se na Tabela 6 que, antes da Primeira Guerra Mundial, a dívida externa francesa era praticamente inexistente; no fim do ano de 1920, ela era de F 1,9 bilhões (em preço corrente). Até 1945, seu crescimento foi relativamente fraco, se considerada a depreciação monetária. Entre 1946 e 1947, o crescimento da dívida deveu-se, sobretudo, aos novos empréstimos; em compensação, o valor em 1948 foi elevado em virtude da depreciação do franco – que passou de 119,3 FF/US$ para 263 FF/US$.

TABELA 6. Dívida externa bruta da França (1920-1979 – em bilhões de F correntes)

Ano	1920	1939	1945	1946	1947	1948	1949	1950	1951
Valor	1,9	13,1	8,6	220,7	381	980,9	1182,4	1287,4	1254,4
Ano	1952	1954	1956	1958	1960	1962	1964	1966	1968
Valor	12,6	9,5	11,9	14,1	13,1	7,3	5,6	4,8	4,6
Ano	1970	1972	1974	1975	1976	1977	1978	1979	
Valor	3,4	3,0	9,0	31,2	56,9	79	88	93,8	

Fontes: Dívida bruta em médio e longo prazo, sendo

a) dados do período 1920-1951 do L'Economiste, n. 354, 12 jun. 1952;
b) dados do período 1952-1974 extraídos de "La France emprunte pour payer son isolement", La Vie Française, 7 fev. 1974;
c) dados do período 1975-1979 fornecidos por "Dette: un dérapage de 70 milliards de francs", Le Figaro, 15 mar. 1985.

---

[40] Roger Priouret, "La Grande-Bretagne au bord du gouffre", L'Express, 15 nov. 1976.

Diante da primeira "crise do petróleo", a França decidiu adotar uma via diferente em sua política econômica: passou a controlar o câmbio e a recorrer aos empréstimos externos para fazer frente aos déficits de seu balanço de pagamento[41]. Assim, fez com que a dívida triplicasse entre 1972 e 1974, passando de F 3 bilhões para F 9 bilhões.

Em termos de dívida líquida (dívida bruta menos reservas) – para referir-se somente ao período sobre o qual se tem dados –, constata-se que a França tornou-se devedora líquida a partir de 1981, como mostra a Tabela 7. Mais precisamente, verifica-se que, entre 1981 e 1983, a dívida líquida teve, em francos, um crescimento espantoso de 324%.

TABELA 7. Dívida externa líquida da França (1981-1983 – em bilhões de F correntes)

	Dívida Bruta em bilhões de US$	Taxa de câmbio do US$	Dívida Bruta em bilhões de US$	Haveres externos em bilhões de francos	Dívida Líquida em bilhões de francos
31 dez. 1981 (1)	32,4	5,716 F	187,4	140,0	47,4
30 jun. 1982 (2)	34,2	6,80 F	233,0	190,0	43,0
31 dez. 1982 (3)	44,2	6,678 F	295,4	212,3	83,1
30 jun. 1983 (4)	48,3	7,637 F	369,0	229,0	140,0
31 dez. 1983 (5)	53,7	8,401 F	451,0	250,0	201,0
Evolução em % de 1981 a 1983	+ 63,71%		+ 140,66%	+ 78,57%	+ 324,05%

Fonte: Sénat, Paris, 1984.

(1) e (3) Avaliações do Ministério da Fazenda, em 17 de julho de 1983;
(2) Estimativas do Ministério da Fazenda, em 30 de junho de 1982;
(1) Declaração do ministro da Fazenda em 10 de novembro de 1982, na Assembleia Nacional;
(4) Estimativas do Ministério da Fazenda, em 30 de junho de 1984;
(5) Declaração do ministro da Fazenda em 5 de janeiro de 1984.

Assim, tem-se que a dívida externa atual dos países industrializados foi historicamente importante e passou a ter um peso significativo na economia mundial, no início da década de 1980. No passado, tal qual a Grã-Bretanha e a França, os Estados Unidos também tiveram uma dívida externa, expressiva em diferentes momentos de sua história. O país desenvolveu-se, efetivamente, com base na contração da dívida externa, que foi da ordem de US$ 80 milhões durante todo o período de 1790 a 1818. Desde então, passou a crescer em torno de 20% ao ano, no

---

[41] Vale lembrar que a Alemanha adotou uma política diferente: liberou o câmbio e deu liberdade de movimento aos capitais externos. Isso permitiu, com efeito, a entrada maciça de capitais, que deu solidez à sua moeda e reforçou suas reservas, que eram de US$ 34 bilhões contra US$ 7 bilhões da França, em 1974.

período entre 1820 e 1835, para atingir um patamar de US$ 158 milhões, em 1835, como mostra a Tabela 8[42].

TABELA 8. Dívida bruta dos Estados Unidos (1790-1835 – em milhões de US$)

Período	Valor	Período	Valor	Período	Valor
1790-1794	70,0	1811-1815	69,5	1820	86,7
1791-1795	73,2	1812-1816	64,1	1821	81,7
1792-1797	75,9	1813-1817	63,0	1822	90,1
1794-1798	83,3	1814-1818	76,7	1820	86,7
1796-1800	86,2	1815-1819	84,3	1823	88,1
1797-1801	86,8	1816-1820	100,3	1824	80,3
1799-1803	84,3	1817-1821	93,2	1825	82,9
1800-1804	82,1	1818-1822	89,7	1826	72,0
1801-1805	78,2	1809-1813	82,4	1827	84,3
1802-1806	74,8	1810-1814	79,1	1828	82,3
1803-1807	73,0	1811-1815	69,5	1829	74,9
1804-1808	73,1	1812-1816	64,1	1830	89,0
1805-1809	75,7	1813-1817	63,0	1831	95,7
1806-1810	81,0	1814-1818	76,7	1832	95,7
1807-1811	86,6	1815-1819	98,7	1833	109,2
1808-1812	88,8	1816-1820	100,3	1834	126,0
1809-1813	82,4	1817-1821	93,2	1835	158,1
1810-1814	79,1	1818-1822	89,7		

Fonte: Dados extraídos a partir das tabelas fornecidas por Douglass C. North, *The Economic Growth of the United States*, cit.

É importante frisar que esse endividamento estadunidense deixou de existir por um longo período, durante o qual os Estados Unidos tornaram-se exportadores de capitais, em especial depois da Segunda Guerra Mundial. Todavia, o endividamento voltou a assombrar o país em meados dos anos 1970 e não parou de crescer desde então. Situação semelhante passou a ser vivida pelo conjunto dos países da OCDE, como o atesta o déficit de sua balança corrente, indicado no Gráfico 3. Em termos de dívida líquida, a dos Estados Unidos passou de US$ 100 bilhões, em 1987 – cifra pouco significativa diante do volume da sua economia –, para o montante astronômico de US$ 1.300 bilhão, em 1997 (ver Gráfico 4).

---

[42] Douglass C. North, *The Economic Growth of the United States* (Nova York, Prentice-Hall, 1961).

GRÁFICO 3. Balanças e contas-correntes (em bilhões de US$)

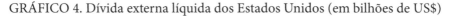

Fonte: OCDE.

GRÁFICO 4. Dívida externa líquida dos Estados Unidos (em bilhões de US$)

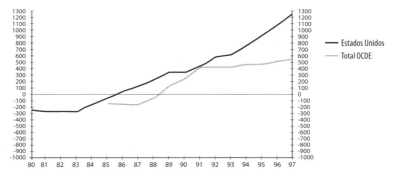

Fonte: OCDE.

Por fim, vale ressaltar que os principais países da OCDE – além dos já citados Grã-Bretanha, França e Estados Unidos – passaram a ser devedores. Tal dívida externa tornou-se "dura realidade" para todos os países que estão, atualmente, em fase de desespero, tais como Portugal, Espanha, Grécia e Irlanda, além da quase totalidade dos países do Leste Europeu. Trata-se de realidade vigente também em países médios, como Itália e Bélgica – em suma, todos esses países conhecem, na atualidade, déficit em suas balanças de conta-corrente[43].

Tendo isso em vista, a questão consiste em saber até que ponto determinados desequilíbrios podem ser considerados problemas ou soluções.

---

[43] J. Girard, "Taux de change des principales monnaies", *Revue Banque*, abr. 1979.

3. Desequilíbrios de contas – problemas ou soluções?

Ao observar o "equilíbrio" em suas análises, os economistas clássicos deixaram de perceber e de dar a devida importância às dívidas interna e externa. Desse modo, cometeram dois erros capitais: o primeiro é teórico, ao não entender que a dívida pública pode ser de fundamental importância para evitar uma crise econômica, estimulando a demanda efetiva; o segundo é, de fato, histórico, pois, embora tenham sob os olhos os endividamentos interno e externo dos países europeus e dos EUA, eles não os consideram – ao contrário, este aspecto foi completamente ignorado.

Tal como explicado anteriormente, os economistas clássicos viam tanto a dívida pública quanto a dívida externa como desequilíbrios econômicos, que precisavam ser banidos para garantir o bom funcionamento da economia nacional. Essa questão de desequilíbrios[44] não pode ser tratada em seus detalhes aqui, uma vez que ultrapassa os limites do sucinto apontamento pretendido, que consiste em colocar em relevo o "núcleo central" da argumentação da superação da visão clássica. Note-se bem que essa superação se encontra desenvolvida na contribuição teórica de Keynes, no que se refere à dívida pública, ao déficit público e, consequentemente, à política orçamentária no estabelecimento do equilíbrio macroeconômico. Quanto à dívida externa, esta merece mais discussão e será objeto de atenção adiante.

Quando se fala de dívida pública, está-se falando do papel da política orçamentária. Tanto ela quanto os outros componentes da política econômica têm por objetivo alcançar o maior e mais equilibrado crescimento econômico possível. Baseiam-se em instrumentos, tais como variação dos saldos e/ou massa orçamentária, financiamentos dos déficits públicos – via criação monetária e/ou empréstimos –, aumento ou redução dos impostos etc.

Acontece que, desde Adam Smith até o início do século XX, a teoria econômica abordou, essencialmente, mais os problemas de justiça fiscal do que os da regulação da conjuntura econômica por meio das finanças públicas[45]. Assim, enquanto os ciclos econômicos faziam suceder fases de expansão e de recessão, os clássicos consideravam absolutamente naturais tais recessões periódicas. Eles não possuíam instrumentos técnicos e conceituais para pensar e resolver as crises; contentavam-se em seguir os preceitos avançados de Adam Smith, em receitar o equilíbrio orçamentário, pois objetivavam a diminuição das despesas públicas. Constata-se, entretanto, que tais receitas, quando foram aplicadas, agravaram ainda mais a intensidade das crises.

---

[44] Maurice Baslé, *Histoires des pensées économiques* (Paris, Sirey, 1988).
[45] Jacques Spindler, "Histoire des doctrines financières", em *Dictionnaire Encyclopédique de Finances Publiques* (Paris, Economica, 1991), p. 883-98.

O endividamento visto pela teoria

Vale dizer que os economistas clássicos fundamentavam seu raciocínio sobre o dogma da poupança prévia, segundo o qual se o caixa do Estado está vazio, então o Estado está falido – ou seja, ele não dispõe de uma poupança suficiente para financiar sua política econômica. É por esse motivo que a dívida pública é rejeitada, por acreditar-se firmemente que a poupança prévia é a única fonte de enriquecimento real da sociedade. Acreditar na poupança prévia como algo natural consiste, efetivamente, em basear seu raciocínio em uma "economia natural", em uma economia não monetária, sem moeda. Foi precisamente isso o que os clássicos fizeram, ou seja, desenvolveram sua teoria sem levar em consideração o papel da moeda. Cabe destacar, todavia, que Adam Smith e David Ricardo desenvolveram seu pensamento dentro de e para uma economia que era, ainda, dominada pela agricultura. É por isso que consideravam que só há "poupança" quando o "estoque" de trigo não é "distribuído" aos trabalhadores sob a forma de salários e é utilizado como semente no futuro. Assim, poupança de trigo é igual a investimento em trigo. Logo, quanto mais poupança de trigo a sociedade tivesse, mais rica ela se tornaria. Isso quer dizer que o não gasto, a abstinência diante do consumo, é a base do crescimento econômico. Desse modo, se o Estado decide usar uma parte do trigo para atender às suas necessidades objetivando a preservação e a garantia de sua soberania, a riqueza acumulada, até então, encontra-se assim diminuída. Tal é a base de raciocínio que deu nascimento ao conceito de poupança prévia.

O raciocínio muda completamente quando se considera que os trabalhadores são pagos não em trigo, mas em moeda, que permite o desenvolvimento do sistema produtivo nacional sobre a base do crédito bancário. Nesse caso, a poupança não é nada mais do que uma parte da renda que os indivíduos não gastaram em consumo. Essa poupança é investida em mercado financeiro e se torna disponível sob a forma de títulos da dívida pública (títulos do Tesouro, por exemplo). Ela pode ainda ser emprestada para empresas que querem financiar seus projetos de investimento. Isso significa que, para os investimentos das empresas aumentarem, é indispensável que a poupança das famílias aumente também. Assim, se as famílias resolvem poupar apenas diminuindo seu consumo, aí a poupança torna-se causadora do desemprego.

É precisamente nesse ponto que Keynes – bem como os keynesianos, posteriormente – opõe-se aos clássicos sobre a natureza das relações investimento-poupança e sobre as necessidades (e capacidades) de financiamento. Para os clássicos, a poupança vai ao investimento; para Keynes, é o contrário. O dado investimento é que determina a poupança, e os excedentes financeiros tornam-se possíveis em razão da existência de déficits públicos prévios. Pode-se afirmar que, ao gastar mais do que a sua renda, via endividamento, o setor público permite que as empresas constituam uma poupança líquida – lucro do fim de período – que é a consequência da atividade econômica sustentada[46].

Para chegar a essa conclusão, opondo-se aos clássicos e interpretando de modo original a crise de 1929, Keynes foi levado a deslocar a atenção do desequilíbrio para o desemprego, suas causas e os remédios que podem ser aportados pelos poderes públicos. Entre as soluções utilizadas, tem-se o conceito de multiplicador para justificar as obras públicas sobre o emprego. Perguntas como "quais investimentos?" e "como financiá-los?" tornaram-se secundárias. Assim, a questão prioritária passou a ser a do desemprego, ou seja, a oferta de emprego aos desempregados. Nesse sentido, sustenta Keynes que "[...] despesas sobre fundos de empréstimos podem, mesmo quando estes são inúteis, enriquecer a comunidade"[47]. Logo, a regra do equilíbrio orçamentário deixou de ter sentido. Por conseguinte, as despesas públicas compensam as privadas. Quando estas últimas são insuficientes, são supridas pelas primeiras, além das receitas fiscais – política conhecida como do "déficit *spending*"[48].

Como a questão da dívida interna já foi explicitada, cabe agora voltarmos a atenção à dívida externa, que tem sido objeto de uma vasta literatura, em geral, muito repetitiva e constituída sobretudo de modelos de crescimento com inclusão da variável "poupança externa". Esta consiste, evidentemente, em medir os benefícios dos fluxos de capitais externos no crescimento econômico em condições determinadas, em uma economia nacional. Inúmeros problemas são abordados nesses modelos, notadamente a relação entre poupança interna e externa, determinação de setor maximizador do empréstimo externo, entre outros. Esses são os modelos nos quais a dívida externa é uma variável entre outras, em um processo de acumulação de capital e sobre os quais são baseadas políticas de desenvolvimento. Uma análise desses modelos ultrapassa, por isso, os limites deste trabalho, que trata da dimensão política do endividamento, e não os modelos de crescimento[49].

Essa questão política do endividamento é enfrentada, de modo explícito ou implícito, pela literatura latino-americana. Tal é a razão principal para a escolha dos trabalhos aqui analisados. O primeiro deles é o de Raúl Prebisch, que se tornou também o da Cepal, e o segundo uma versão crítica deste, a saber, as análises de economistas brasileiros.

---

[46] Marc Bousseyrol, *La dette* (Paris, Troisième Culture, 2008).
[47] John M. Keynes, *Théorie générale de l'emploi, de l'intérêt et de la monnaie* (Paris, Payot, 1968), p. 146.
[48] Tanto a concepção quanto a implementação de uma política orçamentária keynesiana fundamentam-se na teoria da "poupança prévia". Ver apresentação desse enfoque no tradutor de Keynes para a língua francesa: Jean de Largentaye, "L'écueil de l'économie monétaire", *Économies et Sociétés*, n. 9, 1988.
[49] Pensa-se em modelos de crescimento de Chenery, Quayum, Loser-Pelier etc. Do lado brasileiro, tem-se um modelo de crescimento com poupança externa desenvolvido por Bresser-Pereira e Tanaka. Modelos importantes, que não podem ser aqui discutidos por ultrapassarem os limites deste trabalho.

4. Endividamento do Terceiro Mundo como problema macroeconômico

Por razão de clareza, vamos apresentar, inicialmente, a análise de Prebisch e, em um segundo momento, as apreciações críticas da visão da Cepal.

4.1. Endividamento como carência de financiamento

O endividamento foi sempre um problema de dimensões gigantescas nos países da América Latina – para referir-se somente a essa região –, desde sua independência política, nos anos 1820. Apesar disso, as contribuições analíticas sobre esse problema são escassas. A análise pioneira foi desenvolvida por Raúl Prebisch[50], centrada na carência de financiamento da política nacional de desenvolvimento. Essa carência é centrada, evidentemente, na falta de divisas e na insuficiência de poupança doméstica, que são obstáculos à introdução e à difusão do progresso técnico no sistema produtivo nacional. Como escreve Prebisch, tem-se nos países latino-americanos,

> uma baixa produtividade devido à falta de capital; e a falta de capital e a fraca poupança interna são a causa da baixa produtividade. Para sair desse círculo vicioso, sem diminuir drasticamente o consumo popular, requer-se a participação transitória do capital estrangeiro.[51]

Espera-se que o financiamento externo eleve a produtividade do trabalho e complemente a poupança interna, ou seja, que crie condições efetivas de acumulação de capital no espaço da economia nacional. Prebisch esclarece, no entanto, que o financiamento externo deve ser transitório porque "[...] uma política vigorosa de desenvolvimento deve ser fundamentada sobre o papel essencial do esforço próprio do país"[52]. Desse modo, a poupança externa permite elevar o financiamento global da economia e deve acelerar, portanto, o nível de desenvolvimento. Assim, ele nota que

> a contribuição complementar do capital estrangeiro num programa de desenvolvimento é vista como transitória e permite elevar a taxa de crescimento sem diminuir

---

[50] "Estudio económico de la América Latina (1948)", em *La obra de Raúl Prebisch en la Cepal* (México, Fundo Economico de Cultura, 1981, v. 1). No pós-guerra, iniciou-se o reordenamento institucional da divisão internacional do trabalho com a criação de um conjunto de instituições, tais como FMI, Banco Mundial, Acordo Geral de Tarifas e Comércio (GATT, na sigla em inglês) e a própria ONU. Nesse processo, foram criadas comissões especializadas no crescimento das regiões da Ásia e da Europa, em 1947 e, logo em seguida, em 1949, na América Latina, com a Cepal.
[51] Raul Prebisch, "Estudio económico de la América Latina", cit., 1981, p. 131-2.
[52] Ibidem, p. 229.

o nível de consumo [popular]. Sua transitoriedade é de fácil entendimento: deve haver maior crescimento de renda com a poupança externa e isto até que a poupança interna pudesse cobrir essa contribuição [...]. Deste ponto de vista, o capital estrangeiro tem por objetivo criar condições favoráveis ao aumento do coeficiente da poupança interna.[53]

Em termos de obtenção de divisas, o financiamento externo permite elevar o nível de importações de produtos e de máquinas.

No fim das contas, pode-se afirmar que se deseja atribuir ao capital estrangeiro a função de elevar a taxa de crescimento econômico, especialmente ao permitir a incorporação e a difusão do progresso técnico no sistema produtivo nacional. Quer-se um Plano Marshall mirim[54]!

Isso dito, vale destacar que Prebisch escreveu diversos textos nas décadas de 1970 e 1980, mas silenciou sobre a questão da dívida externa. Em contrapartida, a Cepal e o BID chamaram atenção para a necessidade de reestruturação da dívida externa dos países latino-americanos, propondo maior intercâmbio de informações entre países da região e mecanismos de cooperação com os credores[55].

Parte-se do diagnóstico segundo o qual a instabilidade do sistema financeiro internacional nos anos 1980 fez com que os países subdesenvolvidos se encontrassem sem condições de obter novos empréstimos. Desse modo, tem-se aí

> um grande "problema público" tanto em função das causas da crise quanto de sua natureza; os bancos, seus governos e os países tomadores de empréstimos estão unidos por importantes relações de interdependência, que condicionam todas as soluções para a crise e sugerem a convivência de repartir esses custos.[56]

Para sair dessa situação, requer-se

> em primeiro lugar, acesso aos mercados [dos países centrais] para as exportações dos países em desenvolvimento; em segundo lugar, uma nova arquitetura financeira internacional, que, com uma melhor governança global, proporcionasse maior estabilidade aos fluxos de capitais; em terceiro lugar, mecanismos que permitem que os países me-

---

[53] Ibidem, p. 428.
[54] Em termos gerais, é o que pleiteava Prebisch em seu texto "Cooperación internacional", em ibidem, p. 319.
[55] Carlos Alzamora e Enrique Iglesias, "Bases para una resposta de la America Latina a la crisis internacional", *Revista de la Cepal*, n. 20, 1983.
[56] Citado em Renato Baumann e Carlos Mussi, "A visão da Cepal sobre a dívida externa", *Cadernos Adenauer*, n. 4, 2002, p. 187.

nos desenvolvidos tenham mais acesso aos recursos financeiros em quantidades e condições adequadas.[57]

Tal concepção cepalina de endividamento externo é aprofundada ou criticada por economistas brasileiros, que dão mais ênfase aos "fatores externos".

4.2. Endividamento como determinação externa

No enfoque de carência de financiamento externo, situam-se também economistas brasileiros que tratam do tema, mas o fazem de modo relativamente diferente em relação a Prebisch e à Cepal. Uns dão ênfase aos fatores internos, outros priorizam os externos.

Os economistas que sustentam a primeira opção[58] colocam em relevo o esgotamento do padrão de financiamento da economia brasileira nas décadas de 1950 e 1960. Nesse período, a infraestrutura do país foi financiada essencialmente por mecanismos inflacionários do Estado. No início da década de 1970 – especificamente a partir de 1964, por meio do Paeg[59] –, a crise foi superada com a criação de um novo sistema financeiro, que ofereceu mecanismos de convivência com a inflação alta e deu preferência à integração da economia nacional com capitais estrangeiros. Esses novos mecanismos financeiros deram origem a um diferencial de juros entre os praticados em âmbito doméstico e os do mercado internacional, o que estimulou, sobretudo, a captação de empréstimos externos em razão dos baixos custos internacionais. Tal captação passou a ser o carro-chefe do crescimento econômico acelerado, que era oficialmente desejado pelos governos no período de 1967 a 1976[60]. O problema não residia no endividamento externo em si, mas em sua interrupção; para evitá-la de toda maneira, o governo decidiu implementar uma política de endividamento e sua correspondente política administrativa da dívida externa[61].

---

[57] J. A. Ocampo, conforme citado em ibidem, p. 192.
[58] Especialmente autores como Maria da Conceição Tavares, *Da substituição de importações ao capitalismo financeiro* (Rio de Janeiro, Zahar, 1972), p. 153-208; ou Paulo Davidoff Cruz ("Capitais externos e financiamento de longo prazo no Brasil", em Tamas Szmrecsány e Wilson Suzigan (orgs.), *História econômica do Brasil contemporâneo*, São Paulo, Hucitec, 1993, p. 202), para quem a "[...] manifesta autonomia financeira das grandes empresas industriais privadas foi uma das principais responsáveis pela inibição do desenvolvimento do mercado acionário e de linhas de crédito de longo prazo".
[59] Programa de Ação Econômica do Governo, elaborado por Roberto Campos e Octávio Bulhões. Plano que combinava um programa de estabilização monetária com reformas bancária, financeira e fiscal.
[60] Isso foi válido nos períodos do "milagre econômico" (1967-1973) e do II Plano Nacional de Desenvolvimento (PND – 1974-1976).
[61] Ver a primeira parte deste livro.

Já os economistas que privilegiam os fatores externos levam em consideração os países em desenvolvimento que resolveram adotar estratégias de crescimento acelerado com apoio da poupança externa. Enfatiza-se que esses países caíram em uma "armadilha", uma vez que os países centrais, com destaque para os Estados Unidos, e instituições internacionais, como o FMI e o Banco Mundial, encorajaram os países periféricos a retirarem as restrições legais e tributárias aos livres fluxos de capitais internacionais. Isso permitiu, notadamente na década de 1970, o desenvolvimento de uma gigantesca liquidez em âmbito internacional, com condições de empréstimos e com taxas e condições satisfatórias. Esse contexto gerou, sem dúvida, políticas de pró-endividamento. Importa frisar que tais políticas se inserem nos processos de internacionalização dos sistemas produtivos e financeiros dos países latino-americanos, uma vez que elas facilitaram a "homogeneização dos padrões de consumo" desses países com os do Primeiro Mundo, mas geraram dificuldades em seus balanços de pagamentos. Em vista disso, o estilo de desenvolvimento causou insuficiência de recursos financeiros, o que gerou problemas de pagamento ao exterior, contornados com mais apelo ao financiamento internacional. Assim, Celso Furtado assevera que, nos anos 1980,

> é significativo que o processo de internacionalização e endividamento ocorre tanto numa economia de crescimento forte (Brasil), como noutra que se mantém estagnada (Chile), num país que enfrenta fortes déficits em balança comercial (Brasil) como noutro que apresenta superávits (Argentina), em países grandes importadores de petróleo (Chile e Brasil) como no autossuficiente nesse setor (Argentina) ou exportador (México). Por todas as partes a evolução se fez no mesmo sentido de um maior imbricamento com as finanças internacionais e de esvaziamento do Estado em sua capacidade de controle e direção.[62]

Vale dizer ainda que o autor dá ênfase à expansão de liquidez como causa determinante do endividamento externo.

Essa linha de raciocínio é adotada também por Aldo Ferrer, ex-presidente do Banco Central da Argentina, que achou por bem "dar nome aos bois". Ele escreve: "[...] a responsabilidade da crise pertence aos três parceiros: os devedores, os países ricos e os bancos de financiamento, mas somente os primeiros são os únicos que pagam o custo do ajustamento"[63]. O mesmo ponto de vista é sustentado por

---

[62] Celso Furtado, *A nova dependência: dívida externa e monetarismo* (Rio de Janeiro, Paz e Terra, 1982), p. 128.
[63] Aldo Ferrer, "Dette, souveraineté et démocratie en Amérique Latine", *Problèmes d'Amérique Latine*, n. 4768, 1985, p. 6.

Ricardo Ffrench-Davis, para quem "[...] a origem do problema da dívida externa dos países em desenvolvimento localiza-se no funcionamento dos mercados internacionais de capitais". Mais precisamente:

> alguns analistas situam a origem [da dívida] na atual difícil situação dos países devedores como, por exemplo, o México de agosto de 1982, com impactos sobre outros países, ou sobre a política monetarista americana e inglesa do fim dos anos [19]70 e dos seus efeitos sobre a economia mundial. Esses fatores não me parecem mais do que simples *detonadores* ou elementos de *agravação* do problema. Eles não explicam sozinhos sua profundeza, nem sua persistência. Sua origem última reside na modalidade de *funcionamento* do mercado internacional de capitais, agravada pelo modo como ele penetrou nos países em desenvolvimento.[64]

Significa dizer, por conseguinte, que os países periféricos são "vítimas" das "armadilhas" dos países centrais, postura analítica compartilhada por inúmeros economistas europeus[65]. Assim, para Gerard de Bernis[66], "[...] os países centrais pensaram reduzir suas pressões deflacionárias dos anos [19]70 endividando os países periféricos; eles impediram o desenvolvimento destes [...]". Mais precisamente:

> endividar países periféricos [...] é a aliança que se estabelece entre empresas, bancos e Estados dos países centrais; as firmas que queriam vender podiam ajudar bancos a realizar empréstimos; os Estados incitavam os bancos a participar dos consórcios internacionais de empréstimos que se tornavam cada vez mais numerosos, objetivando-se reduzir o desemprego nos países centrais.[67]

5. Conclusão: endividamento é mais do que um problema econômico

Endividar-se com o exterior (ou seja, com os não residentes do país, sejam eles pessoas jurídicas e/ou físicas) significa ter déficit em conta-corrente. Para suprir esse déficit, importa-se poupança externa. Logo, o movimento de capitais é o elemento-chave para entender a situação da conta-corrente, que pode estar em equilíbrio, quando as saídas e as entradas financeiras se igualam; ou excedentária,

---

[64] Ricardo Ffrench-Davis, "Dette extérieure et options de développement en Amérique Latine", *Problèmes d'Amérique Latine*, n. 4768, 1985, p. 29-30. Grifos nossos.
[65] Marie-France L'Hériteau, "Dette extérieure et modèle de développement: la place du tiers-monde dans le nouveau dispositif impérialiste", *Tiers Monde*, n. 80, 1979.
[66] Gerard de Bernis, "De l'urgence d'abandonner la dette des périphéries", *Économies et Sociétés*, série F, n. 37, 2000.
[67] Ibidem, p. 194.

quando as saídas superam as entradas; ou em desequilíbrio ou em déficit, quando há superação de saídas sobre entradas, situação corriqueira de países em desenvolvimento. Nestes, as oportunidades rentáveis de investimento ultrapassam o nível de poupança doméstica, o que os leva a se endividar progressivamente no "exterior". Se esse endividamento for duradouro, a situação da economia nacional pode ser afetada positiva ou negativamente. Positivamente, quando o endividamento é utilizado como meio de financiamento rápido e eficiente do crescimento doméstico. No caso, a poupança externa completa a poupança interna, dando um grau suplementar de liberdade à nação em sua estratégia de crescimento. Fazer bom uso dessa possibilidade comporta, no entanto, custos futuros que precisam ser confrontados com as vantagens presentes do endividamento. Além disso, há positividade do endividamento quando se mantém estabilizada a relação dívida externa/ PIB, em médio e longo prazos. Quando essa relação não é estabilizada, há negatividade do endividamento por envolver, notadamente, a taxa de juro, que costuma ser flutuante. Empresta-se com divisas com taxa de juro de 10% ao ano, por exemplo, e no segundo ou terceiro ano de pagamento essa taxa eleva-se para 21% (como aconteceu nos anos 1980 nos empréstimos internacionais ao Brasil). Há duplicação do montante de juros, mas há também impactos drásticos sobre a taxa de câmbio doméstico, que, por sua vez, tem efeitos automáticos sobre a taxa de crescimento e, por extensão, sobre o poder de compra do cidadão comum.

Em suma, quando o endividamento externo atinge um patamar elevado (em geral, superior a 20% da pauta de exportações do país), ele impacta a economia. Por afetar todas as dimensões da vida nacional – do nível de preços (inflação) às decisões econômicas do Estado –, trata-se de um problema macroeconômico. Enquanto tal, ele é duplamente político: de um lado, em nível doméstico, o Estado encontra-se amarrado nas suas decisões (investir ou desinvestir nesse ou naquele setor, estimular ou não esse ou aquele projeto de infraestrutura, praticar ou não uma política monetária rígida etc.), enquanto os agentes econômicos encontram-se impactados (desistem de investir ou de modernizar-se tecnologicamente pelo fato de a taxa de câmbio ser elevada, o que gera mais desemprego etc.); de outro lado, os credores impõem suas preferências e escolhas ao obrigar o Estado a seguir determinadas políticas, geralmente ditadas pelo FMI – restrição fiscal, privatizações, diminuição do tamanho do Estado e do poder aquisitivo da população etc. Ou seja, se, por um lado, o endividamento impacta a economia nacional em suas múltiplas dimensões, afetando a regulação sociopolítica do Estado-nação, por outro, o Estado devedor encontra-se forçado por seus credores a adotar políticas econômicas a contragosto.

Em última análise, adotar tal raciocínio consiste em dizer que os Estados-nações são os *únicos atores* das relações internacionais, como sustenta a teoria política tradicional dessa área. Sabe-se, todavia, que há *outros atores*, além dos Estados. Ou seja, quando se está diante de um "problema de relações internacionais" – o endividamento, por exemplo –, há uma multiplicidade de atores, critérios, estratégias e cálculos que entram em movimento. Logo, a questão metodológica a ser desvendada não é a sustentada pelas teorias das relações internacionais, mas sim aquela que mostra como "integrar" a *técnica* (fluxos financeiros e econômicos) e os *atores* participantes (entes públicos e privados, seus dirigentes, lobistas etc.) em um *contexto* sociopolítico em prol de um processo de endividamento. Essa "integração" dos atores humanos e não humanos é de fácil compreensão, se o processo de endividamento for entendido como uma arena política, como será mostrado a seguir.

II ...À política da dívida

Vimos anteriormente em que e por que a dívida externa é um negócio. Constatou-se que ela envolve, com efeito, múltiplos organizações e atores, internos e externos. Por tratar-se de um grande negócio – como em todos os casos semelhantes –, a variável econômico-mercantil ou financeira é *apenas* uma de suas dimensões. Inúmeras outras existem – comerciais, políticas, geoestratégicas etc. –, sempre interconectadas.

Vimos também em que e por que a "teoria" da economia internacional não incorporou – nem tem como incorporar – todas as referidas dimensões do problema. Decidiu-se, aqui, abordar a questão pelo outro lado, ao considerarmos *o endividamento como política internacional*. Duas razões principais podem ser invocadas para tal: primeiramente, a experiência da dívida externa brasileira mostrou que ela pesou muito sobre o desempenho da economia do país, condicionando todas as suas variáveis macroeconômicas, tais como taxas de crescimento, juro, câmbio e inflação; em segundo, o lugar e a função do Brasil na cena internacional foram amplamente condicionados pelo seu nível e volume de endividamento – o país estava, pois, sem poder de pressão nem divisas, submetido aos ditames das políticas de órgãos internacionais como FMI, Banco Mundial e Clube de Paris. Além disso, foi influenciado pelos interesses e estratégias dos países credores na formulação e implementação de suas políticas domésticas e externas. Por isso, o endividamento externo pode ser considerado, efetivamente, de *natureza política* – conceito a ser definido adiante –, e se apresenta como uma opção de política internacional.

Uma vez que as relações dos Estados nacionais modelam a vida dos cidadãos e de suas comunidades, a política internacional determina e formata o destino de todos os povos. É isso que a história recente mostrou, pois a Primeira Guerra Mundial, a crise de 1929, a Segunda Guerra Mundial, a Guerra Fria, a descolonização, o aumento do preço do petróleo, a queda do muro de Berlim, o *default* do endividamento, a crise dos *subprimes*, entre outros, representam eventos que provocaram mudanças drásticas nos planos econômico, social e político de praticamente todos os países do mundo. Em todos eles, a presença do Estado foi maciça e marcante, peso histórico que levou à definição da política em referência ao monopólio da legítima violência física detida pelo Estado[68]. Foi na violência – e, um pouco, na diplomacia – que foi gerado o Estado-nação, bem como suas fronteiras e até mesmo seu regime político.

Desse modo, pode-se afirmar que política internacional é uma decisão do Estado. Logo, as relações internacionais são relações *exclusivas* que se realizam *entre Estados*, como sustentam os teóricos de todas as escolas de pensamento da área. No entanto, esses teóricos apreendem o Estado sob a perspectiva de um ente único, homogêneo e racional. Essa abordagem politicista é de difícil sustentação, e será, por isso, debatida em três tempos: inicialmente, será apresentado seu "núcleo central", bem como suas limitações; em seguida, será mostrado em que e por que as relações interestatais são de fato relações que se materializam e se viabilizam entre (e por meio de) organizações; finalmente, aprofundando o segundo enfoque, apreenderemos a política internacional como uma arena.

1. Política internacional enquanto relações entre Estados

1.1. Relações estadocêntricas

O conceito de "política internacional" é amplamente utilizado pelos diversos profissionais de direito, ciência política, história e economia, mas é ambíguo e polimórfico. Precisa, portanto, ser mais bem definido.

Na área do direito, a política internacional é apreendida como relações dos Estados soberanos entre si. Essas relações são regidas pelo Direito Público Internacional, que considera e reconhece apenas as pessoas jurídicas – Estados e organizações internacionais –, ignorando os indivíduos por não se enquadrarem em seu formato legal[69]. Na abordagem histórica, enfoca-se a "política estrangeira" ou

---

[68] Gérard Dussouy, *Les théories de l'interétatique: traité de relations internationales* (Paris, L'Harmattan, 2007, v. 2), cap. 1.
[69] Ver as especificações normalmente apresentadas em manuais da área, tais como Nguyen Quoc Dinh, *Droit international public* (Paris, LGDJ, 1999).

a "política exterior" dentro da primazia do Estado[70], ou dando ênfase aos "grandes homens", ou à "diplomacia e aos diplomatas"[71]. Já no método geográfico ou, mais especificamente, geopolítico, a atenção está nos aspectos políticos e estratégicos para se descobrir como e por que "a geografia serve para fazer a guerra"[72].

Na análise econômica, as relações internacionais são vistas sob o ângulo do comércio – isso por meio da "teoria" do comércio internacional – ou, na melhor das hipóteses, sob a perspectiva da globalização, uma vez que observa seus fluxos comerciais, industriais e financeiros. Na primeira abordagem, bem como na segunda, considera-se que as relações internacionais se concretizam entre Estados. Do ponto de vista econômico, por exemplo, diz-se que, quando a multinacional Volkswagen, implantada no Brasil, vende e compra do exterior, é o Brasil quem faz tais transações[73]. Nesse tipo de análise econômica, não se considera o Estado – no sentido de espaço decisional – nem o poder; dito de outra forma, o Estado é um simples recipiente de fatores de produção[74].

Quanto à questão do poder, que é ignorada pela Economia[75], ela constitui a variável determinante nos estudos da Ciência Política. Nesta, a lógica estatal é vista como princípio explicativo da política internacional. Dentro dessa abordagem politicista das relações internacionais[76], os realistas[77], como Hans Morgenthau e Raymond Aron, dão ênfase à questão da segurança; os neorrealistas, como Robert Keohane, Joseph Nye e David Mitrany, privilegiam os fatores econômicos, definidos pela "interdependência" das "economias nacionais"; os adeptos do "realismo

---

[70] Dentro da literatura diversa e ampla, é possível se referir especialmente a um clássico da área: Pierre Renouvin e Jean-Baptiste Duroselle, *Introduction à l'histoire des relations internationales* (Paris, Armand Collin, 1991).
[71] Jean-Baptiste Duroselle, *Histoire diplomatique de 1919 à nos jours* (Paris, Dalloz, 1974).
[72] Yves Lacoste, *La géographie sert à faire la guerre* (Paris, La Découverte, 1985).
[73] Sobre a questão da "teoria" do comércio internacional Norte-Sul, não há inovações teóricas substanciais desde os escritos dos economistas clássicos, tendo como exceção a obra de Arghiri Emmanuel (1969). Ver balanço teórico e crítico apresentado por Gerard de Bernis, *Relations économiques internationales* (Paris, Dalloz, 1979, parte 1), e para um resumo sobre a questão da globalização, ver Rabah Benakouche, *O que é globalização*, cit.
[74] Constatou-se de que modo os clássicos colocam o problema em termos de "imobilidade internacional dos fatores de produção". Uma crítica desse enfoque é desenvolvida em economia política internacional. Resumos interessantes são apresentados por Gérard Kébadjian, *Théories de l'économie politique internationale* (Paris, Seuil, 1999) e por Stéphane Paquin, *La nouvelle économie politique internationale* (Paris, Armand Collin, 2008).
[75] Para uma visão geral do debate em economia, ver Pierre Dockès, *Pouvoir et autorité en économie* (Paris, Economica, 1999).
[76] Raymond Aron, "Qu'est-ce qu'une théorie des relations internationales?", *Revue Française de Science Politique*, v. XVI, 1967.
[77] Texto fundador dessa concepção é o de Hans Morgenthau, *Politics among Nations: The Struggle for Power and Peace* (Nova York, A Knopf, 1955), p. 3-12.

estrutural" – Kenneth Waltz e Robert Gilpin – dão mais atenção às "estruturas" e às "interações" dos atores no sistema internacional; já os construtivistas, como Robert Jervis e Alexander Wendt, atentam para as "imagens" e as "percepções" das relações internacionais[78].

Apesar das inúmeras diferenças existentes entre os autores das escolas de pensamento, pode-se dizer que há um ponto comum entre eles: a centralidade do Estado. É aí que reside, específica e precisamente, seu "ponto cego". De um lado, há hoje, indubitavelmente, uma relativa fragilidade do Estado em garantir a segurança; de outro, o Estado é concebido como um ente homogêneo e racional. Dito de outra forma, para retomar a terminologia dos politicistas, constata-se que três conceitos são comuns a todas as escolas de pensamento das relações internacionais: a soberania estatal, o território e a segurança. Esses conceitos se cruzam e se fundem naquele do Estado porque não se pode ter Estado sem território, nem Estado sem segurança.

Importa frisar que o Estado é, hoje, atravessado por uma crise profunda, que se manifesta mais claramente no binômio Estado-Segurança. Para entender essa crise, vale voltar ao pensamento original sobre o qual se fundamenta o conceito de Estado: os indivíduos alienam sua liberdade ao Estado, que lhes garante segurança nos planos doméstico e internacional[79]. Todavia, o Estado não tem mais condições de garantir a segurança doméstica, que é basicamente fundada sobre a previdência social, a segurança econômica (com especial destaque para a geração de empregos) e a integridade física dos cidadãos. Além disso, a crise do *welfare state*, especialmente nas duas últimas décadas, abalou drasticamente a legitimidade do Estado; a crise dos *subprimes* mostrou os limites financeiros e políticos da capacidade do Estado em controlar os mecanismos econômicos que se realizam em seu próprio território e atravessam suas fronteiras por meio dos fluxos financeiros internacionais; e há incapacidade organizacional do Estado em garantir a efetiva segurança física dos indivíduos no seu território em virtude da sofisticação das ações violentas, como 11 de Setembro, máfias e violência urbana.

Assim, o contrato securitário hobbesoniano – preceito caro aos politicistas – é questionado em razão da separação do "Estado" e da "Segurança", que só faz agravar o déficit de legitimidade do primeiro. Acrescenta-se a isso a interferência dos órgãos internacionais, como FMI e Banco Mundial, nas formulações e implemen-

---

[78] Inúmeros autores apresentam sínteses dos principais enfoques teóricos dos estudos das relações internacionais. Cita-se um dos mais pedagógicos deles: Gérard Dussouy, *Traité des relations internationales* (Paris, L'Harmattan, 2007); em termos de visão crítica, ver Marie-Claude Smouts, *Les nouvelles relations internationales* (Paris, Presses Sciences Po., 2008).
[79] Julien Freund, *L'essence du politique* (Paris, Sirey, 1965, cap. 1).

tações de políticas domésticas e externas dos países em desenvolvimento. Nestes, a fragilidade do Estado se manifesta pela sua retirada de determinados espaços sociais – favelas ficam, por exemplo, nas mãos de máfias –, econômicos – especialmente porque os fluxos financeiros internacionais estão sob domínio dos investimentos institucionais internacionais – e ambientais –em razão desses problemas serem, mais e mais, mundiais. Há ainda a emergência de novos atores no cenário internacional, tais como as multinacionais, as ONGs e as máfias. Desse modo, tem-se, de um lado, o mundo dos Estados (ou das Relações Internacionais) e, de outro, o mundo multicentrado. Este diz respeito, evidentemente, aos movimentos financeiros internacionais e aos fluxos internacionais da imigração, da comunicação, da informação e da cultura, que escapam cada vez mais ao controle político do Estado, quer seja no sistema fechado da China, quer seja em qualquer país minimamente democrático do mundo[80].

Segundo os politicistas das Relações Internacionais, não muda nada que o Estado, diante do processo de globalização, tenha se debilitado muito ou pouco, pois continua a existir a centralidade do Estado no sistema internacional. Neste, enfatizam os realistas e neorrealistas, cada Estado nacional procura maximizar "seus interesses", especialmente os de segurança e/ou de expansão econômica ou geoestratégica. Verifica-se, contudo, que não existe, no sistema de Relações Internacionais, um "governo mundial" ou "governo supremo", que tenha meios de coação e que seja capaz de evitar a "anarquia". Essa é, com efeito, amplificada por guerras e conflitos que os Estados travam entre si para concretizarem suas aspirações nacionais de segurança e/ou de desenvolvimento.

Assim, os Estados se desenvolvem na alternância da guerra e da paz, ou no campo "diplomático-estratégico"[81], como sustentam os realistas. Situação essa na qual, segundo os neorrealistas que enfatizam os aspectos econômicos, está-se na cena internacional diante de empresas oligopolistas que procuram maximizar seus lucros e de Estados que se esforçam em garantir sua sobrevivência ou perenidade. Decorre daí que a política internacional é voltada para os objetivos de estratégia militar e, desse modo, os interesses nacionais se reduzem aos da segurança[82].

---

[80] Para um enfoque sociopolítico, ver Bertrand Badie, "Ruptures et innovations dans l'approche sociologique des relations internationales", *Revue des mondes musulmans et de la Méditerranée*, n. 68--69, 1993; para um enfoque politicista, ver Frédéric Charillon, *Politique étrangère, nouveaux regards* (Paris, Presses Sciences Po., 2002, parte 1); e para uma análise econômica e financeira, ver Pierre--Noël Giraud, *Le commerce des promesses* (Paris, Seuil, 2009).
[81] Raymond Aron, *Guerre et paix des nations* (Paris, Calmann-Lévy, 1962), p. 33-40.
[82] Kenneth Waltz, *Theory of International Politics* (Nova York, McGrawHill, 1979).

Para sair do enfoque tradicional das relações internacionais visto sob o ângulo da "guerra ou paz", diversos atores desenvolveram novas teorias com a incorporação de atores não estatais.

1.2. Relações internacionais com pluralidade de atores-organizações

Inúmeros autores passaram a considerar na discussão, além do Estado, outros atores, como as multinacionais e as ONGs[83]. Do ponto de vista econômico, as análises sobre a globalização insistem no que se refere às mudanças nas formas de intervenção do Estado ou à "retirada" do Estado de certas funções econômicas que foram outrora essenciais para a constituição de sua consistência e onipresença[84]. Entende-se que esse processo traduziu-se em "perda" de poder e de autoridade em benefício de atores privados, o que significa perda de legitimidade e eficiência, bem como de vazamento de sua responsabilidade. Decorre daí que o papel econômico do Estado-nação tornou-se obsoleto, ou simplesmente marginal, no processo econômico[85]. Assim, falar de "retirada" ou de "perda" do poder do Estado – ou de perda de sua soberania, legitimidade, capacidade ou autonomia – é situar-se na visão normativa ou jurídica, que não permite entender quais mudanças formais do Estado foram de fato geradas pela globalização e quais são os papéis do Estado no processo de acumulação no presente ou no passado – quando muitas de suas atuais funções eram "privatizadas", como coleta de impostos, serviços alfandegários etc. –, nos atuais países centrais[86].

Já os politicistas partem, em termos metodológicos, do Estado ao qual incorporam novos entes com poder de contestação, de legitimação ou de *expertise* científica ou tecnológica. Assim, têm-se novos entes ao lado do Estado. É, com efeito, um avanço em termos de realismo analítico, mas do ponto de vista metodológico não há mudança: continua-se pensando e agindo em relações internacionais na maneira de sempre, de modo menos ortodoxo do que os realistas e neorrealistas, mas ainda vendo-as como relações interestatais ou estadocêntricas.

---

[83] Marcel Merle, *Les acteurs dans les relations internationales* (Paris, Economica, 1990).
[84] Susan Strange, *The Retreat of the State: Diffusion of Power in the World Economy* (Cambridge, Cambridge University Press, 1996).
[85] Tese amplamente divulgada e sustentada por autores do *mainstream*, tais como Michael E. Porter, *Vantagem competitiva* (Rio de Janeiro, Campus, 1989); Robert Reich, *L'économie mondialisée* (Paris, Dunod, 1993); ou Peter F. Drucker, *O melhor de Peter Drucker: a administração* (São Paulo, Nobel, 2002). Uma vasta literatura "justifica cientificamente" a necessidade de privatizações de entes públicos nos países centrais, e mais ainda nos países periféricos.
[86] Refere-se aqui especialmente a Charles Tilly, *Coercion, Capital and State Making, and European States* (Londres, Basil Blackwell, 1990); e Fernand Braudel, *Civilização material, economia e capitalismo* (São Paulo, WMF Martins Fontes, 2012, vol. 1).

O endividamento visto pela teoria

Os autores mais radicais tentaram ir adiante: introduziram um novíssimo ator, o indivíduo, que é, todavia, definido como ser histórico singular ou como "uma construção analítica" (ideal-tipo). Segundo Michel Girard, "quando o leitor não encontra seres singulares e identificados ['personalidades públicas importantes'], ele cruzará indivíduos abstratos [...] desencarnados de suas próprias singularidades para atender às necessidades de análise"[87]. Está-se falando, portanto, ou de "grandes homens", como chefes de Estado e similares, ou de "profetas"[88], ou ainda de cidadãos perturbadores da ordem estabelecida[89]. Mesmo Susan Strange, grande crítica da ortodoxia, também acredita ser importante levar em consideração os indivíduos na apreensão da política internacional. Ela chega a dar nome e sobrenome "às coisas", especialmente quando afirma que

> se indivíduos, homens e mulheres, pudessem deter um papel na evolução do sistema mundial ou na economia política internacional, é uma proposição que não merece nem sequer ser discutida. O leitor de jornal o mais distraído, ou o aluno medíocre de aula de história, não têm nenhuma dúvida a respeito disso. Quem poderia negar que a política mundial pudesse ter tomado outro rumo sem Bismark, De Gaule, ou mesmo Thatcher? Ou que o curso do desenvolvimento na África ou na Ásia não tivesse sido influenciado por Kuan Yew[90], Idi Amin, Khadafi ou Saddam Hussein? Quem ousaria pretender que as economias nacionais e, indiretamente, a economia mundial não foram afetadas pelas decisões de J. P. Morgan, pela aliança de Benjamin Strong e de Montagu Norman contra Etienne Moreau[91], pela engenhosidade de Schacht ou pelo senso de inovação e pela gestão dos Ford, Rockefeller, Carnegie e Agnelli do mundo dos negócios?[92]

Essas observações são de suma importância, mas são marginais na estrutura de argumentação da autora. Seu enfoque continua sendo o da análise econômica tradicional, que é baseada em "estruturas", em especial quando afirma que "[...] as modi-

---

[87] Michel Girard (org.), *Les individus dans la politique internationale* (Paris, Economica, 1994), p. 11.
[88] Marcel Merle, "Les prophètes désarmés", em Michel Girard (org.), *Les individus dans la politique internationale*, cit., p. 181-97.
[89] Tese sustentada por James N. Rosenau, "Les individus en mouvement comme source de turbulence globale", em Michel Girard (org.), *Les individus dans la politique internationale*, cit.
[90] Primeiro-ministro de Singapura de 1959 a 1990.
[91] Respectivamente, presidente do Banco Central dos EUA, presidente do Banco Central da Inglaterra e presidente do Banco Central da França. Esses três personagens tiveram um papel decisivo na estruturação do sistema monetário dos anos 1920.
[92] Citado em Michel Girard (org.), *Les individus dans la politique internationale*, cit., p. 217. Ver amplo desenvolvimento dessa tese em duas obras de Susan Strange, *States and Market* (Londres, Pinter Publishers, 1988) e "Traîtres, agents doubles ou chevaliers secourables? Les dirigeants des entreprises multinationales", em Michel Girard (org.), *Les individus dans la politique internationale*, cit.

ficações do destino dos indivíduos resultam de mutações estruturais, muitas vezes ignoradas ou esquecidas pelos politicistas, notadamente aquelas que afetam o que eu chamo de estrutura de produção, estrutura financeira e estrutura dos saberes"[93].

Nesse tipo de análise de Strange e nos enfoques dos politicistas das relações internacionais, o Estado não perdeu nada da sua centralidade, nem mesmo com o acréscimo de novos atores. Em termos analíticos, continua-se raciocinando em termos de "relações internacionais" com mais atores. Ora, analisar as "relações internacionais" por meio dos Estados ou dos Estados *mais* outros atores é continuar pensando em termos de relações estadocêntricas. Ou seja, situa-se ainda em um mesmo espaço teórico dentro do qual o Estado tem um papel de centralidade e é um princípio explicativo *de per si*. Significa dizer que o que vale para um ator (Estado) vale, igualmente, para n+1 atores, subordinados ou não.

Decorre daí que, para sair desse enfoque, pode-se pegar o problema pelo reverso: considerar a política internacional como política pública.

1.3. Política internacional enquanto política pública

As análises de política pública partem do conceito de Estado definido pelo "modelo racional" – teorizado por Herbert Simon, ao qual voltaremos adiante – que constitui o paradigma dominante em ciências sociais[94]. O Estado é considerado um ator racional, que sabe maximizar seus interesses. Foi, evidentemente, com essa base teórica que o politicista Jean Leca foi levado a definir "o que é governar". Diz ele: "Governar é tomar decisões, resolver conflitos, produzir bens públicos, coordenar os comportamentos privados, regular mercados, organizar eleições, extrair recursos, alocar despesas". Tarefas que são passíveis de execução se existir um governo com

> autoridade suprema, definida de maneira clara e incontestável; uma hierarquia central de funções públicas; uma esfera de competência distinta no seio da qual suas decisões são obrigatórias; um território contínuo sobre o qual se exerce sua autoridade; uma identidade e uma presença simbólica sensíveis para todos seus cidadãos; o monopólio efetivo dos seus meios de coerção legítimos; a capacidade de aplicar diretamente suas decisões aos indivíduos e aos grupos a que elas visam; a autoridade exclusiva sobre os movimentos de bens, serviços, capitais e pessoas no seio de suas fronteiras.[95]

---

[93] Ibidem, p. 218.
[94] Em Economia, esse modelo racional é conhecido como o "núcleo central" da teoria econômica tradicional, cuja apresentação e crítica podem ser encontradas em Bernard Guerrien, *La théorie économique néoclassique* (Paris, La Découverte, 2008). Para uma crítica mais geral, ver Alain Caillé, *Splendeurs et misères des sciences sociales* (Geneve, Droz, 1986).
[95] Jean Leca, *Gouvernement et gouvernance à l'aube du XXIe siècle* (Paris, Mimeo, 2009), p. 23.

Cabe destacar que essa definição do Estado é, evidentemente, jurídica e constitucionalista[96], uma vez que estabelece regras ou procedimentos administrativos a serem seguidos e respeitados no encaminhamento de soluções aos problemas públicos. Essa definição é importante, mas é bastante restritiva na medida em que ignora todo e qualquer conflito de interesse inerente a toda e qualquer tomada de decisão pública. Ora, a decisão pública só se viabiliza de fato com base na negociação e na barganha entre os membros do *staff* da organização, com participação, direta ou indireta, do *porta-voz* dos eleitores, ou daquele ator – designado formalmente ou não – que fala em nome deles. Se esse raciocínio formalista for levado até suas últimas consequências, chega-se a perguntas do tipo: quem governa? Quem fala? Quem é a voz do Brasil? Em outras palavras, com esse tipo de enfoque, quer-se fulanizar[97]!

Constata-se, efetivamente, que nessas perguntas está implícita a existência de um espaço decisional público, que pode ser considerado, até mesmo, o único lugar de decisão capaz de apontar a "direção" a ser seguida pela coletividade e no qual são tratadas suas demandas sociais, resolvidos seus conflitos, garantida a sua representatividade. Tal concepção de Estado é bastante genérica para ter sentido ou ser capaz de informar sobre o real funcionamento da tomada de decisão. Dito de outra forma, a hipótese central que sustenta essa abordagem é que se está diante de uma conduta racional, que deve ser, necessária e automaticamente, "maximizadora". Isso pressupõe que toda decisão do Estado deve ser de fato uma justa combinação dos fatores determinantes, tais como: deve-se saber exatamente quais os valores e objetivos a ser seguidos pela nação, qual a estimativa de todas as consequências de cada uma das ações da nação e qual avaliação final pode ser feita do conjunto das consequências de todas essas ações.

Assim, pensar que o comportamento governamental se apresenta sob essa forma é pensar que se está diante de um decisor único, racional, centralizado, bem informado e capaz de maximizar um valor. Acontece, no entanto, que o governo não age como se fosse um único homem representado pela figura do presidente da

---

[96] Vale lembrar manchetes de jornais como as seguintes: "O governo Lula decidiu que..." ou "Lula decidiu que...". Nessa perspectiva analítica, refere-se à obra clássica de Robert Dahl, *Who Governs? Democracy and Power in an American City* (New Haven, Yale University Press, 1961).

[97] Mesmo adotando o tipo de análise apontado, os autores sempre relativizam suas conclusões. Nesse sentido, vale referir-se à situação da presidência da República na França, onde o Parlamento é ignorado: "Há ausência de controle do Parlamento sobre a política externa, que é consultado somente em grandes ocasiões, o que se deve sobretudo à cultura política francesa do que aos obstáculos institucionais. Os partidos, por sua vez, são pouco equipados para tratar seriamente das questões internacionais [...]" (C. Trean, "Quai, Elysée, Matignon: les centres de decision en matière de politique étrangère", *Revue Française d'Administration Publique*, n. 69, jan.-mar. 1994, p. 47).

República, ou do ministro de tal setor, ou de um super-homem qualquer. Ao contrário, o *governo é um conglomerado de organizações*, meio feudais, meio autônomas, pouco interligadas, com lógicas de análise e de ação próprias e, muitas vezes, totalmente contraditórias ou antagônicas. Além do mais, os governos percebem os *"problemas"* por meio das "leituras" de suas *organizações*. Os *dirigentes dessas organizações decidem "o que é problema" e "o que não é", o que "pode ser feito" e o que "não pode ser feito"*; ou seja, cada organização tem suas rotinas de "fabricação" – no sentido construtivista, como será mostrado adiante – de problemas e soluções. Dito de outra forma, a *política de definição de problemas* é de fato um processo que se encontra no cruzamento dos valores compartilhados em uma sociedade – ou do seu grupo hegemônico –, dos saberes profissionais mobilizados pelas organizações envolvidas, das reivindicações dos grupos de interesse organizados, das informações científicas disponíveis e das limitações – sociais, políticas e econômicas – das ações públicas[98].

Definir problemas consiste em descrever, explicar, recomendar e, sobretudo, convencer (*com-vencer*, com hífen!). Trata-se de uma atividade que é, ao mesmo tempo, intelectual, no sentido de ler e interpretar o real, e política, no sentido de impor seu ponto de vista aos outros grupos sociais e sustentar certos interesses ou estratégias em detrimento de outros. Além disso, ela está inscrita nas questões levantadas ou levantáveis, tais como: 1) causalidade: de onde vem o problema constatado? Aqui, se passa a atribuir responsabilidades; 2) severidade: o problema levantado é importante? É politicamente viável inscrevê-lo na agenda? Tal é o exemplo da ação em torno das mudanças climáticas: para uns, ela é insignificante, enquanto para outros ela é de suma importância, por isso é preciso agir já; 3) população interessada: qual é o público-alvo? Qual é sua percepção do problema? É factível política e economicamente atendê-lo?; e 4) soluções: as saídas disponíveis são viáveis economicamente e aceitáveis politicamente? São compatíveis com outras ações públicas?[99] Contrariam ou não os interesses e valores dos tomadores de decisão?

Assim, descobre-se que os valores, sejam eles teóricos, culturais ou paradigmáticos, definem e formatam as agendas políticas. Os porquês da não consideração e/ou da retirada de determinados problemas da agenda explicam-se, fundamentalmente,

---

[98] As definições e implementações de políticas públicas são regidas por um conjunto de variáveis políticas, organizacionais e outras, como no caso da política de trabalho ou de saúde. Ver os seguintes trabalhos empíricos: Philippe Garraud, *Le chômage et l'action publique: le bricolage institutionnel* (Paris, L'Harmattan, 2000) e Pierre Favre, *Sida et politique: les premiers affrontements (1981-1987)* (Paris, L'Harmattan, 1992).

[99] Jacques de Maillard e Daniel Kübler, *Analyser les politiques publiques* (Grenoble, PUG, 2009, cap 1).

pelo enfoque dos decisores. Acrescenta-se ainda o peso e a importância do "fator organizacional" no processo de tomada de decisão, ou seja, os espaços organizacionais onde se dão e se concretizam a "aplicação ou implementação" da ação decidida em nível macro (a "decisão").

Embora existam duas "fases" no processo decisional público – a "decisão" e a "implementação" –, ressalta-se que, na realidade, a segunda não é um nível inferior ou subalterno à primeira; ao contrário, os atores que operacionalizam a "implementação" participam, como agentes e redes operacionais, da "decisão". Essa participação se dá, efetivamente, na *escolha de uma determinada "solução"* entre todas as disponíveis. Pode-se afirmar, por isso, que a "implementação" é parte integrante da "decisão" e é também política, uma vez que ela, por meio de seus processos e procedimentos, da identidade e do papel dos seus atores, assume a forma de uma arena, que é objeto de conflito, de negociação, de viabilização de certos interesses e políticas.

Esse processo decisório, tortuoso e diverso se complexifica quando, em uma ação pública, são envolvidas diversas organizações governamentais. Vale lembrar que o governo é um conglomerado de organizações e que cada uma delas define sua agenda com seus próprios procedimentos burocráticos e critérios de gestão e, evidentemente, de legitimação. Assim, um "problema multidimensional" envolve várias organizações, cada uma delas com sua própria análise e solução, as quais nem sempre refletem preocupações e competências das organizações envolvidas ou da organização central. Soluções que são, de qualquer modo, "multidisciplinares" e "multissetoriais" – o que as torna, em geral, complexas –, que não podem privilegiar interesses ou políticas de uma organização em detrimento de outra, nem premiar critérios de gestão de uma organização em detrimento da concorrente[100].

Decorre desse fato que as fases de "decisão" e de "implementação" não são hierárquicas, no sentido de se dizer que existe, de um lado, uma decisão (ou política) e, de outro, sua aplicação. Não existe também possibilidade de julgar uma com a visão – ou procedimentos e critérios – da outra. Tem-se apenas sistemas de ações verticais e transversais operacionalizados em projetos, os quais favorecem (sempre) interesses e políticas de atores específicos, entes ou pessoas físicas. Conclui-se, portanto, que a "decisão" não é concentrada somente nas mãos do decisor (ou decisores) situado no topo da pirâmide organizacional; ao contrário, a "decisão" é transgredida por todos os níveis da estrutura e por todos os atores (especialmente

---

[100] A apresentação dos modelos de decisão e de avaliação encontra-se em Rabah Benakouche, *Decisão de inovação* (Rio de Janeiro, Vozes, no prelo).

os de peso) que dela participam, por dentro ou por fora. Dito de outra forma, na confecção da "decisão" participa uma multiplicidade de atores que perseguem seus interesses e políticas, sem necessariamente seguir os objetivos fixados pelo chefe da organização.

Tendo isso em vista, é possível afirmar que a "implementação" é uma "fase" de um processo complexo e conflituoso de negociação e controle de uma multiplicidade de atores. Além disso, a "decisão" nunca é formulada de forma clara: é sempre embebida de ambiguidade, contradições e zonas de incerteza que permitem aos atores agirem, em especial na fase de "implementação". Tudo isso representa, de fato, um caminho no qual a "decisão" acaba por ser mudada – pelas beiradas –, dando lugar a um processo de aprendizagem que permite, social, política e organizacionalmente, sua "implementação"[101].

Situar e inserir o que acaba de ser dito em uma política pública com contornos internacionais indica a complexidade de entendimento e de interpretação de uma política internacional, quer seja de natureza econômica, como a do endividamento, quer seja de cunho político ou diplomático. Com efeito, conforme discutido, os eventos de política internacional que dizem respeito às questões do endividamento externo do Brasil, por exemplo, envolvem inúmeras organizações do governo e entes privados, bem como uma multiplicidade de atores de ambas as áreas.

Fato é que o resultado final – ou *output* organizacional – não obedece sempre, como era de se esperar, a algum tipo de racionalidade econômica ou técnica. Nota-se, por isso, que o "espaço decisional" do Estado é praticamente uma arena política, na medida em que, em cada decisão tomada, atende a certos interesses e combate outros, favorece ou rebaixa certas posturas, cria ou suprime oportunidades. Em suma, cada decisão acaba por provocar vítimas, porque não existe "política ordinária"[102]. Cabe – como sempre – ao político escolher suas vítimas e seus excluídos.

Diante disso, torna-se necessário inverter o paradigma das relações internacionais: em vez de considerá-las como relações estadocêntricas, passa-se a apreendê-las *como relações que se concretizam e se viabilizam entre e por meio de organizações*. Desse modo, justifica-se a introdução do estudo do "fato organizacional" na análise e no entendimento da política internacional, a seguir.

---

[101] Essa concepção de políticas públicas foi iniciada por Aaron Wildavsky, *Speaking Truth to Power* (Boston, Little Brown, 1979), e hoje é retomada por diversos estudiosos do tema. Ver, a esse respeito, o balanço teórico apresentado por Pierre Muller, "Esquisse d'une théorie du changement dans l'action publique", *Revue Française de Science Politique*, v. 55, n. 1, 2005.
[102] Pierre Favre, "Y a-t-il un rapport ordinaire au politique", em Jean-Louis Marie (org.), *L'ordinaire: modes d'accès et pertinence pour les sciences sociales et humaines* (Paris, L'Harmattan, 2002).

2. Relações internacionais enquanto relações entre organizações

Para apreender as relações internacionais a partir das organizações, considera-se necessário o estudo do "fato organizacional", no primeiro momento, seguido de uma apresentação das relações internacionais enquanto relações de organizações.

2.1. Organizações, staff e interesses

Em matéria de análise das organizações, foram produzidas, essencialmente, duas grandes teorias[103]. A primeira abordagem é qualificada como clássica, pois foi formulada por autores como Frederick Taylor e Jules Henri Fayol, fundadores desse gênero de estudos. Ela assimila as engrenagens da organização aos mecanismos de uma máquina e, portanto, define seu funcionamento sobre a base da racionalidade "pura e perfeita". A segunda abordagem foi iniciada por Herbert Simon[104], que criticou a anterior e abrandou suas hipóteses de base, o que o levou a formular, com James G. March, a teoria da "racionalidade limitada"[105]. Em seguida, esta última foi retomada e aprofundada nos trabalhos de Richard M. Cyert e James G. March[106], Graham Allison e Philip Zelikow[107], e de Erhard Friedberg[108].

A primeira abordagem não poderia ser o centro aqui porque ela não se ocupa da questão dos jogos estratégicos, objeto de estudo desta obra. No mais, ela já foi alvo de uma crítica cerrada, sobre a qual, portanto, não é necessário voltar. Por outro lado, a segunda abordagem merece ser considerada, uma vez que seu objetivo consiste, justamente, em explicar a racionalidade dos jogos organizacionais.

Primeiramente, é necessário lembrar o alcance e os limites da teoria de Herbert Simon, para, em seguida, discutir-se a análise estratégica.

---

[103] Uma análise teórica e empírica na perspectiva aqui adotada é desenvolvida em Rabah Benakouche, *O que é globalização*, cit., parte II.

[104] Para uma apresentação sintética e recente de suas teses, ver Herbert Simon, "Rational Decision--Making in Business Organization", *American Economic Review*, n. 4, set. 1979, e *Administration et processus de décision* (Paris, Economica, 1984).

[105] A questão da racionalidade limitada foi formulada pela primeira vez por Herbert Simon e James G. March, *Les organisations* (Paris, Dunod, 1964). Ver, em particular, o capítulo VI.

[106] *Le processus de décision dans l'entreprise* (Paris, Dunod, 1970).

[107] Graham Allison e Philip Zelikow, *Essence of Decision: Explaining the Cuba Missil Crisis* (Boston, Little Bravo and Co., 1971) e "L'essence de la décision", *Cultures et Conflits*, v. 1, n. 36, 2000.

[108] Erhard Friedberg, "L'analyse sociologique das organisations", *Revue Pour*, n. 1, 1972. Trata-se da obra na qual foi exposta, de maneira sistemática, a análise estratégica. Michel Crozier expõe, inicialmente, os primeiros elementos dessa abordagem em seu livro *Le phénomène bureaucratique* (Paris, Le Seuil, 1964).

2.1.1. O modelo racional

Para a teoria econômica neoclássica, a empresa confunde-se com um indivíduo, único patrão e decisor. Ela dispõe de todas as informações relativas às transações em todos os mercados, e fixa, racionalmente, seus níveis de preço e de produção para atingir seu objetivo maior: o lucro máximo. Logo, os objetivos estão claramente definidos e a organização os persegue como se fosse um homem só[109].

Esse modelo de ator único e racional encontra-se desenvolvido com toda uma sofisticação matemática nas análises microeconômicas – com destaque aos trabalhos de Gérard Debreu e Robert Solow, entre outros – e de planificação estratégica – BCG e McKinsey, por exemplo. Como não se enquadra no mundo dos negócios, Herbert Simon foi o primeiro autor a mostrar seu irrealismo, como se destaca no que segue.

2.1.1.1. Teoria da racionalidade limitada

Simon mostrou o irrealismo das hipóteses do modelo racional, detectando especialmente a não operacionalização dos objetivos da empresa, tal como postulados por esse modelo. Para torná-los operacionais, ele os fracionou em subobjetivos. Assim, a hipótese da maximização é abandonada em benefício de uma análise dos decisores, os quais procurariam estabelecer subobjetivos realistas e alternativos a fim de encontrar combinações produtivas que pudessem melhor satisfazer suas preferências. Com efeito, escreve Simon, a formulação de subobjetivos "[...] dependerá dos conhecimentos, das experiências e do ambiente dos decisores. Diante desta ambiguidade, tal formulação poderá também ser influenciada de maneira mais ou menos sutil, por seu interesse pessoal e as redes de poder"[110].

Tal é, portanto, a base a partir da qual Simon formula sua teoria da racionalidade limitada. Partindo dela, o autor distingue três fases no processo de decisão: a fase da inteligência ou identificação dos problemas; da modelização ou concepção; e da escolha ou seleção da melhor solução.

Esse modo de leitura permite designar as características da melhor decisão e/ou racionalidade "objetiva", como ele a qualifica. A materialização e a simplificação desta última obtêm-se, por conseguinte, no quadro da racionalidade limitada. Assim:

> » a otimização é substituída pela satisfação, ou seja, entre todas as soluções examinadas, a saída a considerar será aquela que irá igualar ou ultrapassar o nível de aspiração definido antecipadamente;

---

[109] Uma apresentação crítica desse modelo teórico é realizada por Bernard Guerrien, *La théorie économique néoclassique*, cit.
[110] Herbert Simon, "Rational Decision-Making in Business Organization", cit., p. 43.

» as possibilidades de ações e as consequências são descobertas de maneira sequencial, e não de maneira preestabelecida;
» os diversos programas de ação são relativamente independentes uns dos outros.

Em resumo, o decisor é racional, porém sua racionalidade é limitada por diversos fatores, a saber: sua falta de conhecimentos, sua incapacidade de memorizar todas as suas escolhas anteriores e, consequentemente, sua falta de domínio de meios de previsão dos acontecimentos futuros. Logo, pretendendo-se realista, ele fixa objetivos em curto prazo e satisfaz suas necessidades de maneira sequencial. Além disso, não procura a melhor solução, porém se contenta com a primeira saída julgada satisfatória. Esta última pode ser a que ele tem o hábito de utilizar na resolução dos problemas rotineiros ou completamente nova. Assim, quando da escolha de uma ou de outra solução considerada, o decisor está sempre condicionado pelos componentes do seu ambiente psicológico.

Estes resultam, pois, da aprendizagem (isto é, curva de experiências), da memória (estoque de informações), do hábito (soluções de rotina) e de estímulos de quem decide. Além desse condicionamento interno, há também aquele que a organização exerce sobre ele. Constata-se que a influência desta última exprime-se de diversas maneiras: por seus modos e formas de execução de tarefas determinadas; seu sistema de poder entre as divisões administrativas; suas formas de circulação interna da informação; e sua imagem pública.

A tese de Simon foi aprofundada e também criticada por inúmeros pesquisadores. Em vista disso, considera-se aqui a análise de Richard M. Cyert e James G. March, que a aprofundaram, definindo a organização como uma coalizão de indivíduos.

2.2. Organização como coalizão política

Retomando a tese de Simon e ampliando-a, Cyert e March[111] formulam a seguinte ideia: os decisores individuais estão ligados entre si por sua concepção da organização, a qual seria uma coalizão de indivíduos. Cada um desses indivíduos tem aspirações próprias e procura atingi-las por meio do funcionamento cotidiano da empresa. Segue-se daí que os objetivos desta última não poderiam ser definidos e estabilizados senão por meio de negociações abertas entre esses indivíduos, negociações que devem, necessariamente, traduzir-se pela concessão de vantagens materiais. Tal estado de negociação permanente confere um comportamento à

---

[111] Ver também uma apresentação do pensamento desses autores por Thierry Weil, *Le leadership dans les organisations* (Paris, EMP, 2008).

empresa mais adaptável que maximizador, o que dá lugar a um "excedente organizacional", isto é, à existência de um orçamento especial utilizado para manter a coesão do grupo dirigente. Esse não é, evidentemente, homogêneo; ao contrário, seus membros agem no quadro das racionalidades locais[112] em relação a uma performance determinada da empresa. Eles procuram, de fato, uma solução satisfatória a si mesmo; não podem estar satisfeitos senão de modo sequencial. Vale lembrar que é assim porque eles têm, com efeito, interesses contraditórios; logo, sua satisfação só pode ser obtida desdobrando-a no tempo.

O reconhecimento da existência dos interesses e dos objetivos do *staff* como aqueles da organização conduziu os autores a afirmar que as organizações não têm objetivos. Já o processo de decisão, para Cyert e March, obedece às seguintes etapas:

» nasce da comparação das informações disponíveis sobre o meio e os objetivos perseguidos pelo *staff*;
» é fracionado em subproblemas, correspondendo às divisões segundo a competência institucional e técnica de cada uma delas;
» é tratado por essas divisões segundo tal competência;
» recebe uma solução global satisfatória, que é resultante das soluções parciais consideradas pelas divisões interessadas, isso levando em conta os interesses empenhados pelos blocos no poder e o modo de tratamento sequencial do problema.

Em resumo, os autores dinamizam o modelo de Simon, identificando as etapas do processo de decisão a um processo de aprendizagem, uma vez que consideram que ele tem situações que se repetem constantemente. Além disso, com essas análises, os interesses e objetivos dos atores tornam-se o nó nevrálgico da organização e, consequentemente, da tomada de decisão. É preciso ressaltar, no entanto, que embora os autores tenham feito avançar a análise estratégica, suas contribuições apresentam limites.

2.2.1. Limites explicativos do modelo da racionalidade limitada
As contribuições de autores como Simon, March e Cyert para a análise da organização são públicas e notórias. Mais rara é a crítica pertinente aos seus trabalhos. No que segue, insiste-se nos "pontos cegos" de suas abordagens com o

---

[112] Isto é, o ator maximiza as cifras sobre as quais ele é julgado. Assim, o vendedor tende a maximizar a cifra de negócios; o responsável financeiro, o *cash-flow*.

objetivo de ressaltar a tese que será desenvolvida aqui, que entende a organização como um campo de lutas. Nesse sentido, dois pontos merecem atenção: a limitação do jogo organizacional à sua única dimensão econômica e a transparência desse jogo.

1) A base materialista do jogo organizacional

Se for verdade que Cyert e March ampliaram sensivelmente o modelo da racionalidade limitada, é preciso observar que eles não abandonaram seu "núcleo duro". Constata-se, por exemplo, que o conceito de "excedente organizacional" está situado exclusivamente no terreno material, isto é, na lógica da organização, na redução do jogo dos atores a um jogo econômico. Ora, pesquisas recentes mostraram que o econômico é somente uma das dimensões da prática social[113]. No quadro desta última e em certos contextos, o econômico não é determinante nem em primeira nem em última instância. Ao adotar a abordagem econômica, os autores em questão não mencionam certas categorias de fatos que são decisivas, até mesmo determinantes, na tomada de decisão, tais como as preferências pessoais dos atores e suas redes de alianças.

2) A transferência do jogo organizacional

A redução dos jogos organizacionais à sua dimensão econômica e/ou material conduz Cyert e March a serem deterministas. Ora, contrariamente ao que afirmam esses autores, o decisor não tem objetivos – econômicos ou outros – claramente determinados. Pelo contrário, suas preferências são transformadas ao longo do processo de decisão porque, ao orientar sua ação em um certo sentido, ele é constantemente chamado a modificá-las. Além disso, ao escolher suas ações e objetivos, o decisor os define em termos vagos de maneira a descobrir e a construir, aos poucos, suas preferências. Estas últimas são, de certa maneira, o resultado de suas interpretações do comportamento dos outros atores, das incertezas e riscos, de erro na definição das metas da organização, dos compromissos condicionais desta última, entre outros. Pode-se afirmar ainda que o decisor assume a heterogeneidade de seus gostos e a incoerência de suas preferências, declaradas ou não. Por essas razões, ele é levado a agir em conformidade com elas.

---

[113] Refere-se especialmente às contribuições teóricas de Albert Hirschman, Pierre Bourdieu e outros, apresentadas por Alain Caillé, *Splendeurs et misères des sciences sociales*, cit., parte I.

Ora, esses comportamentos são difíceis de justificar à luz dos princípios de clareza e de coerência do tipo "deve-se saber o que se quer". Contrariamente a esse princípio postulado pelos autores em questão, o decisor age sem saber, total ou exatamente, o que ele deseja. Em geral, ele usa a dissimulação de suas preferências, a fim de não ficar vulnerável em face de seus interlocutores. Em resumo, as preferências do ator são diferentes daquelas postuladas pelo modelo de Cyert e March, assim como seus comportamentos relacionais[114].

O modelo da racionalidade limitada é, de fato, determinista. Ele o é porque substitui a intencionalidade dos atores por sua liberdade de escolha; um determinismo econômico à luz do qual sua verdadeira capacidade de decisão é, em última instância, insignificante ou nula. A finalidade atribuída pelo indivíduo às suas ações é secundária, falsa ou, em todo caso, não é a causa profunda dos comportamentos dos atores na organização.

Em suma, observa-se que, para os autores, os jogos se fazem e se desfazem no estrito respeito às regras do jogo organizacional, cujo conteúdo é, em última instância, de ordem econômica. Os jogos dos atores seriam, então, visíveis e previsíveis. Trata-se de um "ponto cego" dessa análise, cujos trabalhos de Michel Crozier e Erhard Friedberg, em outra perspectiva, tentaram ultrapassar.

2.3. Modelo estratégico

Crozier e Friedberg propõem substituir o modelo racional da organização pela análise estratégica, na qual o poder constitui a variável central.

a) Caracterização do modelo

Para os autores, a estrutura organizacional – qualificada na sua terminologia de "sistema de ação concreto" ou "construída pela ação coletiva" – é regulada por um conjunto de regras que fixam as metas oficiais e os meios para atingi-las. Percebe-se, entretanto, que a dimensão oficial não abrange toda a realidade complexa da organização; logo, existem zonas de incertezas estruturais, ou seja, vias de decisão para as quais não foram estabelecidas normas. Assim, no interior dessas zonas, os atores desenvolvem suas estratégias.

Disso resulta que a análise estratégica é construída, essencialmente, com base em dois conceitos-chave: a zona de incerteza e a estratégia, cujo conteúdo e contornos merecem ser definidos.

---

[114] Pierre Huard, "Rationalité et identité", *Revue Économique*, v. 5, n. 3, 1980.

1) A noção de zona de incerteza

As zonas de incertezas são espaços organizacionais ocupados por atores que dispõem de certa autonomia administrativa e trunfos pessoais. De um lado, eles estão submetidos a pressões organizacionais das quais interiorizam os parâmetros, e, de outro lado, fazem seus os meios oficiais de atingir as metas previamente estabelecidas.

Apesar desses limites, os atores (dirigentes) aproveitam certas situações concretas e contingentes para orientar as decisões da organização no sentido que lhes parece conveniente. Esse sentido não é escolhido para que a organização possa atingir um resultado ótimo; ao contrário, é definido porque o decisor o julga satisfatório. Além disso, essa definição de metas a atingir pela organização se deve, evidentemente, ao fato de que o ator desconhece toda a complexidade da estrutura do real e também porque seus objetivos são formulados em termos pouco claros. Logo, suas ações são definidas em função das oportunidades contingentes e visam à preservação dessa situação.

As zonas de incertezas devem sua existência a diversas razões, sendo as principais:

» os dispositivos de regras gerais de regulação da organização que permitem ao ator tomar, por etapas, decisões que não haviam sido previstas no detalhe;
» o domínio de uma competência técnica pelo engenheiro ou operário especializado, que lhe permite, por exemplo, adquirir um espaço de autonomia;
» o controle do nó nevrálgico da circulação das informações por um ator, que lhe permite dominar um espaço formal ou informal na organização;
» o controle de certas relações da organização com o meio ambiente, o que dá ao ator a possibilidade de ocupar o espaço de *marginal sécant*[115]. Esse ator pertence, simultaneamente, à organização e às estruturas externas, o que faz com que ele seja capaz de influenciar o futuro da organização.

2) A noção de estratégia

Para os autores, a estratégia do ator é construída socialmente. Isso quer dizer que ela não é sinônimo de vontade nem é necessariamente consciente. Com efeito, Crozier e Friedberg explicam que

> os atores têm somente uma liberdade restrita e são capazes correlativamente apenas de uma racionalidade limitada. Noutros termos, os atores – sua liberdade, seus objetivos e

---

[115] Haroun Jamous, *Sociologie de la décision* (Paris, Le Seuil, 1969).

suas necessidades ou, se quisermos, sua afetividade – são construtos sociais, e não entidades abstratas. Logo, o problema é o da conduta da pesquisa que permitirá descobrir condições materiais, estruturais, humanas do contexto que limitam e definem esta liberdade e esta racionalidade e, portanto, o sentido dos comportamentos empiricamente observáveis. Esta abordagem pode ser definida em torno do conceito central de estratégia.[116]

Assim, o ator faz uso da estratégia em função do contexto porque:

» ele "raramente tem os objetivos claros e menos ainda projetos coerentes";
» seu "comportamento tem sempre um sentido [...]. Ao invés de ser racional em relação a objetivos, ele é racional em relação, de um lado, à oportunidade do contexto que os define e, de outro lado, ao comportamento de outros atores, ao partido que estes tomam e ao jogo que se estabelece entre eles";
» seu "comportamento tem sempre dois aspectos; um aspecto ofensivo [e] um aspecto defensivo"[117].

Essas considerações conduziram os autores a afirmar que "[...] não existe mais, em última análise, comportamento irracional"[118]. Vale dizer que tanto a racionalidade quanto a irracionalidade são definidas somente pelo contexto.

b) Limites do modelo estratégico

Da análise desenvolvida pelos autores, dois pontos merecem atenção. O primeiro se refere às regras do jogo e o segundo diz respeito à redução do jogo organizacional ao jogo político.

1) As regras do jogo

A análise estratégica é passível das mesmas críticas que as dirigidas ao modelo de Simon. Em especial, merece ser lembrada aquela relativa ao seu caráter determinista. Com efeito, na análise de Crozier e Friedberg, o ator age somente segundo o princípio "sabe-se o que se quer" e no estrito respeito às regras do jogo. Portanto, conforme eles reconhecem: "o jogo concilia liberdade e sujeição. O jogador fica

---

[116] Michel Crozier e Erhard Friedberg, *L'acteur et le système* (Paris, Le Seuil, 1964), p. 69.
[117] Idem.
[118] Idem.

livre, mas se ele enseja ganhá-lo deve adotar uma estratégia racional segundo a natureza do jogo e respeitar as suas regras"[119].

Essa análise do comportamento dos atores cuja liberdade é limitada pelo respeito às regras do jogo se encontra também em outros trabalhos, particularmente nos de Graham Allison[120] e de Henry Mintzberg[121]. Entretanto, contrário ao que sustentam esses autores, os jogos não se enquadram necessariamente nas regras estabelecidas da organização. Uma das razões é que atores externos à empresa – logo, não submetidos às suas regras – também participam desses jogos. Nessa ocasião, a aliança de um dirigente com atores externos o torna mais poderoso na medida em que ele acrescenta a força de seus aliados à sua. De fato, como explica com muita justeza Bruno Latour,

> uma força encontra-se sempre cercada de *poder*, isto é, de vozes que falam em nome das multidões que não falam. Estas o definem, o seduzem, o utilizam, o maquinam, o deslocam, o contam, o incorporam, o interrompem... logo, *elas não podem mais distinguir o que ele mesmo diz, o que as potências dizem, o que ele é e o que as multidões que estas potências representam gostariam que ele dissesse.*[122]

Vale dizer que a "construção" de uma relação de força se faz e se desfaz constantemente ou no quadro das regras internas da organização, ou na periferia destas; ou em seu meio externo, ou na articulação desses espaços de influência. Em cada circunstância, é utilizado um material específico, ou seja, critérios e argumentos jurídicos, financeiros, técnicos, organizacionais, políticos ou mesmo afetivos.

---

[119] Ibidem, p. 142.

[120] Escreve ele (*Essence of Decision*, cit., p. 171): "Certas regras são explícitas, outras implícitas. Certas são completamente claras, outras dúbias. Algumas são completamente estáveis, outras mudam em permanência. Mas, de fato, é o conjunto das regras que define o jogo. Primeiro, as regras indicam as posições, os caminhos graças aos quais os homens chegam a estas posições, o poder ligado a cada posição, os caminhos da ação. Em seguida, as regras limitam o leque de alternativas ou possibilidades [...] das decisões e ações que são aceitáveis [...] Enfim, as regras sancionam certas abordagens – a barganha, as coalizões, a persuasão, o blefe e a ameaça –, tudo tornando outras atitudes ilegais, imorais, incorretas ou impróprias".

[121] O autor expõe o seguinte ("The Structure of Unstructured Decision Process", *Administrative Science Quarterly*, v. 21, n. 2, jun. 1976, p. 247): "A busca da tomada da decisão repousa plenamente sobre a atualização dos protocolos (verbalização do pensamento) utilizados pelos que decidem no momento em que eles tentam resolver problemas simples [...]. Os protocolos analisados para desenvolver simulações em computador dos processos de decisão que são aparentemente utilizados. Mesmo se há uma grande diferença entre o deslocamento de um peão no jogo de xadrez e a introdução de um novo produto no mercado competitivo, a pesquisa traz mesmo assim conclusões que parecem ligadas ao estudo dos processos de decisões estratégicas".

[122] Bruno Latour, *Les microbes: Guerre et paix suivide irréductions* (Paris, A-M. Métaillé, 1984, coleção Pandore), p. 218. Grifos nossos.

2) O jogo organizacional como jogo político

Para Crozier e Friedberg, os jogos que se fazem e desfazem na organização são reduzidos a simples jogos políticos. Essa postura os leva a continuar a emprestar uma racionalidade a esses jogos. Para melhor compreender essa questão, é preciso ter em vista que, na análise estratégica, a organização é definida como um "construído social", ou seja, um conjunto de jogadores – indivíduos ou grupos – colocados em um determinado contexto. Os jogadores são, evidentemente, dotados de interesses próprios e têm objetivos a atingir. Eles controlam, de modo desigual, as diversas fontes de poder. Isso faz com que a organização não tenha objetivos claros e precisos, definidos *a priori* e independentes do *staff*. Os problemas e suas respectivas soluções são, por conseguinte, encontrados por meio do jogo político.

Ora, em matéria de jogo político – como o ensinam Charles Lindblom[123], James Brian Quinn[124] e James G. March e Johan P. Olsen[125] –, a escolha de uma ação se faz no momento, isto é, sem referência às estratégias e aos objetivos dos interessados. É assim porque o ator, ao adotar a decisão que é sua, o faz sem poder conduzir uma avaliação global das metas e das consequências de sua decisão. Desse modo, ele procede de maneira "incrementalista", isto é, prefere uma decisão segura a uma melhor; ele corrige sem cessar sua ação, dando-se os meios e as condições de recuar e/ou de reorientar-se; evita problemas maiores, as mudanças brutas e radicais; tem uma visão micro e se preocupa com detalhes. Nesse sentido, o acaso assume um papel importante no processo global de decisão.

Vale lembrar que a racionalidade, nesse tipo de processo, tem pouco espaço. March, Cohen e Olsen[126] chegam a dizer que a racionalidade não é, de maneira nenhuma, preponderante no processo de tomada de decisão. De fato, eles consideram que uma decisão é simplesmente o produto de um encontro fortuito, quando de uma circunstância particular (oportunidade de escolha), de problemas (pendentes), de soluções (todas prontas) e de decisões mais ou menos envolvidas (participantes). Isso permite que se diga que os dirigentes frequentemente têm soluções prontas e estão à procura de problemas.

Apesar do "radicalismo" de suas observações, tais autores não estiveram em condições de reconhecer a dimensão propriamente política da empresa. Isso se deve ao fato de que eles reduzem esta última às suas dimensões econômicas e organizacio-

---

[123] Charles Lindblom, "The Science of Muddling Through", *Public Administration Review*, v. 19, n. 1, 1959.
[124] James Brian Quinn, *Strategies for Change* (Nova York, Richard D. Irwin, 1980).
[125] James G. March e Johan P. Olsen, *Ambiguity and Choice in Organizations* (Oslo, Universitets Forlaget, 1985).
[126] Ver especialmente o artigo sobre o "modelo da lixeira", em ibidem.

nais; a variável política é, portanto, considerada como a expressão das duas outras, ao passo que ela é de outra natureza. Ao se considerar que a organização ou empresa não tem metas claras e precisas, previamente definidas, seria preciso, então, chegar a outro enfoque da organização.

A determinação incremental dos objetivos, das estratégias, dos atores e das empresas leva, então, a considerar a empresa – como, aliás, toda outra forma de organização – um campo de forças e lutas; uma arena política, diria P. Giorgio[127]. Em outros termos, para retomar Pierre Morin, "[...] o controle da organização deve ser reconhecido como um centro de interesse definido de maneira arbitrária", e o "elemento estratégico de base dentro de uma organização é o indivíduo"[128]. Logo, pode-se concluir que a empresa é um espaço sociotécnico no qual os atores lutam para executar suas estratégias de acumulação e de valorização de capital. Isso quer dizer que, dentro da empresa, existem atores e suas metas, mas não há metas comuns, definidas previamente e independentes dos atores e de seus interesses pessoais, organizacionais e outros. Além disso, a empresa é também um espaço no qual se defrontam múltiplas racionalidades, cujos suportes são as diversas formas de capital. Assim, as racionalidades econômicas e organizacionais não são nem únicas nem transcendentes. Portanto, o jogo dos atores, mesmo quando baseado na racionalidade objetiva, incorpora os valores e as preferências destes, os quais dependem da dimensão política. Esta última é constituída, fundamentalmente, por uma racionalidade própria que Morin descreve nestes termos:

> astúcias, armadilhas, desconfiança, chantagem, delação, revanche, competição, temer, equivocar-se, driblar, espionar, rivalizar, esquivar, constituem também a vida cotidiana das organizações. Não reprimir em sua consciência esses processos, procurar controlá-los e reduzir suas consequências antirracionais para a organização, aumentam frequentemente mais a qualidade das decisões do que se esgotar a construir modelos lógico-matemáticos esquizofrênicos.[129]

---

[127] Salienta-se que isso não foi levado em consideração pelos autores porque, como escreve Giorgio (citado em Henry Mintzberg, *Struture et dynamique des organisations*, Paris, Organisation, 1982, p. 121), "[...] os analistas da organização foram incapazes de enfrentar a realidade das organizações, já que sua visão se limita a uma imagem da organização considerada como um todo; uma entidade somente maior que a soma de suas partes, mas tão superior que ela é efetivamente isolada da influência das diferentes partes. O todo é considerado não como o produto de uma interação entre as partes, mas como os determinantes. A organização é dotada de uma personalidade, ao passo que os indivíduos que a constituem são desindividualizados, são atores de teatro à serviço da organização".
[128] Pierre Morin, *Le développement des organisations* (Paris, Dunod, 1986), p. 59.
[129] Idem.

Assim, a empresa é um campo de lutas entre atores pela acumulação e pela valorização de seu capital, embates que se situam nos espaços técnicos, financeiros, organizacionais, relacionais, simbólicos, entre outros. Diante disso, a questão consiste em saber como se articulam as "organizações" dentro do "Estado" e deste nas "relações internacionais".

3. Organização, Estado e relações internacionais: ação política

Vimos anteriormente que o Estado é um conglomerado de organizações e que as relações internacionais realizam-se entre e por meio delas. Estas são campos de disputas nos quais os atores lutam para valorizar e acumular seus capitais econômicos, simbólicos, políticos, e concretizam suas políticas ou estratégias por meio da viabilização dos seus cálculos, interesses etc.

Decorre daí que o ator é elo de "ligação" e de "construção" entre os níveis, tais como "indivíduos"/"instituição", local/nacional, nacional/internacional, micro/macro, social/técnico, econômico/político. É ator qualquer elemento que se torna indispensável ou incontornável, capaz de agregar forças alheias em cima da sua e de incorporar as vontades dos outros nas suas próprias. É isto que permite ao ator falar em nomes de "outros", quer sejam eles entes (Estado, Banco Central, ministérios etc.) ou pessoas físicas. É no falar "em nome de" que reside todo o poder de ação do ator, ou seja, na sua capacidade de *inter*romper, *inter*ligar ou *inter*pretar os desejos de uma multidão. Essas ações são de natureza política e caracterizam toda e qualquer atividade de mesma natureza.

É preciso observar que a categoria "política" é vista, em geral, como algo depreciativo, torto, irreverente. Isto acontece porque se considera de maneira implícita que "política" é, antes de tudo, um *parti pris* ideológico, político partidário ou algo do gênero. Essa visão pejorativa deriva dos critérios a partir dos quais ela é avaliada e que emanam do direito, tal como os de "transparência", "verdade", "retitude", "linha reta" – ou seja, todos contrários à opacidade, inverdade, flexibilidade, curva[130]. Se assim for, acaba-se negando e denegrindo o papel crucial do mediador, que é a função substancial e primária do político. Este usa habilidade, arte do entendimento, tática, composição de interesses, adaptação às circunstâncias, enfim, faz acordos.

Se por isso deve-se detestar os políticos, o que dizer então dos cientistas? Pois, explica Bruno Latour,

---

[130] Lucien Sfez (*Critique de la décision*, Paris, FNSP, 1983) mostra que, desde Platão, assimila-se decisão a linha reta. Ver notadamente a primeira parte deste livro.

exigir destes [os cientistas] dizer a verdade clara e cristalina, sem laboratório, sem instrumento, sem equipamento, sem manejo de dados, sem artigos, sem congressos científicos e sem controvérsia, assim às claras, a frio, imediatamente, na frente de todo mundo, sem gaguejar, completamente nu, não teria menor sentido. Se a exigência da verdade transparente e direta torna inviável a compreensiva curva da política, não esqueçamos que isto tornaria inviável também a construção de cadeias referenciais pelos científicos.

Isto se deve ao fato de que

o direto, o transparente, o imediato não convêm nem às complexas associações, nem às delicadas montagens da fala política [...] Se começamos a exigir o direto e o transparente como critérios de apreciação, então veremos os cientistas como mentirosos e manipuladores e os políticos como ladrões e crápulas.[131]

O fato é que a "curva" do político tem suas razões de ser. Ela se explica porque o político não fala em seu próprio nome, mas sim de uma multitude; para poder incorporar interesses e vontades desta multitude, o político precisa se movimentar entre interesses e vontades contraditórios, antagônicos, flutuantes, explícitos ou não, diretos ou indiretos, e trabalhar para tornar possível o que era impossível. Isto é a arte da política.

Nesse sentido, para que a vida política seja pensável e enunciável, é preciso que o ator não tenha opinião formada antes da tomada de decisão; seja capaz de mudar de posição; tenha uma identidade modificável no decorrer do debate; que seus interesses e de seus representados vacilem; seja aberto ao contraditório; saiba ceder ou flexibilizar sua posição na busca do entendimento – ou seja, que ele exerça a justa função de mediação política.

Nessa perspectiva, o governo não pode ser assimilado somente à dominação nem reduzido ao Estado, assim como o Estado não pode ser identificado como apenas um conjunto de "aparelhos ideológicos"[132] que teriam por objeto ampliar o poder do Estado na sociedade. Governo é constituído por um conjunto heterogêneo de instituições e organizações. Entre esses entes e os cidadãos, tem-se relações de mediações que são exercidas por uma multidão de burocratas e tecnocratas, profissionais de toda ordem e de todos os níveis. Cada um deles persegue seus interesses, pensa em problemas e tenta criar soluções.

---

[131] Bruno Latour, "Si on parlait un peu de politique", *Politix*, v. 15, n. 56, 2º trim. 2002, p. 144.
[132] Louis Althusser, "Les appareils idéologiques d'état", *La Pensée*, jun. 1970.

Há atores que são envolvidos por outros por serem capazes de "traduzir" seus interesses de modo a formar um "ator-rede" no espaço governamental[133]. O processo de "tradução" nas organizações realiza-se por meio de "tecnologia invisível"[134] de gestão (linguagem padronizada, metodologias, instrumentos, procedimentos, cálculos etc.) que torna as práticas dos indivíduos, grupos, organismos e populações pensáveis, calculáveis, representáveis e administráveis, ou seja, governáveis.

Diante disso, evidencia-se o fato de que para entender a política basta "seguir os atores" e ver como eles compõem o mundo, associando humanos e não humanos em experimentações sociotécnicas. Tal é a estratégia teórica que foi adotada no decorrer do presente texto. Cabe, no que segue, condensar o que foi dito na "análise concreta de uma situação concreta", a do endividamento externo do Brasil.

4. Conclusão: política internacional como arena

Se tantos atores do endividamento-negócio se mobilizam e se prontificam, gastando tempo e dinheiro, é porque dele tiram lucros, juros, *spreads* e benefícios mercadológicos (fatias ou reserva de mercado, venda de equipamentos e tecnologias etc.), financeiros, políticos, geoestratégicos, de *network* e/ou credibilidade (política ou moral) etc. Assim, representantes dos entes públicos ampliam sua área de atuação, ganhando, em seus deslocamentos internacionais para a negociação de empréstimos e de financiamentos, passagens, diárias, prestígio, valoração de seus "passes", conhecimento das "regras de jogo", criando laços e alianças com líderes do mercado etc. Governos federal, estadual e municipal realizando projetos de desenvolvimento ou de transferência de tecnologia, equilibrando suas contas, distribuindo bolsas aos pobres, financiando e subsidiando grandes empresas em seus volumosos investimentos, gerando emprego – em suma, elevando a cota de satisfação popular dos seus representantes eleitos rumo a perenidade no poder. Executivos de bancos privados internacionais vendendo empréstimos, gerando maiores bônus para eles e elevados dividendos para os donos dos bancos. Advogados, no Brasil e no exterior, formalizando contratos e faturando honorários especialíssimos. Industriais dos países centrais vendendo seus "pacotes tecnológicos" com seus financiamentos "combinados", conseguindo seus lucros e garantindo sua participação no fatiamento do mercado local. Governos estrangeiros, fazendo empréstimos por meio dos mecanismos oficiais (agências governamentais e bancos multilaterais), realizam seus lucros e conseguem impor ou condicionar seus empréstimos ao alinhamento de

---

[133] Nicolas Dodier, "Agir dans plusieurs mondes", *Critique*, v. 17, n. 529, 1989.
[134] Michel Berry, *La technologie invisible* (Paris, CRG, 1985).

políticas domésticas (as de política externa e/ou interna) em cima dos interesses hegemônicos internacionais. Governos e empresas estrangeiras conseguem, via financiamentos, vender seus produtos e/ou equipamentos ao país endividado, resolvendo assim seus problemas de escoamento e elevando o nível de empregabilidade no país de origem. Países da Opep realizam seus investimentos e empréstimos, reciclando petrodólares que não podiam ser investidos em seus próprios países devido a sua limitadíssima capacidade de gasto e consumo. A conjuntura internacional, com seu excesso ou escassez de liquidez, participou do movimento global de endividamento, fornecendo ou restringindo acesso aos recursos disponíveis e, portanto, gerando oportunidades de negócios e de escoamentos para esses recursos.

Tantos atores agem e se movimentam, normal e legalmente, dentro dos preceitos e princípios do mercado para concretizar ou otimizar seus benefícios e interesses. Enfim, o endividamento envolve somas financeiras colossais; está-se falando, portanto, de grandes negócios. Mas, além das dimensões comercial e financeira, existem inúmeras outras visíveis e invisíveis, pessoais ou organizacionais, que entram no jogo, quer seja sob a forma de técnicas financeiras e jurídicas, quer seja na divisão ou proteção de mercado. Dito em outros termos, o endividamento agradou a gregos e troianos; atendeu aos principais atores envolvidos, criando um maior denominador comum entre eles. Por isso, entre outras, ele é também político.

O endividamento como negócio e como política explica-se pelo fato de que as duas dimensões são (sempre ou quase sempre, dependendo do montante do valor envolvido) interconectadas, ou seja, negócio-e-política escreve-se com hifens. Vale dizer que, internacionalmente, política de empréstimos é negócio – negócio, especialmente quando é grande e vultoso; política, por envolver, entre outros, dimensões geoestratégicas, impactos econômicos ou culturais, interesses mercadológicos, como já salientado.

Resulta daí que o sucesso final de uma política de endividamento reside na agregação de todos os atores participantes do processo; na criação e manutenção de um maior denominador comum entre eles; na adequação da "técnica" (variáveis reguladoras do mercado, tais como *spread*, prazo de financiamento, taxa de juro, comissões diversas etc.) aos interesses dos atores envolvidos; nos "jogos políticos"; na comunicação; na percepção do solicitante (o Brasil) pelo "outro" (executivos dos bancos privados internacionais, representantes dos entes oficiais estrangeiros etc.) – salientando aqui que o Brasil beneficiou-se de sua imagem internacional positiva, construída ao longo dos anos com sua política de comunicação[135]. Para-

---

[135] A imagem positiva que o Brasil desfruta internacionalmente por causa de seu futebol, música, alegria de viver, tem impacto na economia devido à percepção construída dos seus interlocutores (representantes dos bancos e governos estrangeiros). Por outro lado, o Brasil – quer dizer, seus representantes – vendem bem seu peixe por meio de sua comunicação mercadológica.

fraseando Latour[136], compreender o sucesso da política de endividamento significa compreender a construção de associações e de redes de atores envolvidos no processo. Para isso, partiu-se não de uma descrição minuciosa de detalhes técnicos do processo de endividamento (fluxos financeiros limpos e líquidos, sem consideração do "contexto" e dos atores), mas de um entendimento de que a política de endividamento consiste na construção dessa cadeias de redes de atores que, por meio de suas estratégias e operações, realizam seus interesses e estratégias, em um processo transgredido por conflitos, crises, lutas concorrenciais de toda ordem.

Por trás de entes (bancos privados e públicos, agências governamentais ou multilaterais etc.), há cadeias de associações, alianças e aliados, redes, estratégias – ou seja, nessa perspectiva, o endividamento passa a ser entendido como essencialmente político. Por isso, no processo de endividamento não há econômico ou financeiro *versus* social nem entes puros com objetivos claros, definidos e definitivos, mas sim elementos heterogêneos "técnicos" (não humanos) e humanos (atores diversos em movimento), interdependentes e conectados entre si em um conjunto integrado de forças que, em vez de se neutralizarem, convergem no mesmo sentido, apoiando-se umas nas outras.

O processo social do endividamento é, de certo modo, uma verdadeira "maquinação social". Pois, como lembra Latour, referindo-se à técnica (que substituímos por endividamento):

> o meio mais simples de transformar um conjunto justaposto de aliados num todo que age como se fosse uma pessoa só é ligar as forças agregadas umas às outras, isto é, construir uma máquina. Como seu nome o indica, uma máquina é antes de tudo uma maquinação, um estratagema, uma artimanha, em que forças envolvidas se controlam de modo que nenhuma delas possa se desligar do conjunto. [...] A habilidade do engenheiro [ou do ator, no caso analisado] consiste em multiplicar as astúcias que fazem com que cada elemento se interesse no funcionamento dos outros. Estes elementos podem ser livremente escolhidos entre os atores humanos e não humanos.[137]

---

[136] Aplicar o princípio da simetria na explicação do sucesso ou do fracasso de uma inovação consiste em respeitar uma regra básica: "cada vez que você entende falar de um sucesso de uma aplicação de uma ciência, procure-a na extensão progressiva de uma rede. Cada vez que você entende falar de um fracasso de uma pesquisa científica, procure descobrir na parte da rede que falhou" (Bruno Latour, "La rhétorique scientifique: qu'est-ce que la force d'un argument?", em *Sens et place des connaissances dans la société*, Paris, CNRS, 1988, p. 249). Ou seja, não se deve procurar explicar o sucesso obtido por uma pesquisa científica pelo "gênio" do pesquisador nem por sua perspicácia, mas pela capacidade em agregar outras forças sobre a sua. Por outro lado, o fracasso não deve ser procurado na resistência sociocultural do meio ambiente ou nos fatores sociais ou econômicos de bloqueio, mas nas falhas de construção de associação e de redes de atores.

[137] Ibidem, p. 140-1.

Nesse sentido, as tarefas dos atores que constroem processos decisórios (ou "maquinações sociais") consistem em articular dois conjuntos de estratégias: as que buscam envolver os atores humanos (sociograma) e as que têm por objeto envolver os atores não humanos (princípios e critérios técnicos) de modo a integrar e interessar os primeiros (tecnograma). Assim, o laço social entra (ou está) na máquina, e esta passa a constituir-se no papel de mediação importante do laço social. Como explicita Latour, isso faz com que "compreender o que são os fatos [científicos ou econômicos, e, no nosso caso, o endividamento] e as máquinas e compreender o que são as pessoas são uma única e mesma tarefa"[138].

Em termos de endividamento, este é essencialmente social devido às múltiplas interconexões das dimensões técnica, organizacional, política etc., e à participação de uma variedade de atores no processo. Em uma palavra, o endividamento é um "fato total".

---
[138] Ibidem, p. 142.

REFERÊNCIAS BIBLIOGRÁFICAS

AFONSO, Antonio. Understanding the Determinants of Government Debt Ratings: Evidence for the Two Leading Agencies. *Working Paper*. Nova York, fev. 2002.

ALIMI, Jannick; AUBRY, Olivier. *Votre argent les intéresse*: comment les banques et les assureurs profitent de vous. Paris, Robert Laffont, 2006.

ALLISON, Graham; ZELIKOW, Philip. *Essence of Decision*: Explaining the Cuba Missil Crisis. Boston, Little Bravo and Co., 1971.

_____. L'essence de la décision: le modèle de l'acteur rationnel. *Cultures et Conflits*, v. 1, n. 36, 2000.

ALTHUSSER, Louis. Les appareils idéologiques d'État. *La Pensée*, jun. 1970.

ALZAMORA, Carlos; IGLESIAS, Enrique. Bases para una resposta de la America Latina a la crisis internacional. *Revista de la Cepal*, n. 20, 1983.

ANDERSON, J. Details of Aramaco Papers Disclosed. *The Washington Post*, 28 jan. 1974.

ARON, Raymond. *Guerre et paix des nations*. Paris, Calmann-Lévy, 1962.

_____. Qu'est-ce qu'une théorie des relations internationales?. *Revue Française de Science Politique*, v. XVI, 1967.

AUSTIN, John Langshaw. *Quand dire, c'est faire*. Paris, Le Seuil, 1979.

ÁVILA, Rodrigo. Dívida interna: a nova face do endividamento externo. In: SEMINÁRIO Deuda publica, Auditoria Popular e Alternativas. Caracas, set. 2006.

BADIE, Bertrand. Ruptures et innovations dans l'approche sociologique des relations internationales. *Revue des Mondes Musulmans et de la Méditerranée*, n. 68-69, 1993.

BANCO CENTRAL. *Regime cambial brasileiro*: evolução recente e perspectivas. Brasília, nov. 2003.

_____. *Indicadores econômicos de sustentabilidade da dívida externa*, 21 fev. 2008. Mimeografado.

BANCO Central registra prejuízo de R$ 47,5 bilhões. *Folha de S.Paulo*, 1º mar. 2008.

BANDEIRA, Luiz Alberto Moniz. *A presença dos Estados Unidos no Brasil*. Rio de Janeiro, Civilização Brasileira, 1973.

BAROTTE, Nicolas. La candidature de DSK à l'épreuve de la crise. *Le Figaro*, 10 maio 2010.

BASLÉ, Maurice. *Histoires des pensées économiques*. Paris, Sirey, 1988.

BATISTA JR., Paulo Nogueira. *Mitos e realidade da dívida externa*. São Paulo, Paz e Terra, 1985.

_____. *Da crise internacional à moratória brasileira*. São Paulo, Paz e Terra, 1983.

_____. Brasil, credor internacional. *Folha de S.Paulo*, 26 fev. 2008.

BATISTA JR., Paulo Nogueira; RANGEL, Armênio de Souza. A renegociação da dívida externa brasileira e o plano Brady: avaliação de alguns principais resultados. *Caderno da Dívida Externa*, São Paulo, n. 7, out. 1994.

BAUMANN, Renato; MUSSI, Carlos. A visão da Cepal sobre a dívida externa. *Cadernos Adenauer*, São Paulo, n. 4, 2002.
BECKERMAN, Paul. The Consequences of "Upward and Financial Repression". *International Review of Applied Economics*, vol. 2, 1988, p. 233-49.
BENAKOUCHE, Rabah. Origines et crise de l'endettement du Brésil (1967-1980). In: COLÓQUIO GREITD. Paris, 24-25 fev. 1984.
_____. *Crise e dívida externa brasileira*. São Paulo, Diniz, 1985.
_____. A dominação monetária norte-americana. *Tensões Mundiais*, v. 5, n. 9, dez. 2009.
_____. *O que é globalização*. São Paulo, Brasiliense, 2011.
_____. *Decisão de inovação*. Rio de Janeiro, Vozes, no prelo.
BERRY, Michel. *La technologie invisible*. Paris, CRG, 1985.
BISEAU, Grégoire; QUATREMER, Jean. Grèce: Goldman prise la main dans le sac. *Le Monde*, Paris, 20 fev. 2010.
BLOCK, Fred. *Los orígenes del desorden económico internacional*. México, Fundo de Cultura, 1987.
BLUSTEIN, Paul. *Vexame*: os bastidores do FMI na crise que abalou o sistema financeiro mundial. São Paulo, Record, 2001.
BONÉ, Rosemarie Bröker. Ratings soberanos e corporativos: mecanismos, fundamentos e análise crítica. *Perspectiva Econômica*, v. 2, n. 1, 2006.
BOUÇAS, Valentim. *História da dívida externa*. Rio de Janeiro, Edições Financeiras, 1950.
BOURDIEU, Pierre. Le champ scientifique. *Actes de la Recherche en Sciences Sociales*, n. 2-3, jun. 1976.
_____. La représentation politique: elements pour une théorie du champ politique. *Actes de la Recherche en Sciences Sociales*, n. 64, set. 1986.
BOUSSEYROL, Marc. *La dette*. Paris, Troisième Culture, 2008.
BRAUDEL, Fernand. *Civilização material, economia e capitalismo*. São Paulo, WMF Martins Fontes, 2012, vol. 1.
BRESSER-PEREIRA, Luiz Carlos. Uma estratégia alternativa para negociar a dívida. *Revista Senhor*, jul. 1988.
_____ (org.). *Dívida externa*: crise e soluções. São Paulo, Brasiliense, 1989.
_____. Contra a corrente no Ministério da Fazenda. *Revista Brasileira de Ciências Sociais*, n. 7, jul. 1992.
_____. *Globalização e competição*. Rio de Janeiro, Elsevier, 2009.
BULHÕES, Octavio. *Octavio Gouvêa de Bulhões (depoimento)*. Rio de Janeiro, CPDOC, Banco Central do Brasil, 1990.
BURKHEAD, Jesse. Le budget en équilibre. In: GREFFE, Xavier (org.). *Économie publique*. Paris, Economica, 1978.
CAILLÉ, Alain. *Splendeurs et misères des sciences sociales*. Genève, Droz, 1986.
CALLON, Michel (org.). *La science et ses réseaux*. Paris, La Découverte, 2000.
CAMPOS, Roberto. *A lanterna na popa*. Rio de Janeiro, Topbooks, 1994.
CAPUTO, Ana Claudia. *Desenvolvimento econômico brasileiro e investimento direto estrangeiro*: análise da Instrução 113 da Sumoc. Dissertação de Mestrado em Economia, Rio de Janeiro, UFF, 2007.
CARBON, Luc Bourcier de. *Essai sur l'histoire de la pensée et des doctrines économiques*. Paris, Montchrétien, 1971. v. 1.
CEPAL. Políticas de ajuste e renegociação da dívida externa na América Latina. *Cadernos de la Cepal*. Santiago do Chile, 1984.
CERQUEIRA, Ceres. *Dívida externa brasileira*. Brasília, Banco Central, 2003.
CHADE, Jamil. Países ricos carregam dívida de US$ 43 tri. *Estado de S. Paulo*, 9 maio 2010.
CHARDONNET, Jean. Les conséquences financières de la guerre aux États-Unis et en Grande-Bretagne. *Informations et Documentation*, n. 4-5, 1947.
CHARILLON, Frédéric. *Politique étrangère, nouveaux regards*. Paris, Presses Sciences Po., 2002.

Referências bibliográficas

COMISSÃO Especial do Senado Federal para Dívida Externa. Brasília, Congresso Nacional, mar. 1988. Mimeografado.
COMISSÃO Mista para o Exame Analítico e Pericial dos Atos e Fatos Geradores do Endividamento Externo Brasileiro. Brasília, Congresso Nacional, 1989. Mimeografado.
COPI, Irving. *Introdução à lógica*. Rio de Janeiro, Vozes, 1975.
COUTOUZIS, Mickes; LATOUR, Bruno. Pour une sociologie des techniques. *L'Année Sociologique*, n. 36, 1986.
CROZIER, Michel. *Le phénomène bureaucratique*. Paris, Le Seuil, 1964.
CROZIER, Michel; FRIEDBERG, Erhard. *L'acteur et le système*. Paris, Le Seuil, 1964.
CRUZ, Paulo Davidoff. *Dívida externa e política econômica*. São Paulo, Brasiliense, 1984.
_____. Capitais externos e financiamento de longo prazo no Brasil. In: SZMRECSÁNY, Tamas; SUZIGAN, Wilson (orgs.). *História econômica do Brasil contemporâneo*. São Paulo, Hucitec, 1993.
CYERT, Richard M.; MARCH, James G. *Le processus de décision dans l'entreprise*. Paris, Dunod, 1970.
DAHL, Robert. *Who Governs?* Democracy and Power in an American City. New Haven, Yale University Press, 1961.
DANTAS, Fernando. Acúmulo de reservas custa. *Estado de S. Paulo*, 13 dez. 2009.
DE BERNIS, Gerard. *Relations économiques internationales*. Paris, Dalloz, 1979.
_____. De l'urgence d' abandonner la dette des périphéries. *Économies et Sociétés*. Série F, n. 37, 2000.
DELFIM NETTO, Antônio (coord.). Seminário "O Estado da Arte em Economia", Universidade de São Paulo, Faculdade de Economia e Administração, 2007.
DEMBINSKI, Pawel. *L'endettement international*. Paris, PUF, 1989.
DEWEY, John. *Le public et ses problèmes*. Paris, LGDJ, 1999.
DINH, Nguyen Quoc. *Droit international public*. Paris, LGDJ, 1999.
DÍVIDA EXTERNA E IGREJA: uma visão ecumênica. São Paulo, CDI, 1989.
DOCKÈS, Pierre. *Pouvoir et autorité en économie*. Paris, Economica, 1999.
DODIER, Nicolas. Agir dans plusieurs mondes. *Critique*, v. 17, n. 529, 1989.
DRUCKER, Peter F. *O melhor de Peter Drucker*: a administração. São Paulo, Nobel, 2002.
DUMÉNIL, Gérard; LÉVY, Dominique. The Profit Rate: Where and How Much Did it Fall? Did it Recover?. *Review of Radical Political Economy*, v. 34, 2002.
DUROSELLE, Jean-Baptiste. *Histoire diplomatique de 1919 à nos jours*. Paris, Dalloz, 1974.
DUSSOUY, Gérard. *Les théories de l'interétatique*: traité de relations internationales. Paris, L'Harmattan, 2007. v. 2.
EICHENGREEN, Barry. *Privilégio exorbitante*: a ascensão e a queda do dólar e o futuro do sistema monetário internacional. Rio de Janeiro, Campus, 1993.
EMMANUEL, Arghiri. *L'échange inégal*. Paris, Maspéro, 1969.
_____. L'endettement, véhicule de transfert de ressources. *Revue du Tiers Monde*, t. XXV, n. 99, jul.--set. 1984.
ESKRIDGE, William N. *Dança à beira do abismo*. Rio de Janeiro, Forense Universitária, 1990.
FATORELLI, Maria Lúcia (org.). *Auditoria da dívida externa*. São Paulo, Contraponto, 2003.
FAVRE, Pierre. *Sida et politique*: les premiers affrontements (1981-1987). Paris, L'Harmattan, 1992.
_____. Y a-t-il un rapport ordinaire au politique. In: MARIE, Jean-Louis (org.). *L'ordinaire*: modes d'accès et pertinence pour les sciences sociales et humaines. Paris, L'Harmattan, 2002.
FERGUSON, Niall. *A lógica do dinheiro*. Rio de Janeiro, Record, 2007.
FERRER, Aldo. Dette, souveraineté et démocratie en Amérique Latine. *Problèmes d'Amérique Latine*, n. 4768, 1985.
FFRENCH-DAVIS, Ricardo. Dette extérieure et options de développement en Amérique Latine. *Problèmes d'Amérique Latine*, n. 4768, 1985.

FONSECA, Roberto Giannetti da. *Memórias de um trader*: vida vivida do comércio exterior brasileiro nas décadas de 70 e 80. São Paulo, IOB, 1998.
FONTAINE, Patrice; HAMET, Joanne. *Les marchés financiers internationaux*. Paris, PUF, 2007.
FREUND, Julien. *L'essence du politique*. Paris, Sirey, 1965.
FRIEDBERG, Erhard. L'analyse sociologique des organisations. *Revue Pour*, n. 1, 1972.
FURTADO, Celso. *A nova dependência*: dívida externa e monetarismo. Rio de Janeiro, Paz e Terra, 1982.
FUSER, Igor. *Petróleo e poder*: o envolvimento militar dos Estados Unidos no Golfo Pérsico. São Paulo, Editora Unesp, 2009.
GALBRAITH, John. *Novo Estado industrial*. São Paulo, Nova Cultural, 1988.
GAONA, Alejandro Olmos. *La deuda odiosa*. Buenos Aires, Continente, 2005.
GARRAUD, Philippe. *Le chômage et l'action publique*: le bricolage institutionnel. Paris, L'Harmattan, 2000.
GASPAR, Malu; NAPOLITANO, Giuliana. Gênios do mercado. *Exame*, ano 41, n. 2, 14 fev. 2007.
GATINOIS, Claire; VERGÈS, Marie de. La Grèce n'est pas seule à "maquiller" sa dette. *Le Monde*, 19 fev. 2010.
GEORGE, Lloyd et al. *1919*: le traité de Versailles vu par ses contemporains. Paris, Alvik, 1978.
GHERARDI, Sophie. Les éclaireurs du risque international. *Le Monde*, 13 jan. 1998.
GIRARD, J. Taux de change des principales monnaies. *Revue Banque*, abr. 1979.
GIRARD, Michel (org.). *Les individus dans la politique internationale*. Paris, Economica, 1994.
GIRAUD, Pierre-Noël. *Le commerce des promesses*. Paris, Seuil, 2009.
GRAEFF, Eduardo. *Política de investimentos estrangeiros no pós-guerra*: a Instrução 113 e as origens do "modelo associado". Dissertação de Mestrado em Ciência Política, São Paulo, FFLCH/USP, 1981.
GREENSPAN, Alan. *A era da turbulência*. Rio de Janeiro, Campus, 2007.
GREIMAS, Algirdas Julien; COURTES, Joseph. *Dictionnaire raisonné de la théorie du langage*. Paris, Hachette, 1979.
GUDIN, Eugênio. *Inflação, importação e exportação*. Rio de Janeiro, Agir, 1959.
GUERRIEN, Bernard. *La théorie économique néoclassique*. Paris, La Découverte, 2008.
GUIMARÃES, Eduardo A.; MALAN, Pedro. *A opção entre empréstimo e capital de risco*. Brasília, IPEA, 1982.
HALL, Philippe. Le rôle du Club de Paris dans le rééchelonnement de dettes. *Finances internationales et développement*, Canadá, fev. 2008.
HARVEY, David. *Novo imperialismo*. 2. ed. Rio de Janeiro, Loyola, 2005.
HUARD, Pierre. Rationalité et identité. *Revue Économique*, v. 5, n. 3, 1980.
IANNI, Octávio. *Estado e planejamento econômico no Brasil (1930-1970)*. Rio de Janeiro, Civilização Brasileira, 1971.
IFFLAND, Charles; STETTLER, Alfred. *Les investissements industriels suisse au Brésil*. Laussanne, CRE, 1973.
INVESTIDOR lucra R$ 4 bilhões comprando a moeda brasileira. *G1*, 1º mar. 2008.
JAMOUS, Haroun. *Sociologie de la décision*. Paris, Le Seuil, 1969.
JUNIOR, Cirilo. Lula compara Brasil ser credor externo a segundo grito de independência. *Folha de S.Paulo*, 26 fev. 2008.
KÉBADJIAN, Gérard. *Théories de l'economie politique internationale*. Paris, Seuil, 1999.
KENNEDY, Paul. *Ascensão e queda das grandes potências*. Rio de Janeiro, Campus, 2007.
KERBAT-ORECCHIONI, Catherine. *Les actes de langage dans le discours*. Paris, Nathan, 2001.
KEYNES, John Maynard. *Théorie générale de l'emploi, de l'intérêt et de la monnaie*. Paris, Payot, 1968.
KINDLEBERGER, Charles. *Histoire financière de l'Europe Occidentale*. Paris, Economica, 1970.
KORINMAN, Michel. *Quand l'Allemagne pensait le monde*: grandeur et décadence d'une géographie. Paris, Fayard, 1990.
KUBITSCHEK, Juscelino. *Discursos*. Rio de Janeiro, Imprensa Nacional, 1960.

Referências bibliográficas

KÜBLER, Daniel; MAILLARD, Jacques de. *Analyser les politiques publiques.* Grenoble, PUG, 2009.
KÜCHLER, Adriana. País precisa voltar a se endividar, diz Lula. *Folha de S.Paulo,* 23 fev. 2008.
KUCINSKI, Bernardo; BRANFORD, Sue. *A ditadura da dívida.* São Paulo, Brasiliense, 1987.
LACOSTE, Yves. *La géographie sert à faire la guerre.* Paris, La Découverte, 1985.
LANGONI, Carlos. *Bases institucionais da economia brasileira.* In: CONFERÊNCIA Escola Superior de Guerra. Rio de Janeiro, 4 ago. 1981. Mimeografado.
LAPA, Jair; MARCIAL, Elaine; OLIVEIRA, Edson. Custo efetivo dos empréstimos do Banco Mundial. *Estudos Técnicos,* Brasília, 1989.
LARGENTAYE, Jean de. L'écueil de l'économie monétaire. *Économies et Sociétés,* n. 9, 1988.
LATOUR, Bruno. Les microbes: Guerre et paix, suivi de irréductions. Paris, A. M. Métaillé, 1984. (Coleção Pandore).
_____. La rhétorique scientifique: qu'est-ce que la force d'un argument?. In: *Sens et place des connaissances dans la société.* Paris, CNRS, 1988.
_____. *Petites leçons de sociologie des sciences.* Paris, La Découverte, 1993.
_____. Si on parlait un peu de politique. *Politix,* v. 15, n. 56, 2. trim. 2002.
_____. *Changer de société, refaire de la sociologie.* Paris, La Découverte, 2008.
LA TRIBUNE. Grèce: Qui va payer?, n. 4463, 4 maio 2010.
LAURENT, Eric. *La face cachée du pétrole.* Paris, Plon, 2006.
LECA, Jean. *Gouvernement et gouvernance à l'aube du XXIe siècle.* Paris, Mimeo, 2009.
LESSA, Carlos. *Quinze anos de política econômica.* São Paulo, Brasiliense, 1983.
L'HÉRITEAU, Marie-France. Dette extérieure et modèle de développement: la place du tiers-monde dans le nouveau dispositif impérialiste. *Tiers Monde,* n. 80, 1979.
L'HUILLIER, Hervé. Pétrole et relations internationales depuis 1945. *Questions Internationales,* n. 2, jul.-ago. 2003.
LINDBLOM, Charles E. The Science of Muddling Through. *Public Administration Review,* v. 19, n. 1, 1959.
LIRA, Paulo. *Endividamento externo:* problema e política. Escola Superior de Guerra, 1970. Mimeografado.
_____. Endividamento externo e desenvolvimento. *Revista Econômica do Jornal do Brasil,* 1972.
_____. Setor externo e desenvolvimento da economia nacional. *Boletim do Banco Central do Brasil,* fev. 1973.
_____. Absorver poupança externa que ajuda o desenvolvimento. *Revista Tendência,* out. 1974.
_____. *Seminário sobre o capital estrangeiro no país.* Associação Comercial de São Paulo, 7-9 ago. 1980. Mimeografado.
LOMBARDI, Richard W. *Le piège bancaire:* dettes et développement. Paris, Flammarion, 1985.
LORENZO-FERNÁNDEZ, O. S. *A evolução da economia brasileira.* Rio de Janeiro, Zahar Editores, 1976.
MACALISTER, Terry. Shell Forced to Make Fourth Downgrade. *The Guardian,* 25 abr. 2004.
MACHLUP, Fritz. *International Payments:* Debts and Gold. Nova York, Charles Scribner's Sons, 1964.
MADDISON, Angus. *L'Amérique Latine, la région des Caribes et l'OCDE.* Paris, OCDE, 1986.
MALAN, Pedro; BONELLI, Regis; PEREIRA José Eduardo C. *Política econômica externa e industrialização no Brasil (1939-1952).* Rio de Janeiro, Ipea, 1977.
MALTHUS, Thomas R. *Principes d'économie politique:* considérés sous le rapport de leur application pratique. Paris, Calmann-Lévy, 1969.
MARCH, James G.; OLSEN, Johan P. *Ambiguity and Choice in Organizations.* Oslo, Universitets Forlaget, 1985.
MAYER, Martin. *Os banqueiros.* Rio de Janeiro, Artenova, 1974.
MERLE, Marcel. *Les acteurs dans les relations internationales.* Paris, Economica, 1990.
_____. Les prophètes désarmés. In: GIRARD, Michel (org.). *Les individus dans la politique internationale.* Paris, Economica, 1994.

MINTZBERG, Henry. The Structure of Unstructured Decision Process. *Administrative Science Quarterly*, v. 21, n. 2, jun. 1976.

_____. *Struture et dynamique des organisations*. Paris, Organisation, 1982.

MISSÉ, Andreu; GÓMEZ, Juan. Merkel exige a Grecia tres años de duros ajustes para dar la ayuda. *El País*, 27 abr. 2010.

MOFFIT, Michael. *O dinheiro do mundo*: de Bretton Woods à beira da insolvência. Rio de Janeiro, Paz e Terra, 1984.

MOREIRA, Marcílio Marques. *Diplomacia, política e finanças*: de JK a Collor. Rio de Janeiro, Objetiva, 2001.

MORGENTHAU, Hans. *Politics among Nations*: the Struggle for Power and Peace. Nova York, A. Knopf, 1955.

MORIN, Pierre. *Le développement des organisations*. Paris, Dunod, 1986.

MORTISHED, Carl. How Shell Blew a Hole in 100 Years Reputation. *The Times*, 10 jan. 2004.

MOURA, Aristóteles. *Capitais estrangeiros no Brasil*. São Paulo, Brasiliense, 1960.

MULLER, Pierre. Esquisse d'une théorie du changement dans l'action publique. *Revue Française de Science Politique*, v. 55, n. 1, 2005.

MUNHOZ, Dercio. *Dívida externa e crise rediscutida*. São Paulo, Ícone, 1988.

NEPOMUCENO, Eric. *O outro lado da moeda*: Dilson Funaro: histórias ocultas do Cruzado e da Moratória. São Paulo, Siciliano, 1990.

NORTH, Douglass C. *The Economic Growth of the United States*. Nova York, Prentice-Hall, 1961.

OBAMA téléphone à Merkel. *Le Monde*, 7 maio 2010.

OCAMPO, José Antonio. *Crecer con estabilidad*: el financiamiento del desarrollo en el nuevo contexto internacional. Santiago do Chile, Cepal, 2001.

OSAKABE, Haquira. *Argumentação e discurso político*. São Paulo, Kairos, 1979.

PAQUIN, Stéphane. *La nouvelle économie politique internationale*. Paris, Armand Collin, 2008.

PASTRÉ, Olivier; SYLVESTRE, Jean-Marc. *Le roman vrai de la crise financière*. Paris, Tempus, 2008.

PENROSE, Edith. Malthus and the Underdeveloped Areas. *Economic Journal*, v. 27, jun. 1947.

PEREIRA, José E. C. Alterações recentes na regulamentação dos empréstimos em moeda estrangeira e financiamento de importações. *Pesquisa e Planejamento Econômico* (Ipea), v. 5, n. 2, jun. 1973.

_____. *Financiamento externo e crescimento econômico no Brasil*: 1966-1973. Rio de Janeiro, Ipea, 1974.

_____. Relacionamento financeiro do Brasil com o exterior. *Pesquisa e Planejamento Econômico* (Ipea), v. 4, n. 2, jun. 1974.

PERELMAN, Chaïm; OLBRECHTS-TYTECA, Lucie. *Traité de l'argumentation*: la nouvelle rhétorique. Paris, PUF, 1958.

PORTELLA FILHO, Petrônio. Dívida externa: lições da renegociação brasileira de 1988. *Estudos Econômicos*, v. 21, n. 2, maio-ago. 1991.

PORTER, Michael E. *Vantagem competitiva*. Rio de Janeiro, Campus, 1989.

PREBISCH, Raúl. Estudio económico de la América Latina (1948). In: *La obra de Raúl Prebisch en la Cepal*. México, Fundo Economico de Cultura, 1981, v. 1.

PRIOURET, Roger. La Grande-Bretagne au bord du gouffre. *L'Express*, 15 nov. 1976.

QUATREMER, Jean. L'insubmersible budget de l'armée grecque. *Libération*, 5 maio 2010.

QUINN, James Brian. *Strategies for Change*. Nova York, Richard D. Irwin, 1980.

QUIXADÁ, Valquíria; BRANQUINHO, Raquel. *Ação civil pública de improbidade administrativa da CC5 do Banco Central*. Brasília, 2003. Mimeografado.

REICH, Robert. *L'économie mondialisée*. Paris, Dunod, 1993.

REISEN, Helmut. Le problème du transfert latino-americain dans une perspective historique. In: MADDISON, Angus (org.). *L'Amérique latine, la région des Caribes et l'OCDE*. Paris, OCDE, 1986.

Referências bibliográficas

RELATÓRIO da Comissão Mista para o exame analítico e pericial dos atos e fatos geradores do endividamento externo brasileiro. Brasília, Congresso Nacional, 1989. Mimeografado.
RELATÓRIO da CPI da Dívida Externa. Brasília, Congresso Nacional, 1985. Mimeografado.
RENOUVIN, Pierre; DUROSELLE, Jean-Baptiste. *Introduction à l'histoire des relations internationales*. Paris, Armand Collin, 1991.
RIBEIRO, Casimiro. *Casimiro Ribeiro II (depoimento, 1989)*. Rio de Janeiro, CPDOC, Banco Central do Brasil, 1990.
RICARDO, David. *Œuvres complètes*. Paris, Guillaumin, 1847.
ROSENAU, James N. Les individus en movement comme source de turbulence globale. In: GIRARD, Michel (org.). *Les individus dans la politique internationale*. Paris, Economica, 1994.
ROY, Bernard. *Méthodologie multicritère d'aide à la décision*. Paris, Economica, 1985.
SALAMA, Pierre. Brasil: Balanço econômico: sucessos e limites. *Estudos Avançados*, v. 24, 2010.
_____. *Migrants et luttes contre les discriminations em Europe*. Stratbourg, Edition du Conseil de l'Europe, 2010.
SAMPSON, Anthony. *Credores do mundo*. Rio de Janeiro, Record, 1981.
SAPIR, Jacques. "La zone Euro en danger". Seminaire "Crise de l'Euro", Paris, 2012. Mimeografado.
SAY, Jean-Baptiste. *Cours complet d'économie politique*. Roma, Edizioni Bizzari, 1968.
_____. *Traité d'économie politique*. Paris, Calmann-Lévy, 1972.
SERVAN-SCHREIBER, Jean-Jacques. *Le défi mondial*. Paris, Fayard, 1980.
SFEZ, Lucien. *Critique de la décision*. Paris, FNSP, 1983.
SIMON, Herbert. Rational Decision Making in Business Organization. *American Economic Review*, n. 4, set. 1979.
_____. *Administration et processus de décision*. Paris, Economica, 1984.
SIMON, Herbert; MARCH, James G. *Les organisations*. Paris, Dunod, 1964.
SISMONDI, J. C. L. Simonde de. *Nouveaux principes d'économie politique*. Paris, Calmann-Lévy, 1971.
SMITH, Adam. *Théorie des sentiments moraux*. Paris, Barois Lainé, 1830.
_____. *Richesses des Nations*. Paris, Guillaumin, 1859.
SMOUTS, Marie-Claude. *Les nouvelles relations internationales*. Paris, Presses Sciences Po., 2008.
SOARES, Ricardo Pereira. Dívida pública externa: empréstimos do Bird ao Brasil. *Planejamento e Políticas Públicas*, Brasília, n. 21, 2000.
SOROS, George. *A alquimia das finanças*: lendo a mente do mercado. São Paulo, Nova Fronteira, 1996.
SPINDLER, Jacques. Histoire des doctrines financières. In: *DICTIONNAIRE encyclopédique de finances publiques*. Paris, Economica, 1991.
STANDARD & POOR'S. *Corporate Ratings Criteria*. Nova York, McGraw-Hill, 2002.
STRANGE, Susan. *States and Market*. Londres, Pinter Publishers, 1988.
_____. Traîtres, agents doubles ou chevaliers secourables? Les dirigeants des entreprises multinationales. In: GIRARD, Michel (org.). *Les individus dans la politique internationale*. Paris, Economica, 1994.
_____. *The Retreat of the State*: Diffusion of Power in the World Economy. Cambridge, Cambridge University Press, 1996.
SUNKEL, Osvaldo. *A crise da América Latina*. Porto Alegre, L&PM, 1986.
TAVARES, Maria da Conceição. *Da substituição de importações ao capitalismo financeiro*. Rio de Janeiro, Zahar, 1972.
TILLY, Charles. *Coercion, Capital and State Making, and European States*. Londres, Basil Blackwell, 1990.
TOLEDO, Roberto Pompeu de. *O presidente segundo o sociólogo*: entrevista de Fernando Henrique Cardoso. São Paulo, Companhia de Letras, 1998.
TREAN, C. Quai, Elysée, Matignon: Les centres de decision en matière de politique étrangère. *Revue Française d'Administration Publique*, n. 69, jan.-mar. 1994.

VALIER, Jacques. *Breve histoire de la pensée économique*. Paris, Flammarion, 2000.
VARGAS, Getulio. *O governo trabalhista do Brasil*. Rio de Janeiro, José Olympio, 1954.
VIEIRA, José Maria. *O capital estrangeiro no desenvolvimento do Brasil*. São Paulo, Difel, 1975.
WALTZ, Kenneth. *Theory of International Politics*. Nova York, McGraw Hill, 1979.
WEIL, Thierry. *Le leadership dans les organisations*. Paris, EMP, 2008.
WELLS, John. Eurodólares, dívida externa e milagre brasileiro. *Estudos Cebrap*, n. 6, 1973.
WILDAVSKY, Aaron. *Speaking Truth to Power*. Boston, Little Brown, 1979.
YERGIN, Daniel. *O petróleo:* uma história de ganância, dinheiro e poder. São Paulo, Scritta, 1993.

OUTROS LANÇAMENTOS DA BOITEMPO EDITORIAL

As armas da crítica
EMIR SADER E IVANA JINKINGS (ORGS.)
Orelha de **Michael Löwy**

O ano em que sonhamos perigosamente
SLAVOJ ŽIŽEK
Tradução de **Rogério Bettoni**
Orelha de **Ivan Marsiglia**

Cypherpunks: liberdade e o futuro da internet
JULIAN ASSANGE
COM JACOB APPELBAUM, ANDY MÜLLER-MAGUHN E JÉRÉMIE ZIMMERMANN
Tradução de **Cristina Yamagami**
Apresentação de **Natalia Viana**
Orelha de **Pablo Ortellado**

O enigma do capital
DAVID HARVEY
Tradução de **João Alexandre Peschanski**

No limiar do silêncio e da letra: traços da autoria em Clarice Lispector
MARIA LUCIA HOMEM
Quarta capa de **Joel Birman**
Orelha de **Vladimir Safatle**

Occupy
DAVID HARVEY, SLAVOJ ŽIŽEK, TARIQ ALI ET AL.
Tradução de **João Alexandre Peschanski et al.**
Prefácio de **Henrique Carneiro**
Quarta capa de **Leonardo Sakamoto**

A teoria da revolução no jovem Marx
MICHAEL LÖWY
Tradução de **Anderson Gonçalves**
Apresentação de **Rodnei Antônio do Nascimento**
Orelha de **Antonio Carlos Mazzeo**

O velho Graça
DÊNIS DE MORAES
Orelha de **Alfredo Bosi**
Quarta capa de **Wander Melo Miranda**

Vivendo no fim dos tempos
SLAVOJ ŽIŽEK
Tradução de **Maria Beatriz de Medina**
Orelha de **Emir Sader**

📖 COLEÇÃO MARX/ENGELS

Grundrisse
KARL MARX
Supervisão editorial e apresentação de **Mario Duayer**
Tradução de **Mario Duayer e Nélio Schneider**, com a colaboração de **Alice Helga Werner** e **Rudiger Hoffman**
Quarta capa de **Francisco de Oliveira**
Orelha de **Jorge Grespan**

As lutas de classes na França de 1848 a 1850
KARL MARX
Tradução de **Nélio Schneider**
Orelha de **Caio Navarro de Toledo**

📖 COLEÇÃO ESTADO DE SÍTIO
Coordenação de Paulo Arantes

Rituais de sofrimento
SILVIA VIANA
Orelha de **Gabriel Cohn**

📖 COLEÇÃO MUNDO DO TRABALHO
Coordenação de Ricardo Antunes

Nova classe média?
MARCIO POCHMANN
Orelha de **José Darin Krein**

A obra de Sartre
ISTVÁN MÉSZÁROS
Tradução de **Lólio Lourenço de Oliveira** e **Rogério Bettoni**
Orelha de **Franklin Leopoldo e Silva**

A política do precariado
RUY BRAGA
Orelha de **Peter Evans**

Sergio Romagnolo, "Samantha com roupa de bruxa"

Este livro, publicado 189 anos depois do primeiro empréstimo externo contraído pelo Brasil e 5 anos após o país ter se tornado credor internacional, foi composto em Minion Pro, 10,5, e impresso em papel Pólen Soft 80 g/m² na Sumago Gráfica Editorial, para a Boitempo Editorial, em janeiro de 2013, com tiragem de 1.500 exemplares.